KB260139

영원한

인간관계

| **황오연** 지음 |

영원한 인간관계

성공의 85%는 인간관계에 달려 있다.

황오연 지음

지식공감

책을 펴내면서

사람이 살아가면서 필수적으로 꼭 갖추어야 할 일을 말하라고 한다면 나는 다음 세 가지 사항을 묻고 싶다.

나는 어떤 마음가짐으로 살고 있으며 살아갈 것인가?

나는 어떤 언행을 하면서 살고 있으며 살아갈 것인가?

나는 어떤 생활방식과 원칙으로 살고 있으며 살아갈 것인가?

사람은 사회를 떠나 살 수 없으며, 사회생활은 인간의 교제를 떠나 이루어질 수 없고, 인간교제는 자기의 마음가짐과 그에 따른 행동과 원칙에 맞는 조화로운 실천행동 없이는 살아갈 수 없다. 인간생활은 마음을 떠난 행동이란 있을 수 없으며, 원칙이 없는 행위나 행동으로는 살아갈 수 없다. 마음(心)과 행동(行) 그리고 어떤 행동방법(方法)이나 행동원칙은 밀접한 관계 속에서 상호 조화(調和)를 이루고 있을 때 우리가 원하는 행복한 생활을 누리게 된다. 인생에 필수적인 세 가지 요건은 첫째, 자기 스스로 마음의 작용에 의해 정확한 목표가 설정되어야 하고, 둘째, 실천하는 양심으로 살아가야 하며, 셋째, 원칙을 존중하며 규칙적인 생활로 부단한 노력과 우직함으로 살아가야 한다.

정확한 목표설정과 규칙적인 생활이나 노력 그리고 우직한 생활로 꾀부리거나 잔머리 쓰지 않고 일관된 마음가짐으로 살아가면 진정한 의미의 행복한 생활터전의 기초가 마련되는 법이다.

인간의 마음가짐, 실천적 행동, 원칙적인 생활방식의 조화가 만들어 내는 것은 바로 보람과 가치이며, 인품이요, 덕성이다. 이러한 것들이 생각처럼 쉽게 이루어지는 것이 아니고 각각 세부적인 여건을 갖추고 있을 때 인격과 덕성의 아름다운 꽃이 피어나게 된다. 개인의 인격과 덕성은 마음가짐이나 실천행동 그리고 생활방식에 대한 각각의 세부적인 필수적 요소나 여건을 갖추고 마음, 행동, 행동방식이나 행동원칙이 상호 조화를 이룰 때 원만한 인간관계가 이루어진다.

이러한 여건과 지성을 갖추고 행복한 생활을 희망하는 사람은 지적능력을 배양하며 부단한 자기 성찰과 사색을 통하여 올바른 가치관을 정립하고 실천하는 삶을 살아가야 한다. 자기 자신의 올바른 마음가짐과 실천하는 이성적 행동은 공익에 도움이 되기 때문에 인간관계의 덕을 쌓아가게 된다. 인간관계의 덕은 개인의 덕성(德性)을 기르기 위한 끊임없는 자기 자신의 수양과 대승적(大乘的) 차원에서 원만한 인간관계가 서로 조화를 이룰 때 성취하게 된다.

이 책을 쓰게 된 배경도 도덕적이고 민주적 소양을 갖춘 교양인(敎養人)들이 만들어 가는 신뢰하는 선진사회를 건설하고자 하는 마음에서 비롯되었다. 그러한 선진사회는 덕성을 갖춘 선량한 시민들이 행복하게 살아가는 사회를 말한다. 삶의 질을 결정하는 요체는 개인의 인격과 인간관계에서 이루어지고 있다. 인간관계의 중요성에 대하여 사뮤엘 골드윈은 다음과 같이 말하고 있다.

그는 다른 사람과 적을 만들지 말라고 하면서 "인생의 기술 중 90%는 내가 싫어하는 사람과 잘 지내는 방법에 관한 것"이라고 강조하면서 친구를 만드는 것도 물론 중요하지만 열 명의 친구를 만드는 것보다 한 명의 적을 만들지 않는 것이 더 중요하다고 하였다.

이 책에서도 이러한 인간관계의 중요성에 대한 인식을 고양(高揚)하기 위하여 관계의 중요성을 철학적인 관점에서 다음 사항에 역점을 두고 접근하고 있다.

첫째, 자연과 인간과의 관계법칙을 비교 검토하여 삶의 원리나 인간생활의 지혜가 우주의 법칙에 있음을 확인하고 자연과 인간과의 관계법칙을 다양한 시각에서 조명하였다.

둘째, 인간관계는 우주의 법칙인 조화와 자연의 원리인 상생의 법칙에 따라 다양한 각도에서 새로운 인간관계법칙을 조명하였다.

셋째, 마음과 육체가 둘이 아니라는 심육불이(心肉不二)의 조화가치를 육안(肉眼)과 심안(心眼)으로 확인할 수 있도록 하여 심육일치의 당위성을 조명하여 심육관계법칙에 대한 새로운 인식을 갖도록 하였다.

넷째, 철인들의 사상을 조명하여 그들이 주창했던 가르침이나 사상적 원리에 대한 공통점을 소개하여 사적자아에서 공적자아로의 전환할 수 있도록 지적기반을 제공하였다. 성현과 철학자들의 가르침이 개인의 가치관을 정립하는데 영향을 미칠 수 있다는 생각에서 이들의 가르침을 소개하였다.

이 책에서도 만물의 이치나 원리가 관계를 떠나서 존재할 수 없음을 밝히고 인간생활도 관계를 떠난 독존하는 인생이 있을 수 없음을 여러 철학자나 성현들의 가르침을 통하여 확인해보려고 하였다. 그리고 서로 도움을 주고받는 관계에서 성립되는 진정한 지혜를 터득하기 위하여 제법무아(諸法無我)나 제행무상(諸行無常)과 같은 불교교리를 활용하였다.

이 책은 우주의 본래 이치를 터득하여 천·지·인(天·地·人)의 동일원리인 조화원리를 근본으로 삼고 원만한 인간관계로 지행합일(知行合一)를 철저하게 지켜 이성의 영혼을 발견하여 영생(永生)한 삶을 살기를 기대하는 마음에서 출발하게 되었다.

이 책은 인간생활에 지침이 되는 인문사회학 분야의 교양도서로써 학생을 비롯하여 어려운 환경에 처해 있는 사람들이나 가정주부, 식자층이나 사회지도층 그리고 정치인에 이르기까지 누구나 부담 없이 가벼운 마음으로 읽고 자신의 인간관계를 더욱 확대 발전시켜가기를 기대합니다.

이 책을 출판하기까지 정성을 다하여 도움을 주신 도서출판 지식공감 김재홍 대표와 편집위원에게 깊은 감사를 드립니다.

2012년 7월
중국 절강성 절강관광직업대학 서실에서
(中國 折江省 折江旅游職業大學 書室 書)

황 오 연(黃五淵)

차 례

3장
경(敬)과 예(禮)의 융화(融和)

4장
환경과 인간생활과의 관계

1장

자연과 인간

자연과 인간

사람이 이 세상에 태어나 하고 싶은 일이 무엇이냐고 물으면 바로 대답하는 사람도 있겠지만 대부분 사람은 좀 망설여지게 하는 질문이 될 것이다. 왜냐하면, 사람이 살아가는 무대인 세상이 광범위하여 하고 싶은 일이 너무나 많거나 아니면 구체적으로 생각을 해보지 못했기 때문이다. 이 세상이란 말의 의미는 인간의 입장에서 볼 때는 삶의 대상이 되는 파트너와 같다. 내가 살아가는 대상이 바로 이 세상이기 때문에 사유의 영역과 범위도 세상을 떠나서 있을 수 없으며, 인간의 존재도 세상을 떠나서 있을 수 없다.

인간과 이 세상은 마치 동전의 양면처럼 불가분의 관계를 갖고 있어서, 인간 개개인이 편안하고 행복하면 온 세상이 다 편안하게 보이지만, 각자의 생활이 불안하고 편하지 못하면, 모든 세상 일이 부정적으로 보이는 것도 자연의 이치에 따르지 않는 사회 환경 때문에 일어나는 현상이다.

그래서 인간이 자기 자신을 잘 살펴서 자신의 마음을 늘 바르게 세우고 나의 잘못과 허물이 무엇인가 두들겨 보며 반성하는 것도, 나의 파트너인 이 세상에 누를 끼치지 않으며 자연의 순리에 벗어나지 않은 삶을 살려고 하는 것이다.

　이 세상이란 말을 넓은 의미의 다른 말로 표현하면, 우리가 둥지를 틀고 살아가는 땅과 만물의 원동력을 제공해주는 하늘 및 우주의 삼라만상 그리고 인간의 공동체인 사회까지를 아우르는 말이다. 이러한 넓은 의미의 세상을 살아가는데 인간이 당연히 해야 할 도리나 법칙을 터득해야 개인과 사회와의 양자관계가 원만해져서 자연재해나 천재지변과 같은 큰 재앙을 극복해 가는 데 도움이 되는 것은 너무나 당연한 일이다. 이러한 당연한 일을 하기 위해서는 인간이면 누구나 가치관이 정립되어 있어야 한다. 가치관은 세상을 살아가는데 방향설정을 해주는 나침판이나 옳고 그름을 측정하는 잣대와 같은 것이다. 인생에 나침판이 되는 가치관의 정립은 인간과 자연이 어떻게 이루어져 있는가에 대한 부단한 관조와 예리한 통찰력에 의해 얻게 된다.

　인간과 자연이 친화적인 관계를 유지하면서 살아가야 하는 것은 거역할 수 없는 진리이다. 양자의 친화적인 삶이란 천리를 따르는 생활습관이 내면화 되어야 하고, 원리나 원칙을 존중하며 행동으로 실천하는 생활을 의미한다. 바로 이러한 자연친화적 생활은 인간이면 누구나 원하는 바가 아니겠는가. 어느 유행가 노래 말에 다음과 같은 노래 구절이 있다. "저 푸른 초원 위에 그림 같은 집을 짓고 사랑하는 우리 님과 한 백 년 살고 싶네……." 이 노래 말에서 인간과 자연, 인간과 인간이 함께 사는 것이 희망이요 이상적인 생활이라는 것을 잘 표현해 주고 있는 내용이다. 이와 같은 희망적인 생활을 현실에서 실천에 옮기는 일은 먼저 지적(知的)인 기반과 이론적 체계가 바로 정립되어야 한다. 확실한 이론이 정립되어 있다고 하더라도 그 이론을 실행하지 않는다면 그것은 오히려 알지 못함만 더 못하다. 저 푸른 초원 위에 초가집을 지으려는 그림을 수백 장을 그려도 집을 짓지 못한다면 아무 쓸모없는 일이 되지 않겠는가. 꿈과 이상의 실현을 위해서는 먼저 지적인 기반조성과 이론의 정립이 필요하다. 인류문명의 발달도 인간의 지적 활동의 결과로 창출된 정신적, 무형적 재산인 지적재산(知的財産)의 결과로 이루어진 것도 재론할 여지가 없지 않은가.

인간이 훌륭한 삶을 위해서 인생의 초년에는 꼭 고생과 함께 어떻게 살 것인가에 대한 가치관을 설정하고, 인생의 중년까지는 모든 일에 최선을 다해야 하며, 중년 이후에는 후회 없는 인생을 살아야 한다. 인간이 진정으로 행복해지고 싶다면 불필요한 것에서 자유로워져야 하며, 지나친 소유욕에서 벗어나야 한다. 이 세상에 존재하는 만물은 모두 다 소중하지 않은 것이 없다. 그래서 대부분의 사람들은 자족(自足)해야 하는 필연적 가치에 대한 이해와는 달리 행동하는 양심은 이와는 거리가 멀다.

에피쿠로스학파에서는 인간의 행복을 육체적인 쾌락이 아닌 정신적인 쾌락에서 행복을 추구했다고 한다. 그래서 그들은 정신적인 즐거움으로 우정, 사랑, 남을 돕는데서 얻는 행복감, 집착을 버리는데서 오는 자유로운 감정을 진정한 쾌락인 행복으로 생각했었다.

이러한 정신적인 쾌락을 통해서 행복한 세상을 만들어 가는데 중요한 것은 자연의 이치에 맞게 살아가는 것이고, 자연의 이치대로 살아갔던 인류의 선각자들이나 위대한 삶을 살아왔던 철학자의 삶을 본받아야 하고, 종교가다운 생활을 해야 하며, 예술가의 멋을 알고 즐기는 삶을 살아가야 한다. 특히 어느 사회를 막론하고 인간이 누구나가 덕인(德人)이 되기를 원한다면 철학자의 삶을 살아가야 함은 당연하다. 즉 덕인은 이 세상에 존재하는 만물의 존재가치를 자신의 존재가치와 같이 생각하고 더불어 살아가며, 모든 생명체를 위해 도움을 주

영원한 인간관계

는 삶을 행하는 사람이라고 할 수 있다.

미래 한국의 지도자는 한국인들의 복지와 번영은 물론이고 자연환경을 본래대로 살려서 온 인류에게 평화를 안겨주는 사람이어야 한다. 그러기 위해서 지도자는 인간과 자연과 조화(調和), 인간과 인간의 인화(人和), 그리고 국가와 국가 간의 협력(協力)을 신념으로 삼고 살아가는 사람이야 한다.

우리는 주변에서 흔히 누구는 '성공한 사람'이야 라는 말을 자주 듣게 되는데, 대부분 사람은 돈을 많이 벌어서 사장이나 회장이 되었다든지 아니면 사회적 지위가 높이 올라가면 그것을 보고 성공했다고 한다. 물론 그것을 부정하려는 것은 아니지만, 그런 사람들이 가정에서 부모님께 효도하는 자식, 존경받는 부모, 이웃으로부터 사랑받는 사람, 직장에서 동료들에게 신뢰받는 사람이거나 지인들로부터 인정받으며 사회생활에 귀감이 되는 사람이라면 당연히 성공한 사람이라고 할 수 있다. 그러나 돈을 이용해서 사회질서를 문란하게 하고 직위를 이용해서 비리를 저질러 개인의 안위와 영달을 꾀해 반공익적이고 반사회적인 범죄행위를 해서 사회를 혼란과 갈등으로 끌고 간 사람들을 성공한 사람이라고 한다면 우리 사회의 일반화된 시각에는 분명코 문제가 있다.

사실상 우리 사회에는 아직도 많은 국민이 전통적인 가치관인 도덕성을 강조하며 민주적인 법질서를 지키면서 착하게 살아가는 사람들이 대부분이다. 바로 이런 사람들의 삶은 보편적인 가치를 지향하며, 조용하게 사회적 도리를 지키면서 진리대로 살아가는 사람들이다.

우리 사회가 이와 같이 진리만을 의존하며 보편적 가치를 큰 배경으로 삼고 평범하게 살아가는 대부분 국민을 예우하지 않고 아직도 권력과 재력이 있는 사람들을 부러워하거나 우대하려고 한다면 진정한 의미의 민주적 문화가 아닌 것이다. 그러나 우리나라는 대부분 국민들의 지혜와 슬기로움으로 국가가 유지되고 있음을 국민들은 잘 알고 있다.

선진화된 일등국가가 되려면 정치지도자는 온 국민의 아픔과 슬픔과 즐거움을 함께 하면서 여민동락(與民同樂)하는 자세로 살아야 하고, 국민을 훌륭한 사람들로 섬기는 의식의 전환이 있어야 한다. 국민은 위정자들이나 사회지도자들을 항상 감시 감독하는 자세로 살면서, 윤리의식과 사회질서의식을 높여가는 것이 사회적 합의와 사회적 조화를 이끌어내는 지름길이며 바로 그것이 일등국가가 되는 길이다. 선진국으로 가는 제일 빠른 지름길은 국민의 의식 수준을 높이는 일이며, 민주시민의식을 높이기 위해서는 정치지도자들과 국민과의 원활한 소통을 통해 조화(調和)가 이루어져야 한다. 인간생활이 본래 서로 만나지 않으면 막히어 단절되지만 만나서 교류하면 소통이 이루어져 막힘이 트이고 오해가 풀어지게 되는 것이 삶의 이치이다.

이와 같이 인간이 살아가는데 있어서 상관성의 법칙을 떠나서 인생을 논하는 것은 무의미한 일이기에, 나와 무관한 것이 하나도 없으며 나의 존재가치는 만물의 존재가치와 크게 다르지 않는 것이 본래의 이치이기 때문이다.

불교의 3대 진리 가운데 하나인 제법무아(諸法無我)라는 유명한 가르침이 있는데, 그것은 바로 나와 모든 존재물과의 가치의 존엄성을 깨우치게 하려는 진리이다. 제법무아라는 뜻은 세상의 모든 존재물은 반드시 다른 것과 연관되어 있으며 고립되어 있는 것이 없다는 의미이다. 나의 존재는 나만이 독존할 수 없어서 반드시 모든 존재물이나 사람들과 관계를 갖지 않을 수 없다. 그렇다면 나와 타인들과의 관계, 나와 모든 사물이나 자연환경과의 관계 그리고 국제간의 관계를 어떻게 갖는 것이 중도(中道)적인 삶인가에 대한 고민을 여러분과 함께 해보고자 한다.

중도적인 삶은 가치지향적인 영원한 삶으로 행복한 생활을 누리게 된다. 가치지향적인 행복은 서로 다른 개체들이 상호간 조화지수를 높이는 일이며, 모든 존재물들이나 인간 간의 조화지수를 향상시키는 것은 행복한 사회로 가는 지름길임이 분명하다. 그러면 행복한 생활을 위해서 조화지수의 기준을 어디에다 두고 있는지 다음 조사내용을 통해 알아보기로 하자.

영국 레세스터(Leicester)대학은 최근 조사를 통해 세계에서 가장 행복한 국가의 순위를 12개 국가로 선정하였다. 세계에서 가장 살기 좋은 행복한 국가로 선정된 나라들은 다음과 같다.

세계 제1위는 덴마크, 2위 스위스, 3위 오스트리아, 4위 아이슬란드, 5위 바하마, 6위 핀란드, 7위 스웨덴, 8위 부탄, 9위 브루나이, 10위 캐나다, 11위 아일랜드, 12위 룩셈부르크의 순 이였다.

여기서 우리는 행복한 나라들이 갖고 있는 공통적 요소가 무엇인가에 대하여 관심을 갖지 않을 수 없다. 그들이 가지고 있는 공통 요소는 크게 세 영역으로 나누어져 있었다.

그 세 영역은 자연환경, 사회복지 및 의료시설 그리고 교육환경을 들고 있다.

가장 행복한 나라로 꼽히게 되는 첫째 요소는 아름다운 자연환경을 들고 있다. 자연환경이 가장 아름다운 나라로는 덴마크(1위), 스위스(2위), 오스트리아(3위), 아이슬란드(4위), 바하마(5위), 부탄(8위), 캐나다(10위)로, 12개 국가 가운데 7개 나라가 아름다운 자연풍경이 인간을 행복하게 해준다고 하였다. 이러한 조사결과를 두고 보더라도 인간과 자연과 본래부터 불가분의 관계임을 확인시켜 주는 좋은 자료가 되어 인용하게 된 것을 더욱 기쁘게 생각한다. 더욱 놀라운 사실은 12개 나라 중에 1위부터 5위까지를 차지한 나라들이 자연환경이 차지하는 비중이 그만큼 크다는 것을 잘 나타내주고 있다. 여기서 중요한 것은 인간과 자연의 본래 성질이 깨끗하다는 공통점을 들 수 있다. 그렇다면 인간도, 인간과 인간 간에도 그리고 국가와 국가 간에도 서로 깨끗하면 조화지수가 향상되어 행복해질 수 있다는 것과 같은 이치이다.

둘째 요소로는 사회복지시설과 훌륭한 의료보험을 갖춘 나라들이 가장 행복한 국가로 선정되었다. 사회복지시설과 의료보험이 가장 뛰어난 국가로는 스위스(2위), 오스트리아(3위), 아이슬란드(4위), 핀란드(6위), 스웨덴(7위), 브루나이(9위), 캐나다(10위)로 12개 나라 중에서 7개국이 복지시설과 의료보험이 가장 잘 되어있는 나라로 뽑히게 된 것이다.

여기서도 자연환경과 인간존엄성을 같이 여기고 소중하게 다루고 있음은 철학적인 삶을 보여주고 있는 실증적 실례(實例)라고 할 수 있다.

셋째 요소로는 교육환경이 잘되어 있는 나라들이 행복한 국가로 선정되었다. 그 12개 국가 중에서 교육환경이 잘되어 있는 나라는 1위의 덴마크, 초·중·고의 무상교육과 대학교육도 정부가 비용을 대주는 인구 38만 명의 브루나이, 국민 1인당 GDP가4만천 달러나 되는 아일랜드, 국민 1인당 GDP가 5만5천6백 달러로 세계 최고 수준인 룩

셈부르크의 4개 국가가 가장 좋은 교육환경으로 뽑히게 되었다. 국가가 있어야 더 잘 살 수 있는 것이며, 그 나라 흥망성쇠는 국민교육을 어떻게 하느냐에 달렸다.

그런데 여기서 간과해서는 안 될 현대판 공자의 사상을 표방한 나라가 있다. 바로 그 나라는 인구가 230만 명이고 국민 1인당 GDP 1,400달러밖에 되지 않은 행복한 국가로 세계 8위를 차지한 부탄이라는 나라이다. 부탄은 아름다운 자연환경과 이민, 관광, 개발을 엄격하게 억제하면서 전통문화를 보존한 나라로 문맹률이 전체 국민의 53%나 되는 나라이면서도 물질적 행복보다는 정신적 행복의 개념을 잘 알고 있는 국민이다. 이것은 마치 공자가 자본주의 맹점을 지적하는 것 같은 느낌을 받는다.

사실상 공자는 자본주의를 비판하고 경계해야 한다고 하였다. 그는 인(仁)의 실현을 위해서 살신성인하는 태도로 살았던 인류의 구도자이다. 그것은 당연히 인(仁)과 배치는 되는 어떤 것과도 타협할 수 없으며 심지어는 목숨을 걸고 싸워야 한다고 하였다. 그는 자본주의를 경계해야 한다고 하면서 자본주의는 사익추구나 이기주의로 타락하기 쉬우니, 이에 맞서지 않을 수 없다고 하였다. 그러면서 공자는 이익이 아니라 인의, 도덕이라고 항상 강조하였으며, '어찌 자본의 농락에 놀아날 수 있겠는가?'라고 하면서, 가난을 걱정하지 말고 균분(均分), 즉 평등하지 못한 세상을 바로잡아야 한다고 했다. 이기주의는 약육강식의 잔혹한 사회를 낳게 되는 우려를 금치 못하면서 적은 것을 걱정하지 말고 균등하지 않은 것을 걱정하라고 하였다. 부탄은 국민 1인당 GDP 1,400달러밖에 되지 않지만, 세계에서 여덟 번째로 행복한 나라로 인정을 받았으니 공자의 인 사상을 그대로 계승한 것이나 다를 바 없다고 하겠다. 공자가 이 세상에 다시 돌아온 것 같은 착각에 빠지게 한다.

여기서 자연환경이나 인간의 건강과 복지 그리고 교육을 국가의 주요 정책으로 삼고 있는 나라들이 살기 좋은 행복한 나라로 뽑힌 것은 정치지도자들의 국정 철학이 투철하다는 것을 잘 보여주고 있다. 한국의 정치지도자들도 행복지수가 높은 수준에 있는 나라의 제도를 벤치마킹(bench-marking)하고 부정과 부패를 일소하게 되면 행복한 선진국가대열에 들어서게 될 것이다.

진정한 의미에서 행복이라는 것은 청빈의 덕을 지고(至高)의 가치로 알고 청빈한 삶을 살아가는 사람만이 맛볼 수 있는 것이다.

본래 가치는 희귀성을 갖고 있기 마련이다. 내가 가지고 있는 돈은 많지 않다. 그러나 많지는 않지만 깨끗한 것만은 분명하다. 만약 내게 많은 재물이 쌓여 있다면 그것은 정당한 절차나 방법을 무시하고 얻은 구린내 나는 더러운 재화일 가능성을 배제하지 못할 수도 있다. 이 세상에는 본래 깨끗한 것이 많았지만, 인간 공동체가 시작되면서부터 차츰 깨끗한 것이 줄어들어 가고 있어서 작고 적은 것을 더욱 소중하게 여겨야 한다.

정당한 수단과 방법을 통해서 얻은 재화는 그 양의 다소를 막론하고 공동이익에 크게 기여할 뿐만 아니라 사회발전에 도움을 주기 때문에 구성원들 간의 믿음이 더욱 강화되어 신뢰사회를 이루는데 크게 기여하게 된다.

인간은 누구나 행복해지기를 바라고 행복을 추구할 수 있는 권리도 갖고 있다. 어떤 사람이든 행복해질 수 있다는 것은 무엇보다 자기관리를 철저히 해야 하고 자기 자신의 마음을 잘 다스리지 못하고 남을 다스리는 것은 이치에 맞지 않기 때문에 먼저 자신의 마음을 닦고 다스리는 일이 선행되지 않고 행복을 찾기란 어려운 일이다. 행복한 생활은 내가 필요로 하는 것을 얼마나 갖고 있느냐가 아니고, 불필요한 것에 대해 진정으로 얼마나 자유로워져 있는가가 중요하다. 따라서 크고 많은 것에서만 만족하는 것이 아니고 작고 적은 것에서 불편을 느끼지 않고 만족할 줄 알아야 한다. 그것이 행복이요 청빈의 덕이다.

우리는 세상일들이 복잡하게 꼬이고 또 꼬여서 잘 풀리지 않을 때면, 흔히 이런 말을 들어 본 기억이 있을 것이다. 사람 사는 게 별것 아니야, 모든 건 마음먹기에 달렸어라고 하는 말이다. 맞다, 바로 그것이 답이다.

『아함경』에 이르기를 인간이 행복해지려면, 자족(自足)이 제1의 부(富)요, 무병(無病)이 제1의 이(利)요, 선우(善友)가 제1의 친(親)이요, 정적(靜寂)이 제1의 낙(樂)이라고 하였다. 자기 스스로 자신이 처한 상황이나 환경에 만족할 때 마음은 여유로워지고 마음에 여유는 모든 사람을 껴안을 수 있는 부자가 될 수 있음을 의미한다.

세상 일이 마음먹기에 달려 있는 것이 세상의 이치라는 것을 잘 보여주는 옛날이야기 하나를 『시 마을』에서 인용할까 한다.

아주 먼 옛날에 어느 산골 마을 가난한 집에 어린 아이가 하나 있었습니다. 아이는 매일 배가 고파 울기만 하였고, 엄마는 우는 아이를 회초리를 들어 울음을 멎게 하곤 했습니다. 엄마는 배고파 우는 아이의 마음도 헤아리지 못하고 하루에도 몇 번씩 매를 떼려 아이는 매를 맞고 울기만 하였습니다. 그날도 어김없이 아이의 부모는 매질하고 있었습니다. 마침 집 앞을 지나던 노스님이 그 광경을 보고 있다가 문득 어떤 생각이 떠오른 듯 그 집안으로 들어가 어린아이 앞에서 무릎을

꿇고 넓적 큰절을 공손하게 올렸습니다. 깜짝 놀란 아이의 부모는 어리둥절한 표정을 하면서 스님에게 그 연유를 묻습니다.

"스님! 어찌하여 하찮은 아이에게 큰절을 하는 것입니까?"

"예. 이 아이는 나중에 정승이 되실 분이기 때문입니다. 그러니 곱고 귀하게 키우셔야 합니다."라고 답하고 스님은 홀연히 자리를 떠났다고 한다. 스님이 아이를 보는 시각과 부모가 어린 자식을 보는 시각은 서로 달랐다. 스님은 아이를 귀하고 소중하며 위대한 존재로 보았고, 그 아이의 부모는 자기 생명과 다를 바 없는 어린 자식을 하찮게 여긴 것이 시각의 차이인 것이다. 그 이후로 아이의 부모는 스님의 말대로 매를 들지 않고 공을 들여 아이를 키웠습니다. 그리고 세월은 흐르고 흘러 스님 말대로 정말 그 아이는 영의정이 되었습니다. 부모는 스님의 안목과 예지에 놀라지 않을 수 없어서 스님을 찾기로 작정하고 물어물어 수소문한 끝에 마침내 그 스님을 찾게 되었습니다. 그 나라 정승님을 아들로 둔 부모는 먼저 감사의 말씀을 올리고 나서, 그동안 궁금했던 말을 묻습니다.

"스님, 스님은 어찌 그리도 용하신지요. 스님 외에는 어느 누구도 우리 아이가 정승이 되리라 말하는 사람이 없었거든요." 귀신이 아니고서 어떻게 알 수가 있습니까? 라고 했더니, 스님은 얼굴에 미소를 띠며, "저 같은 돌중이 어찌 미래를 볼 수 있겠습니까…… 허 허 허 그러나 세상의 이치는 하나이지요."라고 하면서 모든 사물을 귀하게 보면 한없이 귀하지만 하찮게 보면 아무짝에도 쓸모가 없는 법이지요. 마찬가지로 아이를 정승같이 귀하게 키우면 정승이 되지만, 머슴처럼 키우면 머슴이 될 수밖에 없는 것이지요.

이것이 세상의 이치이니 세상을 잘 살고 못사는 것은 마음가짐에

영원한 인간관계

있는 거라 말할 수 있지요라고 하면서 스님은 말을 끝낸다.

이러한 스님의 심오한 지혜의 가르침은 부모와 자식 간 관계의 도리를 다하도록 하여 큰 인물을 만들었듯이, 만물을 소중하게 여기고 모든 인간을 존중하면 세상 모든 일이 잘 풀려가는 것이 세상의 이치라는 것임을 잘 보여주고 있는 대목이라 하겠다.

만물의 가치는 존재물을 인정하고 수용할 때, 상대를 인정하며 그에게 깊은 관심을 가지고 상대편의 처지나 환경을 깊이 이해할 때, 그 존재물의 존엄성을 알게 되고, 그 존엄성을 믿고 신뢰하게 되면 가치의 진정성을 인식하게 되는 법이다. 인간이면 누구나 자신이 스스로 만물의 가치에 대한 진정성을 알려고 부단하게 노력해야 하며, 그러한 노력의 결과는 인간과 만물과의 관계를 조화롭게 하여 평화로운 사회를 만들어가는 주체가 될 것으로 믿어 의심치 않는다.

인간사회의 안정은 사회적 차원의 조화가 우선 이루어져야 하지만, 근본적인 문제해결은 자연과 인간과 관계를 원만하게 하는 일이다. 인간이 지나친 욕망을 버리고 자연법에 따르는 길밖에 다른 도리가 없다.

인간은 자연의 세계를 떠나서는 살 수 없으며, 자연계를 떠나면 생명을 유지할 수 없기 때문에, 자연의 가르침인 천리(天理)를 인간이 받아 드릴 때 자연과 인간이 공존할 수 있는 것은 너무나 당연한 일이다. 그러기에 사람들은 이치에 맞게 살아야 한다고 하면서도 자연의 섭리를 어기고 있으니 개탄스러울 뿐이다.

중국 실크로드의 관문이라고 하는 난주를 돌아보다가 지금까지 잊혀 지지 않은 인상 깊은 일이 하나 있다. 중국 란저우(兰州)는 서북지방 최대의 공업도시이자 간쑤성의 성도(省都)이며, 예로부터 실크로드로 가는 길목에 있어 중요한 요새이자 교통의 중심지로 알려졌으며, 기원전 1세기부터는 천산북로를 잇는 고대 실크로드의 주요 통로이자, 황하가 흐르는 통로였다. 그뿐만 아니라 난저우는 한때 황금도시라고 불렸다고 하니 시민의 자부심과 긍지 그리고 문화도 어느 다른 도시에 비해 좀 다를 것 같은 느낌이 들었다. 마침 황하강변을 둘러볼 기회가 있어서 강변을 걷다가 동상을 발견하게 되었다. 난저우시 도심을 흐르는 황하강변에 세워져 있는 그 동상이 상징하는 것은 '어머니의 모습'을 하고 있었고, 그 동상 아래에는 '황하강이 난저우의 어머니'라고 하는 글귀가 쓰여 있었다. 그것을 보면서 지금 우리도 수도인 한강변에 어머니의 동상을 크게 세우고 그 아래 '한강이 서울의 어머니'라고 써 놓았으면 하는 생각이 들었던 기억이 새롭게 떠오른다. 세계적으로 널리 알려져 있는 도시치고 강을 끼지 않고 있는 도시는 찾아볼 수 없듯이 물과 인간생활과는 떼놓을 수 없는 관계임이 분명하다. 물을 골고루 분배하는 힘도 인위적으로는 거의 불가능한 일을 하늘(天)의 힘으로 모든 생명체를 살아가게 하고 있으니 이것이 바로 공존원리인 것이다.

영원한 인간관계

1. 천·지·인(天·地·人)의 관계

우리는 일상생활에서 '하늘'이란 단어가 들어가는 말을 많이 듣는다. 하늘을 우러러 한 점 부끄럽지 않게 살아야 한다. 하늘이 무섭지도 않느냐? 하늘의 뜻에 따라 살아가야 한다. 하늘은 스스로 돕는 자를 돕는다. 하늘의 뜻을 따른 사람은 흥(행복하게 살고)하고, 거역한 사람은 망(불행해 진다)한다. 한해 농사도 하늘의 도움이 없이는 어렵게 되듯이 만사가 하늘의 뜻과 무관치 않은 것이 없다. 이와 같이 자연과 인간 양자 사이의 불가분적 관계는 필연적인 법칙이며, 이 필연의 법칙을 인간생활에서 어떻게 적용하면서 살아가느냐 하는 것이 인간관계의 덕을 쌓는 길이다.

하늘이 들어가는 말을 일상생활 속에서 너무나 많이 사용하면서도 그 의미의 절실함이나 현실생활에서 그 의미에 합당한 생활을 하는 사람은 그렇게 많지 않을 것으로 생각한다. '하늘'이란 단어를 사용하는 빈도와 실행하는 것과는 너무나 차이가 크다. 우리 사회에서 대부분 사용 빈도가 높은 용어들은 인간생활에 꼭 지켜져야 할 당위규범임을 마음속 깊이 간직하고 용어의 개념과 일치하는 삶을 살아가야 함은 너무나 당연한 일이다.

또한 우리는 '마음'이란 단어가 들어가는 말도 항상 듣는 말이다. 마음이 저렇게 불량한데 무슨 일이 되겠어. 마음이 착하니 모든 일이 저렇게 잘 풀려가지. 마음 나쁜 놈치고 잘된 놈 못 봤어. 마음을 바르게 쓰면 하늘이 돕는 거야. 마음이 비틀어지면 제대로 되는 일이 없는 거란다. 마음을 어떻게 쓰느냐에(用心) 따라 좋은 사람이 될 수도 있고 나쁜 사람이 될 수도 있다.

'하늘'과 '마음'이란 두 단어의 뜻은 분명이 구분되어 있지만, 이 두 단어의 내적인 의미의 상통에 있어서는 밀접한 관계가 있음을 느낄 수 있다. 하늘의 마음과 인간의 마음이 서로 같은 경우와 서로 다른 경우를 생각해 보자. 양자가 바로 상통한 것은 하늘의 뜻을 따라 이치에 맞는 삶을 사는 사람이지만, 양자가 통하지 않으면 하늘의 뜻을 거역한 역천자(逆天者)가 된다.

인간이 천(天)과 지(地) 사이에서 일어나는 자연 질서를 따르지 않고 살아갈 수가 없다는 것은 너무나도 명명백백한 일이다. 자연 질서를 따라야 한다는 당위성은 모든 존재물의 존재가치를 혼란 없이 순조롭게 유지하고 발휘하는 데 있어서 사물의 순서나 차례를 유지하는 가치를 지니고 있기 때문이다.

자연의 질서를 유지하는 데 그 원동력이 되고 있는 것은 모든 사물과 현상의 원인과 그 결과 사이에 내재되어 있는 보편적, 필연적인 불변의 관계를 갖게 하는 자연법칙이 있기 때문이다. 그래서 이 자연법칙은 인간이 반드시 지켜야만 하는 당위적인 규범이다.

중국의 빵 똥메이(方東美, 1899~1977)교수도 중국인들이 깊이 사유하는 삼대(三大) 중심문제를 '자연'과 '사람'과 '인간의 문화적 성취 즉 역사'라고 말했다.

옛말에 '하늘'(天)이란 용어는 현대적 개념으로는 '자연'과 동일한 개념으로 생각하면 된다. 따라서 하늘(天)이란 길(道)의 뜻을 지니고 있는 다른 이름으로 볼 수 있다. 즉 자연의 순리인 천도(天道)와 사람의 길인 인도(人道)를 같은 개념으로 받아들여야 한다. 천도와 인도의 양자관계가 둘이 아니라고 하는 것은 마치 바닷물과 파도로 보이는 물거품이 둘이 아닌 것과 같은 이치로 보아야 한다. 바닷물과 파도를 구별할 수 없듯이 하늘과 사람의 근원이 둘이 아니고 하나라는 것을 뜻하는 것과 같은 이치이다. 그래서 하늘과 사람을 본질적으로 나눌 수 없는 관계에 있음을 의미한다.

중국 우주론의 바이블로 여기고 있는 『주역(主役)』에서 다음과 같은 내용을 강조하는 대목이 있다.

큰 인물은 하늘과 땅과 더불어 그 덕성을 같이하고, 해와 달과 더불어 그 밝음(총명함)을 같이 하고, 네 계절과 함께 그 삶의 질서를 같이하고, 귀(鬼)와 신(神)과 더불어 그 길흉의 판단을 같이한다(夫大人者, 與天地合其德, 與日月合其明, 與四時合其序, 與鬼神合其吉凶).

여기서 대인(大人)이란 모든 생명체들의 특성을 잘 알고 있을 뿐만 아니라 인간과 자연이 공존하는 것을 깨닫는 사람을 의미하며, 우리가 바라는 것도 이와 같은 대인이 나타나 이 세상의 진정한 지도자가 되었으면 하는 기대를 갖는다.

주역은 크게 두 부분으로 나누어지는데, 하나는 '경문'이고 또 하나는 '역전'이라고 부른다. 주역의 경문은 일찍 만들어진 내용이고, 역전은 경문에 대한 해설로 뒤에 만들어졌다고 한다. 주역의 해설서인 역전(易傳)의 핵심사상도 천·인의 관계정립으로 요약할 수 있다.

역전(易傳)사상의 핵심은 '하늘의 길(天道)'과 '사람의 길(人道)'을 어떻게 조화시킬 것인가 하는 사상적 운동에서 출발한 것이며, 이것은 모든 중국사상의 모태가 되었다고 할 수 있다. 이러한 '하늘의 길'인 천도는 중국사상의 이상주의적 전통이며 '사람의 길'인 인도는 현실주의적 전통으로 볼 수 있다. 천도와 인도의 두 길의 조화적인 원리는 이

상주의와 현실주의의 융합이나, 성(聖)과 속(俗)의 조화와 미(美)와 추(醜)의 화합을 그리고 쾌락주의(快樂主義)와 고행주의(苦行主義)까지도 양자 이분법적이거나 배타적 관계가 아닌 상호보완적 관계로 발전하는데 사상적 토대가 되었다. 또한 '역전'의 계사편(繫辭篇)에서도 천도와 인도의 조화와 관련하여 음·양 세력의 교감작용을 유추(類推)하여 철학범주로 격상시켜 세계 만사만물(萬事萬物)을 통일된 체계로 조성했었다. 만사만물의 통일된 체계는 음과 양의 교감작용으로 하여금 유추한 것이라면, 음·양의 교감작용(交感作用)은 천(天)·지(地)의 원리에 유추한 것으로 이상주의와 현실주의의 융합이라는 인도(人道)의 길을 제공해 주었다.

노자도 사람은 땅을 본받고, 땅은 하늘을 본받고, 하늘은 도를 본받고, 도는 자연을 본받아야 한다고 하였다(人法地 地法天 天法道 道法自然).

도법자연(道法自然)이란 인간이 자연의 이치에 맞게 살아가야 한다는 의미로 인간이 도리를 다하며 살아간다는 것은 인간의 마음을 자연의 마음과 일치시키는 일이다. 그것은 사람이 어떤 입장에서 마땅히 행하여야 할 바른길이 바로 인간의 도리(道理)이다.

인간의 도리를 다하며 온정을 베풀어 이 사회에 귀감이 되어 온 한 할머님의 미담을 소개해 보려고 한다. 이 이야기의 주인공인 Y할머니는 현재 생존해 있다면 백수가 다 되신 인물이다.

6·25 한국전쟁이 일어났을 당시 Y할머니께서는 호남지역에 있는 J 방직회사 회장으로 재직하면서 공장에 공녀들 가운데 빈곤하면서 결손가정의 여직원 아가씨들 10여 명 이상을 수양딸로 삼고 호적에 입적을 시키고 친딸처럼 돌봐 주었다고 한다. Y할머니는 회사 경영방침

영원한 인간관계

을 인간사랑을 기본으로 하는 인본주의를 제일로 여겼던 분이시다. 그러든 어느 날 갑자기 한국전쟁이 일어나게 되어 Y회장 내외분은 연고지로 피난길에 올랐다고 한다. 피난길에 오른 Y회장 내외분이 깊은 산 고개를 지날 때, 갑작스럽게 반란군들을 만나게 되었다고 한다. 무장을 하고 있는 그들은 Y회장 내외분을 보고 인민의 피를 빨아먹은 부르조아로 여길 것만 같은 생각과 함께 큰일이 일어날 것만 같은 긴박한 순간에 직면하게 되었다. 상상만으로도 소름이 끼치는 그 위기의 순간, 어느 쪽에선가 '어머니!' 하고 크게 부른 소리에 넋이 나간 두 내외분은 정신을 차리고 보니, 호적에 올린 수양딸이었다. 수양딸이 어머님이라고 부르는 그 목소리는 하늘에서 내려준 천사의 목소리였을 것이다. 그 천사는 회사의 회장이면서 수양어머니가 만들어 준 바로 그 수양딸이었다. 모녀간은 서로 반가워 부둥켜안고 어찌할 줄을 몰랐을 것으로 미루어 짐작할 수 있다. 반란군에 합세한 수양딸은 그들 동료들에게 '내 어머님이야 보내드려야 해.'라고 하며 어머님과 아버님은 그곳에서 풀려나 위기를 모면하고 작별하게 되었다고 한다.

바로 Y할머니께서 베푸신 도리가 하늘에 통하여 할머니 내외분의 생명을 이어가게 한 것은 물론이고 자손들까지도 행복하게 살고 있는 것을 보면서 선심(善心)의 위력을 실감케 한다. 이러한 미담은 어느 한 개인의 위대한 삶에 대한 자랑거리로 그치는 것이 아니고 인심이 천심이라는 진리를 실제로 보여준 사례이기 때문에 후세인들은 이러한 일을 귀감으로 삼아 널리 이로운 삶을 살아가야 한다.

이처럼 천·지·인의 관계가 불가분의 관계를 맺고 있다는 점에서 큰 의미를 찾을 수 있다. 여기서 천(天)의 개념은 우주 안에 존재하는 삼라만상의 창조주이면서 인간에게 무형의 근본원리를 제공해준 것으로 이해해야 한다. 그 하늘이 보여준 무형의 가치인 자연의 법도(自然法)를 인간생활에 활용하기 위하여 유형의 인정법(人定法)을 만들어 인간은 법의 적용을 받으면서 살고 있는 것이 현실이다. 하늘의 뜻에서 이루어진 이성(理性)의 결정체인 자연법과 이성의 원리가 적용되는 인정법과의 밀접성은 천·지·인의 뗄 수 없는 관계 때문이다.

천지인(天地人)의 불가분(不可分)관계에서 보여준 불가분성의 진리는 인간과 인간은 물론이고 인간과 만물도 떼려고 해도 뗄 수 없는 불가분의 관계에 있다는 것이 진리라는 것을 다음과 같은 사실에서 확인할 수 있다. 천지인(天地人)의 공통점은 자연과 인간의 동일한 순환 도수에서도 잘 나타나고 있다.

① 천(天): 우주의 1년 도수: 360년×360회＝129,600년
② 지(地): 지구의 1년 도수: 360도×360일＝129,600도
③ 인(人): 인체 1일 도수: (72＋18)회/분×60분×24시＝129,600회

인체의 1일 도수를 맥박수와 호흡량으로 나누어 보면 아래와 같다.
(가) 하루 맥박 (음) 수: 72회/분×60분×24시간＝103,680회
(나) 하루 호흡 (양) 수: 18회/분×60분×24시간＝25,920회
합: (가)103,6809,600＋(나)25,920＝129,600회

이와 같이 인간생명력의 원동력이 되는 호흡과 맥박의 도수가 하늘과 땅의 회전 도수와 일치한다는 것을 생각해 보면 이것은 우연이 아닌 필연적인 원리에 따른 자연법칙임을 간과해서는 안 된다.

우리가 흔히 듣는 말로 천당과 지옥이라는 말은 많이 들으면서도 천당과 지옥이 어데 있느냐고 물으면 대답은 우물거리며 시원치 못하다. 사실상 천국과 지옥도 천상(天上)이나 지하(地下)에 있는 것이 아니

영원한 인간관계

라 바로 우리의 삶 속에서 생각과 마음을 어떻게 갖느냐에 따라 천국과 지옥이 생기는 법이다. 그러면 어떤 생각을 갖고 어떻게 마음을 쓰면서 사는 것이 천국에서 사는 길인가를 찾아내야 한다. 그 길을 찾는 방법은 진리를 터득하고 그 진리를 의지(依支)하고 따르면서 자신에 대한 관리와 감독은 자기에게 내재해 있는 이성적 영혼에 불을 밝혀 자신이 스스로 다스려야 한다.

인간은 누구나 관계를 떠나 살 수 없다는 진리에 익숙해져야 하며 생활화되어가야 한다. 그 진리를 달성하는 길은 자연과 인간을 위해 이로운 일이 무엇인가를 부단하게 생각하고 염려하여 자연과 인간의 아픔과 고통을 줄여주는 일이며, 특히 이러한 일은 지도자들이 실천해야 할 덕목이다.

따라서 한국의 미래 지도자가 되려면 천지인(天地人)의 관계설정에 대한 철학적 비전을 갖고 이를 실행하는 사람이어야 한다. 천지인(天地人)을 동일 선상에 놓고 같이 고민하고 염려하는 사람은 민초(民草)들의 목소리를 들을 수 있으며, 굶주림으로 죽어가면서 절규하는 소수의 목소리까지도 들을 수 있는 자질을 갖춘 사람이다.

이것이 있는 것은 저것이 있기 때문이요, 이것이 생겨난 것은 저것이 생겨났기 때문이다(此有故彼有, 此起彼起). 이 말이 의미하고 있는 것도 나와 네가 둘이 아니라는 불이사상(不二思想)으로 상호 관계성에 대한 진리의 가르침을 잘 나타내 주고 있다.

인간이 만물의 영장이라고 해서 만물을 마음대로 하면서 살 수는 없는 일이며, 더욱 인간들 사이에서는 지켜야 할 도리나 사회규범 그리고 법질서를 철저하게 준수해야 한다. 동물들이나 미물들도 인간들 간의 규칙이나 법칙이 있듯이 그네들도 규칙이 있다는 것을 우리는 무조건 믿어야 한다. 창공을 날아다니는 많은 벌은 사람에게 무작정 달려들어 쏘는 일을 본 사람은 아무도 없지만, 자기의 보금자리인 벌집을 건들면 바로 공격조가 출동해서 사투를 벌린다는 것은 잘 알고 있다. 그러다가 벌에 쏘이면 죽는 일이 종종 일어난다. 벌 속에 들어 있는 소량의 독이 인간의 목숨을 순간에 빼앗아가는 것을 보면서, 인간과 벌과의 관계가 적대적인 사이가 아닌데 왜 그렇게 되었을까? 라는 것에 대한 깊은 사려 속에서 삶에 대한 지혜를 배워야 하지 않겠는가.

이 세상에 연약하게 보인 모기, 거머리, 파리, 거미와 같은 미물들이 무서운 맹수나 힘 쎈 동물이나 사나운 조류들에게 두려움을 주는 존재라는 것을 알아야 한다. 모기는 사자에게 두려움을 주고 있으며, 거머리는 물소에게 두려움을 주는 귀찮은 존재이며, 파리는 무서운 전갈에게 두려움을 주며, 거미는 하늘에 킬러라고 불리는 매에게 두려움을 준다고 한다. 이와 같이 세상은 약한 것 같이 보이지만 강한 것을 두렵게 하는 것이 자연의 이치이고 자연의 법칙이다. 힘없이 보이는 미물들이 맹수들에게도 두려움을 준다는 사실을, 인간사회에 적용하여 실용적 가치로 승화시키는 지혜로운 삶을 살아가야 한다. 이와 반대로 아무리 크고 힘이 강하더라도 반드시 무서운 존재라고 할 수만은 없다. 왜냐하면, 힘이 약한 미물들이라고 하더라도 그들에게 어떤 조건만 갖추어져 있다면 강한 것을 이길 수가 있는 것이 자연의 이치이고 진리이기 때문이다.

민초들의 힘도 보통 때는 보잘것없이 보이고 힘이 약하게 보이지만 민중의 생명을 위협하거나 재산과 자유를 탄압하게 되면 사람들도 벌 떼처럼 필사적으로 일어난다고 하여 봉기(蜂起)라는 말을 쓰고 있는 것도 그러한 연유에 근거한 것이다. 민중들이 민주화를 위한 봉기는 어떠한 위협과 총칼과 대형 무기로도 해볼 수가 없는 것이 사실이지 않는가. 아무리 약한 민초들이라 할지라도 생명에 위협을 받는 상황에 처하면(조건이 갖추어지면) 벌떼처럼 일어나는 것이 자연의 순리이다.

자연과 인간과의 상호관련성을 갖는 가르침은 너무나 많이 있다. 연꽃과 사람과 관계를 갖는 교훈 중에 유연불삽(柔軟不澁)이라는 말이 있다. 이 말은 연꽃의 줄기는 부드럽고 유연해서 좀처럼 바람이나 충격에 부러지지 않는다는 뜻이다. 인간의 생활이 유연하고 융통성이 있으면서도 자기를 지키고 사는 사람을 연꽃처럼 사는 사람이라고 한다. 그리고 이런 삶을 사는 사람을 연꽃의 유연불삽(柔軟不澁)의 특성을 닮은 사람이라고 한다. 사물의 본질적인 법칙을 따라 사는 것이 인간의 이성에 의해 인정되는 가치규범인 예의나 도리(道理)이다. 우리는 흔히 이러한 연꽃의 유연불삽(柔軟不澁)의 삶을 사는 사람을 사물의 본질적인 법칙인 조리(條理)와 일치되는 삶을 사는 지혜로운 사람이라고 한다. 즉 연꽃이 지니고 있는 가치의 추상성을 인도(人道)에 접목시켜 현실적 가치로 전환하는데 능숙한 사람을 지혜(智慧)로운 사람이라고 한다.

진정한 의미에서 지혜로운 사람은 사리에 밝고 분별력이 뛰어나 모든 일을 적절히 처리하는 능력을 가지고 있어서 자신의 감정을 능히 조절할 수 있으며, 공공의 이익과 평화를 위해 기여할 수 있는 사람이라고 할 수 있다.

위대한 사람들의 삶이 자연과 닮은 삶을 살아온 것을 보면 자연의 이치를 인간생활에 활용하는 능력이 탁월했던 것으로 여겨진다. 그래서 예전부터 지혜로움은 하나의 덕목으로써 평가되어 동양에서 군자의 4 덕목 중 인(仁), 의(義), 예(禮), 지(智), 가운데 지(智)가 바로 지혜로움을 뜻한 것에서도 잘 나타나고 있다.

고대 중국에서 군자(君子)는 통치계급이었기 때문에 4덕목을 갖추어야 했었다. 그러나 군자의 의미는 춘추시대 말기 이후로는 도덕적 수양을 갖춘 사람을 두루 가리키는 의미로 사용되었다고 한다. 그렇다면 오늘날 한국에서 군자의 현대적 의미는 어떤 계층이나 어떤 사람으로 보아야 할까? 아마도 한국의 군자는 도덕성을 제일로 간주하고 도덕적 수양을 쌓은 사람으로 모든 국민의 아픔과 고통을 함께 나누려는 지도자라고 할 수 있다. 도덕적인 결함이 없고 국민의 아픔과 고통을 나눈다는 것은 바로 온 국민을 사랑한다는 의미이다. 이러한 지도자는 자연계를 지배하고 있는 원리나 법칙인 자연의 섭리를 따라 사는 법을 아는 예지(叡智)로운 통찰력을 가진 사람이라고 보아야 한다. 그래서 이러한 삶을 살아가는 사람을 인자(仁者)라고 부른다. 따라서 현대적인 의미의 군자는 덕행을 솔선수범하는 덕인(德人)이라고 해도 크게 문제 될 것이 없다.

지자요수 인자요산(智者樂水　仁者樂山)이라는 말은 지혜가 있는 사람은 사리에 통달하여 물과 같이 막힘이 없으므로 물을 좋아하고, 어진 사람은 의리에 밝아서 산과 같이 중후하여 변하지 않으므로 산을 좋아한다는 뜻으로 널리 잘 알려져 있는 말이다. 공자가 지혜로운 사람을 물(水)에, 어진 사람을 산(山)에 비유한 것도 물과 산이 생명의 원천이듯이 지혜와 덕이 인간생활에 필수적 요소라는 것을 의미하고 있다.

공자는 인간생활에 필수적인 요소인 지혜와 덕성을 기르는데 그 근본이 되는 것은 인(仁)이라고 하였다. 그의 제자들이 선생님께 인(仁)

이 무엇이냐고 물었을 때, 인(仁) 즉 애(仁卽愛)라고 하였다. 그러면 인(仁)을 어떻게 하는 거냐고 다시 물으니, "극기복례 위인"(克己復禮 爲仁)이라는 답을 하였다고 한다. 사람은 혼자서 어떻게 사랑을 합니까? 서로 상대가 있어야 사랑도 있는 것이지요.

인간이 사회적으로 평화를 누릴 수 있는 근본적 요인이 인(仁)이 라는 것을 강조하였다. 공자는 지나친 사욕을 버리고 예를 다 갖추는 것이 사랑하는 인(仁)이라고 하였다. 이런 말은 21세기를 살아가는 한국의 정치지도자들이 꼭 마음에 새겨두고 행동하는 양심을 갖고 살아주었으면 하는 마음 간절하다.

우리들은 단순히 인(仁)이 '어질다' 라는 의미를 지닌 것으로, 그것이 공자의 중심 사상이라는 정도만 알고 있다. 역대 학자들도 인(仁)에 대해 나름대로 해석을 다음과 같이 하고 있다. 맹자는 '사람이 사는 편안한 집'이라고 했으며, 주자는 '하늘과 땅이 만물을 만들어내는 마음'이라고 했었고, 근대 중국의 학자 강유위는 '사랑의 힘'이라고 했으며, 호적은 '사람이 가야 할 길을 다하는 것'이라고 했었다. 이와 같이 다양하고 광범위한 의미를 한 어구로 요약하기는 쉬운 일이 아니지만, 꼭 인(仁)을 쉽게 설명하라고 한다면 "사람다운 사람이 되는 길"이라고 할 수 있다.

그러면 어떻게 해서 인(仁)의 가르침이 배태되었는지 그 배경에 대해 알아보기로 하자. 즉 인(仁)'의 사상적 배경은 어떤 것과 분명한 관계를 가지고 있을 것으로 보아야 한다.

무엇보다도 공자가 살아갈 당시 사회경제적 상황은 너무나 좋지 못했던 것으로 전해져 내려오고 있다. 그 당시 사회상은 마치 홍수가 나서 뻘건 흙탕물이 거세게 흘러가듯 도도하게 흐르는 춘추시대의 혼돈된 사회에서 살았었다. 그는 경제적 변화와 여기서 비롯된 어마어마한 사회적 혼란을 보면서, 어떻게든 세상을 바로잡아야 한다는 일념만으로 살아간 사람이 바로 공자였다.

공자는 어떤 점에서는 그리스의 철학자 소크라테스와 비슷한 생각을 했었다. 소크라테스 이전의 철학적인 주요 관심은 소아시아 대륙을 중심으로 한 자연철학이었다고 한다. 당시 철학자들의 관심은 대부분 자연에 대한 것이었으며, 그들은 만물의 본질을 자연에서 찾으려고 했었다. 그 대표적인 학자가 바로 "만물의 본질을 물"이라고 주장했던 탈레스였다. 소크라테스는 이러한 자연관에 대한 관심을 인간관에 대한 관심으로 돌려놓은 사람이었다. 소크라테스는 "너 자신을 알라."라는 유명한 명제를 제기함으로써 그 당시 사회문제의 핵심을 바꾸어 놓았다.

공자도 그 점에서는 소크라테스와 같은 시각을 갖고 있었다. 공자 이전의 사상가나 철학자들의 주된 관심은 자연 또는 신(귀신)에 관한 연구에 관한 것이었다.

그런데 공자가 문제의 중심을 인간으로 돌려놓았던 것은 인류 문명사에 남긴 큰 발자취라고 할 수 있다. 고대사회는 신 중심적 사고에서 자연관을 따르는 사회로 전환되었고, 자연을 중시하는 사상을 인간과 접목시켜 근대의 인본주의사회로 이끌어 오는데 크게 기여했던 사람이 바로 공자였다. 공자가 신과 자연을 숭배했던 당시 가치관을 인간중심의 가치관으로 전환할 수 있었던 결정적인 모티브는 천(天)·지(地)·인(人)과의 관계성을 잘 정립했었기 때문으로 본다.

영원한 인간관계

2. 자연법과 금욕주의

　　사회형성의 주체인 인간은 사회나 인간의 자연적 성질에 기인하는 법칙인 자연법을 보편적이고 항구적인 기준으로 간주했으며, 자연법의 원리에 따라 인정법에 대한 비판과 인정법 개정의 근거나 기준으로 삼았던 사상이 바로 자연법이다. 자연법은 가시적으로 존재하지 않는 추상성을 갖고 있어서 이성법이라고도 한다. 법률적인 측면에서 보면 이성법은 구체적인 내용을 가지는 실정법과 달리 실천이성에 기초함으로써 특정시대나 특정한 사회를 초월하는 보편타당한 법이라고 할 수 있다. 이성법은 자연법과 거의 같은 뜻으로 해석되며 칸트, 피히테, 헤겔과 같은 철학자들의 법철학사상이 그 대표적이라고 할 수 있다. 여기서 자연법사상의 대표적이라고 할 수 있는 스토아(stoa)학파가 지향했던 사상적인 내용을 다음과 같이 요약해 볼 수 있다.

　　스토아학파의 사상가들은 우주를 지배하는 궁극적인 통일원리가 되는 힘을 로고스(Logos)라고 하였으며, 이를 우주이성, 세계이상이라고 불렀었다고 한다. 스토아주의자들이 주장해온 주요 내용은, 우주의 일부분인 인간은 누구나 선천적으로 로고스의 분신인 이성을 갖고 태어났기 때문에 우주자연의 이성법을 파악하고 이해할 수 있는 능력을 소유하고 있다고 한다. 따라서 인간이 본래부터 가지고 있는 이성과 우주의 통일 원리인 로고스와는 본질적으로 같다고 보았다. 따라서 스토아주의자들은 이성을 극히 존중하였고, 이성에 합당한 생활을 할 것을 강조하였다. 이들은 사람이 누구나 이성을 지니고 있는 한 평등한 존재이며, 전 세계의 인류는 형제이며 동포이고 같은 시민이라고 주장하였다. 스토아학파가 인간성과 관련하여 특히 강조한 내용은 우주의 자연은 본래 욕심이 없다고 하면서, 자연의 지배원리인 로고스의 분신을 본성으로 가지고 있는 인간은 당연히 욕구나 유혹에 동요되어서는 안 되며, 이성에서 비롯되는 양심의 명령에 절대 순종해야 한다고 하면서, 철저한 극기(克己)와 금욕(禁慾) 및 준엄한 도덕주의를 강조하였다고 한다. 스토아학파는 인간은 시공을 초월해서 보편타당성을 갖는 자연의 섭리인 이법(理法)에 절대로 순응해야 한다고 강조하여 근대 자연법사상의 원천이 되었으며, 로마의 만민법에도 큰 영향을 주었다.

스토아학파의 창시자이면서 철저한 금욕주의를 강조했던 제논(Zenon: BC 376∼264)은 다음과 같은 내용을 역설하였다.

그는 외부의 어떠한 어려움이나 고통에도 마음이 동요되지 않는 초연한 무감동의 경지에 도달해야 한다고 강조한 바 있다. 즉 이성적인 극기와 금욕을 위하여 감정과 욕구를 억누를 부동심(不動心)의 상태를 유지하고 실천하는 것을 의미하고 있다. 그는 어떠한 고통에도 초연한 무감동의 경지인 금욕사상이 바로 현자(賢者)의 이상적 생활이며, 인간의 최고선이자 덕의 근본으로 생각했었다. 이러한 제논의 금욕주의의 금언(金言)은 시공을 초월하여 불변의 가치를 지닌 진리라고 할 수 있다. 이러한 금욕주의에 대한 철학적인 배경과 가치에 대한 신념은 선진문화를 이끌어 갈 지도자들이 꼭 좌우명(座右銘)으로 삼아야 할 금언이기도 하다.

특히 미래사회에서 선진국이 되려면 문화의 선진화와 함께 사회경제적 발전과 병행하여 발전하는 사회가 되어야 한다. 그러기 위해서는

영원한 인간관계

그 나라의 최고지도자가 어떤 가치관이나 국가관을 갖고 나라를 경영하는가가 무엇보다 중요한 일이 아닐 수 없다.

한 국가의 최고지도자가 이성적인 극기와 금욕을 위하여 감정과 욕구를 억누를 부동심의 상태를 갖지 못하고 가시적인 경제사회적 발전에만 치중하는 지도자라면 덕치(德治)를 기대하기는커녕 국민총화를 기대할 수 없는 불평등한 사회로 전락하게 될 수도 있다. 그렇게 되면 가치의 비중이 정신문화를 지향하는 사회가 아닌 물질문명만을 지향하는 가치가 인간생활을 지배하는 그릇된 가치관이 자리 잡게 될 수 있다는 우려를 떨칠 수 없다. 그러한 잘못된 가치관은 우리 사회에서 존경받고 살아야 할 사람이 물질생활에 밀려나 소외감에서 벗어나지 못한 생활을 면치 못하게 될 수 있다.

자연법사상에서 로고스의 사상적 발견은 인류의 역사에서 인간이 만들어낸 가장 위대한 업적의 하나라고 할 수 있다.

그리스사상에서 헤라클레이토스(BC 6)는 로고스 개념을 처음으로 다음과 같이 말했다. 그는 우주의 진행과정에는 인간의 이성능력과 비슷한 어떤 로고스가 존재한다고 생각했다. 그 후로 사상가 제논의 가르침을 따르는 스토아학파는 로고스를 모든 실재에 포함되어 있는 활동적인 이성적·정신적 원리로 규정하고, 그들은 로고스를 섭리, 자연, 신과 우주적 영혼 등으로 부르게 되었다.

그 후 로마의 황제 마르쿠스 아우렐리우스(161~180)는 로고스 사상을 계승하여 금욕주의의 윤리설을 발전시켜, 그 후 로마의 만민법과 중세 및 근대의 자연법사상에 이론적 기초를 제공하게 되었다. 전체적으로는 범신론적 윤리사상 형성에 큰 영향을 미쳤다. 그러면 범신론적인 윤리사상은 어떤 의미를 갖고 있을까? 하는 의문이 생긴다.

　합리주의자 베네딕트 스피노자(1632~77)는 서양 철학에서 근대가 시작될 무렵 가장 철저한 범신론 체계를 공식화한 사람이었다. 그는 무한한 속성을 지닌 단 하나의 실재만이 존재한다고 주장하면서 신과 자연은 하나의 동일한 실재를 가리키는 2개의 이름일 뿐이라고 하였다. 만일 그렇지 않다면 '신과 세계'는 신보다 훨씬 더 큰 총합이 될 것이라고 했다. 그러므로 신의 필연성은 세계의 필연성을 뜻한다고 강조한 바 있다. 스피노자의 주장도 소크라테스나 공자와 같이 신을 상위의 개념으로 생각하던 그 당시 사회통념을 신과 자연이 동일하다는 인식의 전환을 통해서 자연의 일부분인 인간의 위상을 신과 똑같이 높이려는 발상에 기초를 두었다. 인류문명의 발전은 신을 중시하던 세계관에서 자연을 중시하는 자연관으로, 그리고 인간을 자연의 일부분으로 보면서 신격화가 자연숭배로 그것이 인간존중으로 변화 발전했다는 점에 주목해야 한다.

　문명의 발전은 인간의 눈으로 볼 수 없는 비가시적(非可視的) 세계와 물질로 이루어져 있는 가시적(可視的) 세계가 상호교합(相互交合)하면서 변화하고 또 발전하는 것으로 삶의 질에 변화를 가져오고 있다. 교합이란 것은 가시적 세계에서 마땅히 상대가 있어야 하고, 그 양자 사이에서는 상호간 합이 이루어지지 않으면 불화가 생기는 것은 당연한 일이다. 인간관계는 서로간의 상합(相合)이냐 아니면 불화(不和)의 양자간에 어느 것을 택하느냐에 따라 삶의 질이 결정되게 된다. 그리고 정신세계와 물질세계가 상호불가분의 관계라고 함은 정신계의 사유대상이 물질계이고, 물질계는 정신계에 꼭 있어야 할 필수적인 파트너이기 때문이다. 그래서 현명한 사람은 정신계와 현실계 사이에서 상호교합을 잘하는 사람으로 모든 일을 막힘없이 원만하게 처리하는 사람을 말한다.

따라서 인간의 존재는 물론이고 인간의 존재가치는 자연이나 타인과의 관계를 떠나서 감히 '나'라는 존재에 대해 생각조차 할 수 없다는 것이다. 즉 관계를 떠나 인간의 존재는 있을 수 없는 일로, 만물과 더불어 존재하고 있으며 그런 가운데서 가치가 생겨난 것이다. 인간이 만물에 영장이라면 인간탄생의 근원이 어디이며, 나를 누가 낳았으며, 누구의 도움으로 살아왔으며, 나의 사회적 가치가 어디서 생겼다가 어떻게 없어지는가에 대한 깊은 성찰이 있어야 하는 것은 당연하다고 생각한다. 이 모든 것들이 만남과 관계 속에서 이루어지고 있다는 사실을 인정하고 관계를 더욱 돈독하게 유지하는 일이야말로 가장 강조하고 싶은 내용이다.

관계증진을 위해서는 인간의 육체적, 정신적 욕망을 본인의 의지로 억제하고 금할 수 있는 능력을 배양하는 일이 실행돼야 한다. 즉 자제할 수 있는 능력을 스스로 배양해 가야 한다.

원효대사는 인간의 마음과 세상과의 양자관계를 놓고 『금강삼매경론』 서문에서 다음과 같이 기술하고 있다.

세상의 바다는 결코 인간의 객관적 대상이 아니고, 마음으로 보는 눈의 자질에 의하여 결정되므로, 마음이 능동적 능견(能見)이라면 세상은 수동적 소견(所見)으로 봐도 된다고 하였다. 원효는 어떤 대상을 잘 볼 수 있는 마음의 눈을 능견으로 보고, 어떤 일이나 물건을 보고 느끼며 생각의 대상인 세상을 소견으로 나누고, 마음의 눈의 자질에 의하여 모든 세상사가 결정된다고 하였다. 원효대사는 "삼공(三空)의 바다는 진여(眞如: 궁극적 진리, 만물의 본체를 뜻하는 말)와 세속(世俗)을 융화(融和)하여 깊고 넉넉하다"고 강조하였다(融眞俗而湛然 융진속이담연).

그렇다면 삼공(三空)의 바다가 무엇을 의미하는지 그 궁금증을 풀어보기로 하자. 삼(三)은 하늘과 땅과 인간이라는 의미이고, 삼공(三空)은 하늘·땅·사람의 마음이 합해져 텅 빈 마음의 자리를 말하며, 지해(之海)는 바다로 돌아간다는 의미이다.

'삼공지해 융진속이담연(三空之海 融眞俗而湛然)'이라는 글을 쉽게 풀어보면, 하늘과 땅과 사람의 마음이 합해진 텅 빈 마음의 자리에 진성(眞性)인 무(無)와 속성(俗性)인 유(有)를 아우름으로써 자연 그대로의 고요함 속으로 되돌아간다는 말로 해석해야 한다. 그것은 궁극적 불변의 진리인 진여(眞如)와 세상의 일반적인 풍속인 세속(世俗)이 서로 어울려 갈등이 없이 화목하게 융화(融和)되었을 때 삼공의 바다와 같이 깊고 넉넉한 세상을 이루게 된다.

그런데 원효는 왜 삼공지해(三空之海)가 담연(湛然: 깊고 넉넉함)하다고 했는지 의문이 생기지 않을 수 없다. 그는 인간의 행복한 삶을 평등에 두고 평등의 의미를 하늘과 땅과 인간이 만난 바다에 비유하였다.

원효대사는 평등의 개념을 소유론적 존재자의 대등사상으로 이끌어 가려고 하는 것을 부정하면서, 그런 세상은 깊고 넉넉할 수가 없다고 하였다. 순수 가치인 평등을 소유론적 대등사상으로 보는 것은 세상의 원초적 사실을 해석하는데 자아의 이기심이 개입한 결과이며, 그것은 공무(空無)가치의 근거가 사라지면서, 모두 소유론적 존재자로 돌변하기 때문이라고 하였으며, 그와 함께 세상의 원초적 사실은 모두 다 자아 이기심의 속성으로 탈바꿈하게 된다고 하였다. 그렇게 되면 그 순간부터 소유론적 대등의식이 세상을 지배하면서 이기심을 속에 감춘 대등의식이 평등주의라는 허울 좋은 명분을 내걸고, 소유의 다과(多寡)를 놓고 질투, 갈등 그리고 대립이 일어난다고 하였으니 정말 심오(深奧)한 진리의 가르침이 아닌가! 원효대사의 가르침은 모든 만물이 지니고 있는 근본의 가치를 본(本)이라고 하며, 그 근본의 가치를 따라가는 것이 말(末)이라고 말할 수 있는데, 이 양자인 본과 말이 서로 조화를 이루었을 때 인간세상이 깊고 넉넉해진다는 의미다. 만물은 반드시 근본과 끝이 있으며, 모든 물건에는 질서가 있다고 하는 '물유본말(物有本末)'이라는 말과 일맥상통한 점이 있다. 원효대사는 '공(空)한 하늘과 땅과 인간이 바다로 들어가 하나로 모이는 삼공지해(三空之海)가 되면 담연(湛然)하다.'고 하였다.

인간이 살고 있는 사회를 속세 또는 세속(世俗)이라고 하고, 사회생활을 등지고 사는 것을 탈세속이라고 한다. 과거 대부분 승려는 속세를 떠난 탈세속적인 생활을 하였다. 세속에서 사는 일반 대중이 추구하려는 가치나 세속을 떠나서 생활하는 승려들이 추구하는 가치와는 정도의 차이는 있을지라도 서로 다르지 않다. 그렇다면 세속적인 생활을 하는 대중이 추구하는 가치관과 탈세속적인 생활을 하는 승려들이 추구하려는 가치관과 서로 조화를 이루는 생활이 바로 원효의 삼공지해(三空之海)가 되어 깊고 넉넉한 담연의 세상을 살 수 있다는 의미와 같다.

원효가 인간의 삶을 삼공의 바다(三空之海)로 묘사한 것으로 본다면, 행복한 세상은 궁극적 진리인 진여(眞如)와 세속(世俗)이 융화(融和)되어야 깊고 넉넉한 세상이 된다는 것을 강조하고 있는데, 그 넉넉한 세상은 깊은 연못과 넉넉한 바다(즉 살기 좋은 행복한 세상은)와 같아서 온갖 물을 다 받아들인다고 하였다.

깊고 넉넉한 연못과 바다는 맑은 물과 더러운 물을 가리지 않고 받아들이고 있다. 깨끗한 물만 받아들이고 더러운 물은 배척하는 그러한 일이 없는 것이 자연의 이치이고 이법이라는 것을 강조하기 위해서 텅 빈 마음의 자리인 '삼공지해'라는 용어를 쓰게 된 것으로 보아야 한다. 깊은 연못과 바다는 모두 자기 품 안에 받아들여 서서히 진정시켜 맑은 물로 정화해 가는 것이며, 정화된 그 맑은 물은 만물의 생명에 감로수가 된다. 또한, 연못과 바다는 차별상이 많은 물을 다 수용하고 동거하기에 서두르거나 신경질적으로 대하지 않는다고 하였다. 그래서 원효대사는 "오직 차이(差異)와 동거(同居)하는 평등론자의 융화만이 깊고 넉넉하다."라고 하였다. 다양성을 중시하고 수용하는 생활이 세속(世俗)에서 이루어지는 삶이 진리라는 것을 역설하였다고 볼 수 있다.

원효는 이 세상을 객관적인 대상으로 여기지 않고 인간의 마음이 모든 것을 결정한다고 하였다.

"마음이 일어나면 여러 가지 법이 생겨나고, 마음이 생겨나지 않으면 여러 가지 법도 생겨나지 않으니, 모든 것은 마음이 만들어 내는 것이다(심생즉 종종법생 心生卽 種種法生하고 심멸즉 종종법멸 心滅卽 種種法滅하니 일체유심조 一切唯心造이니라)."

그래서 그는 세상의 바다는 결코 인간의 객관적 대상이 아니고, 마음으로 보는 눈의 자질에 의하여 결정된다고 하였다. 여기서 마음으로 보는 눈의 자질이라 함은 마음으로 보는 심안(心眼)의 정도나 능력이며, 그것은 혜안(慧眼)으로 세상을 보아야 한다는 의미이다.

원효대사가 "삼공지해"라는 용어를 인간생활에 비유한 것도 연못이나 바다의 참모습 속에서 자연의 진리인 자연법을 인간생활에 접목시키려는 의도로 보아야 한다. 그래서 원효는 지금 경기도 화성 부근인 남양 해안에서 해골에 담긴 물을 마시고 나서 크게 깨닫고 고향으로 돌아오니 마치 허공에 걸림 없이 날아가는 붕조와 같이 불(佛)에도 걸림이 없고 법(法)에도 승(僧)에도 아무 걸릴 것이 없었으니 하물며 세속의 시비(是非) 같은 것이 있겠는가? 그 후로 그의 언동은 보통 사람이 이해하기 어려운 해괴하고 괴상한 일들을 하였다. 어떤 때는 속인처럼 술집에 들어가 고기를 먹고 술을 마시며 여자를 희롱하는가 하면, 어떤 때는 절간에 들어가 붓을 들고 화엄경의 주석인 소(疏)를 짓고 강설(講說)를 하기도 하였다. 또 어떤 때는 신당(神堂)에 들어가서 거문고를 타기도 하고, 어떤 때는 어촌에 들어가 자신도 고기를 잡고, 어느 때는 나무 밑에서 참선을 하며 앉아 있기도 하였다. 실제로 그가 중인지 속인인지 분간할 수가 없었다고 한다. 그러나 원효는 세속(世俗)과 탈세속(脫世俗)과의 조화(調和) 속에서 삶의 본질을 찾으려고 한 것으로 속인과 승려의 내적인 교합(交合)으로 이루어진 공존의 가치를 실제 생활에서 보여준 것으로 보아야 한다.

혜안을 가진 현인(賢人)은 모든 현상에 대한 집착을 버리고, 차별의 시각으로 현상계를 보지 않는 지혜를 가진 사람을 말한다. 혜안을 가진 현자는 눈으로 볼 수 없는 진리의 세계를 이해하는 능력을 가지고 있으며 변화하지 않는 존재인 진실한 모습의 그 진리를 세상에 널리 알리려고 애쓰는 사람이다.

우리도 혜안을 가진 지도자를 필요로 하며 그런 사람을 인정하고 떠받들어 모시는 사회풍토가 조성되어 그런 현인들에게 나라를 경영하도록 해야 한다.

온 인류에게 등불을 밝혀 준 세계 4대 성인 가운데 한 분이었던 공자는 어떤 것이 편안하고 행복한 세상이라고 생각했는지 그의 인생관과 국가관은 공자의 사상에서 찾아볼 수 있다.

공자의 인(仁)사상은 인류애이고 박애주의이기 때문에 당연히 이타적 도덕주의를 강조했었다. 그는 이타적 도덕을 중시하였기에 도덕과 정치를 분리하지 않았으며, 도덕이 없는 정치는 무의미하며 정치 없는 도덕도 불가능하다고 여겼기 때문이다. 그는 도덕과 정치를 같은 맥락으로 보고 있다. 공자는 이미 천·지·인의 삼자관계를 동일시하고 인본주의를 도출해 냈다. 그는 도덕과 정치를 분리하지 않는 것도 양자의 눈에 보이지 않는 밀접한 상관성을 이미 간파했음이 분명하다. 공자는 그의 제자들과 대화형 학습에서도 도덕과 정치의 불이성(不二性)을 잘 들어내 주고 있다.

어느 날 제자들은 공자께 "선생님, 선생님께서는 학덕이 뛰어나시니 현실 정치에 참여하시는 것이 어떻겠습니까?"라고 간청을 했었다고 한다. 그런데 공자께서는 "정치라는 것이 꼭 현실에 참여해야만 정치라고 생각하느냐?"라고 하면서 "효제인의(孝悌仁義)를 하면 정치하는 것이 되느니라."라고 하였다. 효제인의(孝悌仁義)는 가정에서는 어버이에 대한 효도와 형제끼리의 우애하며, 사회에서는 어질고 정의롭게 사는 것이 바로 정치라고 하였다.

공자는 인간이 갖추어야 할 윤리문제는 곧 사회의 문제이고 사회문제는 바로 국가문제로 규정했었다. 그래서 그는 개인 차원의 수신(修身)과 가정에서 제가(齊家)와 국가 차원에서 치국평천하(治國平天下)의미를 동일 선상에 두고 있는 것도, 개인의 성품이나 인격 그리고 도덕성이 사회나 국가에 지대한 영향을 미치고 있다는 사실을 알고 있었음을 잘 보여주고 있다.

위대한 지도자들은 자연법칙을 체득(體得)하여 변치 않는 만물이 없다는 진리를 깨우치고 있었음에도, 자연만이 고유하게 갖고 있는 불변의 질서인 자연법칙을 인간생활에 적용시켜 사람이 대우를 받는 사회를 만드는데 기여해온 분들이 바로 인류의 지도자라고 할 수 있다.

인자(仁者)가 인류를 사랑한다는 것은 인류의 평화사상을 의미하며, 공존의 가치를 인정한다는 말이기도 하다. 공존이란 가치는 불변의 자연법칙을 체계화하여 인간사회에 적용하는 것으로 이것이 바로 인 사상이고 평화사상이라고 할 수 있다. 그러면 인간도 자연처럼 욕심을 부리지 않는 것이 바로 이성을 따르는 삶이고 어진 삶을 사는 길이 된다. 인간이 지나친 욕심을 버리고 자연의 섭리(攝理)에 따라 사는 삶이 바로 금욕주의가 아니고 무엇이겠는가. 이 지구상에 존재하는 만물은 자연계를 지배하고 있는 원리와 법칙인 자연의 섭리를 어느 누구도 거역할 수 없다는 사실을 머리 위에 이고 다니면서 살아가야 한다. 자연의 섭리를 따라 사는 사람을 순천자(順天者)라고 하였으며, 그러한 사람은 모든 일이 뜻대로 이루어진다고 하였다(順天者는 興하고 逆天者는 亡한다).

자연의 이치에 따라 사는 것이 금욕을 실천하는 삶이고 자연법에 합당한 생활이라고 할 수 있다.

3. 존재와 가치의 조화(調和)

우리는 일상생활에서 흔히 '그것의 존재의미는 무엇이냐?' 또는 '인간의 존재의미는 무엇이냐?'라는 말을 자주 한다. 존재란 가시적으로 인식할 수 있는 있음의 세계를 의미하지만, 철학적인 개념으로는 물질이든 관념이든 현존하는 모든 것을 가리켜 존재라고 한다.

가치란 현존하는 세계와 관계하고 있는 인간의 이성적·윤리적 기준에 도달하는 판단의 세계이다. 그래서 가치는 어떤 사물, 현상, 행위 등이 인간에게 유익해야 하고 바람직한 것임을 나타내 주는 개념이기도 하다.

가치는 자연적 가치와 역사적 가치로 구분할 수 있는데 자연적 가치는 인위적인 작용의 결과로 얻을 수 없는 부작위적으로 얻어지는 본래 갖추어진 자연조건을 말한다면, 역사적 가치는 오랜 역사 속에서 현실세계에 대한 인간의 실천과 경험을 통해 얻어진 의식적인 관계가 축적된 결과로서 역사적 산물이라 할 수 있다. 역사적 산물은 인간의 창의적 사고에 의해 얻어낸 가치이므로 이것을 창의적 가치라고도 할 수 있다. 가치는 이처럼 인간과 어떤 대상과의 관계를 통해 보편화 되고 정착된 것으로 모든 인간의 사고와 태도에 영향을 미치게 되며 동시에 인간의 존재조건 욕구이해관계 등에서 잘 나타내 주고 있다.

존재물에 대한 가치를 부여한 기준은 인간의 윤리성에 어긋나지 않고 일상 통념에서 벗어나지 않은 것이라면 인간생활에 유익하기 때문에 가치를 인정받게 된다.

"배를 만들 때는 물 위로 다니도록 하게 함이요, 수레를 만들 때는 땅 위로 다니게 하려고 함이다(造舟行水　造車行陸)."라는 말이 있다. 배나 잠수함이 육지에 있으면 제 구실을 하지 못하게 되는 거고, 수레나 자동차가 물속에 빠져 있으면 아무런 쓸모가 없게 되는 것은 너무나 당연한 일이다. 배나 잠수함이 육지에서 썩어가는 것이나 수레나 자동차가 물속에서 썩어가고 있다면 그것은 가치상실이요 천리(天理)에 반하는 일이다.

　학생이 하는 일은 공부하는 것이 마땅히 해야 할 본분이다. 어떤 학생은 공부와 특기활동에 전념하느라 강당과 도서관 그리고 수련장에서 밤을 지새우는 학생이 있는가 하면, 어떤 학생은 학업에 취미가 없어 그저 노는 일이나 비행에 빠져 지내다 보니 경찰서를 자주 드나드는 학생도 있는 것이 현실이다. 전자의 학생은 학생의 본분을 충실히 지킨 학생이며, 후자의 학생은 자기의 본분을 다하지 못한 학생이다. 상대적 가치에 기준을 두고 두 학생을 평가한다면 학생의 본분을 제대로 지킨 학생에게 더 좋은 점수를 주는 일을 당연하게 여기고 있는 것이 사실이다. 학생의 본분에 맞는 일을 한 그 자체가 가치가 있다고 보기 때문이다. 이러한 평가는 영구적인 가치로 인정받는다는 보장은 없지만, 한시적 가치임이 분명하다. 가치란 행위의 가치를 말하고 행위는 자연법(이성법)에 따라야 하며 그 행위는 일시적인 것이 아니고 연속성을 지닐 때 진정한 가치로 인정받게 된다. 한 예로, 상대적 평가 방법에 의해 초등학교를 졸업할 때 전체 일등으로 졸업한 학생이 있다고 하자. 그 학생이 일평생을 살면서 타의 모범이 되고 사회에서 일등 인생으로 살아갈 수도 있겠지만, 모두가 다 그렇게 살지 못한 것도 사실임이 분명하다. 학창시절에 일등을 한 것도 사실이고 사회인이 되어서 일등인생을 살지 못한 것도 사실인데, 이 두 개의 사실 사이에 모순이 생긴다. 그래서 사실이 진리가 될 수 없다는 것을 확인할 수 있다. 이러한 한시적 가치는 시공을 초월하지 못할 뿐만 아니라 인간생활에 큰 도움을 주지 못하고 있다는 점을 지적하지 않을 수 없다.

반면에 후자의 경우 학창시절에 소이 문제 학생으로 낙인찍힌 학생이 개과천선(改過遷善)하여 후일에 훌륭한 성직자가 되어 성직 활동에 크게 기여한 것이 사실이라면 높은 평가를 받게 되는 것은 당연한 일이 아닐 수 없다. 그런 사람은 가치 지향적인 삶을 지속적으로 살아오면서 공익에 크게 기여하는 사람이다. 학창시절에 문제의 학생이라는 것도 사실이었고 사회에서 훌륭한 성직을 수행한 것도 사실인데 두 사실 간의 불연속성의 현상이 생기게 된다. 이러한 불연속성을 가졌다고 하더라도 인간의 존재가치는 도리에 일치된 행위가 시공을 초월해서 변치 않고 인간생활에 유익한 일이라면 그것은 영원한 가치로 인정받는 것이 당연한 일이다.

따라서 가치의 내용은 변화되는 의식구조를 반영하면서 시대적·사회적 여건에 따라 각기 다른 형태로 나타나기도 한다. 한편, 가치는 도덕·미(美)·경제·정치·문화 등 각각의 관점에 따라 다양한 정의로 규정되어 있으며 여러 가지 측면의 사회적 의식과 이해관계를 표현하고 있다.

여기서 말하고자 하는 것은 가시적 존재물이나 현상과 가치와의 양자의 조화(調和)를 어떻게 이루어 낼 것이냐 하는 문제이다.

중국의 팡 똥메이(方東美) 교수는 가치와 존재 관계에 대하여 『주역』의 「계사(繫辭)」, 「상전(上傳)」에 나오는 말을 다음과 같이 인용하여 설명하였다.

“영원한 창조력을 가지는 생명인 이 우주의 성취는 도(道)의 가치와 의(義)의 원리를 구현하는 지혜의 문이다(天地設位, 而易行乎其中矣. 成性存存, 道義之門).”

『주역』의 「계사(繫辭)」에서 인용한 이 글을 좀 쉽게 풀이해 보면 영원한 창조력을 가진 생명으로 표현한 도(道)는 존재(存在)를 의미하고, 의(義)는 가치(價値)로 해석하는 것이 옳을 듯하다. 여기서 말한 도(道)는 노자가 주장한 도법자연(道法自然)이라는 말과 같은 내용으로 보아야 한다. 도는 자연을 본받는다는 뜻이다. 따라서 도(道)는 ‘자연’이란 존재와 같다는 것으로 무형의 가치인 도(道)와 모양과 형태를 갖는 자연(自然)인 ‘존재’와 같다는 논리에 근거를 두고 있다. 도(道)라는 용어의 시원(始源)이 자연이라는 존재에서 온 것이기 때문에 도리에 어긋났다는 말은 존재물의 고유한 가치에서 벗어났다는 말이고, 가치에 어긋난 일은 의(義)롭지 못한 것을 의미한다. 그래서 도(道)의 가치와 의(義)의 원리를 구현하는 지혜의 문을 천지(天地)에서 열고 찾아야 한다는 뜻으로 풀어 볼 수 있다.

이와 같이 존재와 가치의 관계가 단어의 뜻은 서로 다르지만 의미상 밀접성이나 연계성의 배경을 알고 나면, 만물이 상통하지 않은 것이 없다는 사실에 큰 의미를 두어야 한다. 만약 한 인간이 의(義)로운 삶을 살았다고 한다면, 그것은 도리(道理)에 합당한 삶을 살았다는 것이고, 도리에 어긋나지 않았다는 것은 존재(存在)인 자연(自然)의 섭리대로 살았다는 것을 의미한다.

율곡 이이(李珥)도 기발이승일도설(氣發理乘一途說)의 이론을 제시하여 이기일원론(理氣一元論)이 논리적 합리성을 인정받게 되면서 율곡선생의 명성은 더욱 유명세를 타게 되었다고 한다. 율곡은 퇴계이 황이 주장해온 기(氣)와 이(理)가 서로 독립되어 있다고 주장했던 이기일원론(理氣一元論)의 기존 학설에 대해 다른 학설을 주장한 것이 바로 율곡의 이기일원론 이다. 율곡은 우주의 본체가 이기(理氣)이원(二元)으로 구성되어 있는 것은 인정했으나, 이(理)와 기(氣)는 공간적으로나 시간적으로 볼 때 분리되거나 선후(先後)가 있는 것이 아니라고 보았다. 따라서 이와 기는 최초부터 동시에 존재하며 영원무궁하게 떨어질 수 없는 것이어서, 당연한 법칙인 이(理)는 우주(宇宙)의 체(體)이고, 기(氣)는 그 조리(條理)인 당연한 법칙을 구체화하는 활동이니 우주(宇宙)의 용(用)이라고 주장하였다.

율곡선생이 이와 같은 체용(體用)의 일원성논리를 제시한 동기는 인간의 도덕생활에 활용을 위한 것이었다. 인간의 도덕적 가치 측면에서 보면, 인간의 심리의 근본이 이(理)와 기(氣)의 두 가지 근원이 서로 독립되어 있지 않고 일원적이라고 하였다.

우주의 당연한 법칙인 이(理)가 우주의 몸인 체(體)이요, 우주의 법칙을 구체화하는 기(氣)를 용(用)라고 하였다. 따라서 이(理)와 기(氣)가 하나이니 체(體)와 용(用)도 하나이고 인간과 도의 생활도 하나로 일치해야 한다는 것을 주지시키려는데 그 의도가 있다.

본래부터 우주만물이라는 자연은 분명코 '존재(存在)'이며, 자연인 '존재'를 따라 사는 것이 '도(道)'이고, 그 '도(道)'대로 따르는 것이 '의(義)'인 가치(價值)'이다. 인간의 존재와 도의(道義)라는 가치는 하나가 되었을 때 진정한 의미의 존재가치가 나타나게 되는 것은 당연한 섭리에 근거한 것이라고 보아야 한다.

불교의 교리에서 자주 사용하는 계·정·혜(戒·定·慧)라는 말이 있다. 이 말은 불도에 들어가는 세 가지 요체인 계율, 선정, 지혜를 줄여 이

영원한 인간관계

르는 말이다. 계율(戒律)은 몸(身)과 입(口)과 뜻(意)으로 나쁜 짓을 하지 않도록 막는 것이며, 선정(禪定)은 어지럽게 흩어진 마음을 한곳에 머물게 하는 것이고, 지혜(智慧)는 미혹을 깨뜨리고 진리를 깨닫기 위하여 실상을 관(觀)하는 것을 의미한다. 그런데 계율이나 선정과 지혜의 삼자는 의미상으로 일맥상통하고 있다. 특히 선정과 지혜의 양자 관계는 의미의 상관성을 보면 동전의 양면과 같은 관계를 갖고 있다. 마음을 한곳에 모아 움직이지 아니하는 안정된 상태인 선정(禪定)과 사물의 이치를 빨리 깨닫고 사물을 정확하게 처리하는 정신적 능력인 지혜(智慧)와의 양자 관계를 등불(선정)과 그 등불이 비추는 빛(지혜)과 같다고 보았다. 등불이 있으면 곧 빛이 있고 등불이 없으면 곧 빛이 없으므로, 등불은 빛의 몸이요 빛은 등불의 작용이다. 이름은 비록 둘이지만 몸은 둘이 아니다. 이 정·혜의 법도 또한 이와 같아서 마음에 안정이 없는 상태에서 사물의 이치를 깨달을 수 없는 것과 같은 이치이다.

선정과 지혜의 관계는 자연(自然)과 인간과의 관계나, 도(道)와 의(義)의 관계 그리고 존재(存在)와 가치(價値)의 관계와 다르지 않다는 것을 알 수 있다. 자연이 없으면 인간이 존재할 수 없고, 도(道)가 없으면 의(義)가 의지 할 곳이 없어서 삶의 기준이 없어지게 되는 것이 자연의 이치이다.

즉 인간생활에서 삶의 기준이 되는 도(道)가 몸(體)이라면 정의(正義)롭게 살 것인지 아니면 자의대로 살 것인지를 결정하는 것은 몸의 작용(作用)에 따른 것이다. 이처럼 도와 의는 불가분적인 관계를 맺고 있어서 도의(道義)라는 단어가 만들어지게 되었다. 즉 의로운 삶을 산다는 것은 도리에 어긋나지 않은 삶을 살고 있음을 뜻한다.

반면에 부도덕한 사람이라 함은 도리에 반하는 생활을 하는 사람으로 천의(天意)인 우주의 섭리를 거역한 사람을 일컫은 말이다. 하늘의 법인 천도(天道)와 인간이 따라야 할 도의(道義)가 일치되었을 때 가치에 대한 높은 평가를 받게 된다.

세상의 모든 이치는 두 개이면서 하나가 되듯이, 사람과 사람이 한마음을 갖고 살며 인간과 자연이 조화로운 삶을 사는 것이 바로 인간이 원하는 세상이다. 그런 세상은 반드시 어떠한 악조건의 환경 속에서도 인간다운 교감이 이루어져야 하며, 인간다운 교감은 서로 예의를 갖추어 인간을 공경하는 문화가 정착될 때 세상은 훨씬 아름다워지고 신명나는 사회가 될 것으로 확신한다.

인간이 살아가는 대는 어떤 대상을 떠나서는 존재할 수 없으며, 어떤 대상과의 관계를 떠나서도 살 수 없음을 확인할 수 있다. 세상의 모든 존재물은 반드시 다른 것과 연관되어 있으며 고립되어 있는 것이 없다. 이 세상에 존재하는 모든 사물은 인연(因緣)으로 생겼으며 변하지 않는 참다운 자아(自我)의 실체는 존재하지 않는다는 것이 진리이다. 인간생활에서 가장 중요한 덕목 중의 하나가 관계(關係)의 덕이라고 생각한다. 인간생활은 둘 이상의 사람이나, 사물, 현상 등과 서로 관련을 맺지 않고서는 살 수 없는 것이 인간사인데, 서로의 관계의 진리를 대수롭지 않게 여기고 있는 것이 문제이다.

농부는 농사를 질 때 씨앗의 선택이나 파종시기, 토질, 일조량 등 여러 가지 사항을 염두에 두고 농사계획을 세우는 것은 당연한 일이다. 그런데 농부가 그 중 어느 하나라도 소홀히 여기게 되면 농사의 결실은 좋지 못할 수밖에 없다. 이것이 자연이 우리 인간에게 보여준 교훈이고 삶의 지침이다. 우리도 씨앗과 열매의 관계나, 토질과 열매와의 관계, 일조량과 열매와 관계, 열매의 결실과 농부와의 관계를 맺고 있는 불가분성의 법칙을 터득한 그런 훌륭한 농부와 같은 사람이 되었으면 하는 것이 우리 모두가 바라는 간절한 마음이 아니겠는가.

훌륭한 농부는 자연의 이 오묘한 법칙을 잘 이해하고 관계의 법칙에 따라 농사를 짓는 농부를 말하며, 사려가 깊지 못한 농부는 다자간의 관계성을 철저하게 관리하지 못한 농부이다. 그렇게 매년 농사에 실패한 농부는 삶의 의욕까지 상실하고 절망의 나락으로 떨어지는 불행을 겪기도 한다.

물론 모든 농부가 오묘한 자연의 이치를 다 알기란 쉬운 일만은 아니지만, 인간의 모든 생활도 농사를 짓는 농부의 생활과 크게 다르지 않다.

씨와 열매는 두 개이면서 하나이고 하나이면서 두 개라는 것은 분명하다. 열매를 맺을 때부터 과일은 존재물로 가치를 인정받으면서도 씨에 대한 고마움이나 가치의 소중함은 생각하지 않는다. 나무나 과일을 잘 자라게 하는데 일조 관계나 지력을 좋게 만들려는 배려가 없이 풍성한 과일을 기대하는 것은 어리석은 일이다. 씨, 과일, 태양, 토양분과의 관계가 상호작용관계에 있음을 아는 것은 농군의 당연한 도리다.

농부가 씨앗과 열매와의 관계에 대한 예의(義)를 갖추지 못하였거나 양자관계에 대한 자연의 섭리를 무시했다면 결과적으로 농사에 대한 도(道)를 따르지 않아서 농사를 망치게 되는 것은 어찌할 수 없는 일이다. 또 씨앗과 지력이나 토질 그리고 햇빛과의 긴밀한 상호작용관계를 깊이 고려하지 않은 것은 농사법에 대한 도(道)를 알지 못하니 의(義)를 따를 수 없는 농도의(農道義)를 모르는 농부로

폐농(敗農)은 당연한 일이 되지 않겠는가. 곡식이나 과일의 상품성에 대한 가치의 개념을 규정하는 것은 사람들이 결정하는 일이다. 대부분 상품에 대한 가치를 매기는 것은 질과 양에 따라 결정되거나 상품의 희소성이나 상대성에 두고 있으며, 이러한 가격의 결정은 인간의 욕구심리를 상황에 따라 적절하게 이용하여 소유론적인 욕망에 의해 결정되고 있다.

우리는 가치를 결정하는 데 있어서 대부분 인간의 소유론적인 욕망에 의해 가치결정이 좌우되고 있는 것이 대부분이다. 그러나 가치의 결정이 소유론적인 욕망에만 기준을 두고 있는 것은 편협한 생각이 아닐 수 없다. 그러나 존재론적 욕망은 우주의 모든 존재자의 존재방식은 스스로 자신의 욕망을 형상화 하려는 기(氣)의 기호(嗜好)를 지니고 있으며 만물이 서로 에너지인 기(氣)를 주고받는 교환관계를 말한다. 왜냐하면, 욕망의 존재방식이 이기적인 것만이 아니고 타자 지향적이기 때문이다. 자연의 욕망은 타자와 관계를 맺으려는 운동이고, 자연의 존재방식은 상호의존적인 것으로 본래의 필요에 의해 눈에 보이지 않는 텅 빈 그물망을 형성하는 데 필요할 정도의 에너지를 주고받는 방식을 취하고 있다. 따라서 만물이 상호 공존관계를 유지하는 데 만물 사이에 주고받는 보이지 않는 기(氣)의 역학관계로 보는 진정한 가치이고 진리임이 분명하다. 따라서 인간도 자연의 존재방식에 적합한 존재론적 욕망이 진정한 가치임을 각인시켜야 한다.

그러나 소유론적 욕망은 에너지의 교환관계나 타자 지향적 관계보다는 인간만이 사회생활을 형성하면서 개개인의 욕망이 참된 삶으로 착각하고 그 잘못 깨달은 것에 집착하여 이를 참다운 '나'라고 생각하면서 살아가는 인간의 욕심 덩어리를 일컫은 말이다. 인간의 소유론적인 욕망으로 인하여 항상 상대를 의식하면서 남들보다 더 잘 되어 보려는 욕망의 작용은 끝이 없어 돈, 권력, 명예에 대한 꺼지지 않은 불길이 바로 소유론적 욕망이다.

사실상 농부가 농사에 실패하면 생활이 어렵게 되어, 인간관계는 차치하고 생명까지도 제대로 지탱할 수 없는 상황에서 사회생활이란 생각조차 할 수 없는 일이다. 단지 인간이 살아가는 데 있어서 도의(道義)에 따른 삶을 살아가야 한다는 말을 쉽게 이해하기 위하여 농부와 농사에 비유하게 되었다.

천도(天道)를 따라 사는 것이 인간의 길인 인도(人道)이고 그 도를 실천하는 것이 정의로운 삶인 의(義)의 실천인 것이다. 정의로운 삶을 살기 위해서 소유론적 욕망의 결과는 천도를 거역하기 때문에 존재론적 욕망을 따라가는 삶을 살아갈 때 보이지 않는 신뢰의 그물망 사회가 이루어지게 되는 법이다. 자연의 가르침을 도(道)라고 하고 인간이 도를 따라 사는 것을 의(義)라고 하는데 이러한 도의(道義)적인 삶을 사는 사람(존재)을 주위 사람들은 존경하고 따르게 된다. 그러면 자신의 존재가치가 어떻게 해서 생겨나는지에 대하여 알아보도록 하자.

자기 목숨을 걸고 인간의 당연한 도리를 다한 후에 얻은 예상치 못한 몸값의 상승은 용왕의 부마와 인간세계에서 황제의 사위가 되어 영광을 얻었던 소설 속에 주인공인 김원의 삶을, 조선시대 작자·연대 미상의 고대소설인 『김원전』에서 존재의 가치를 이야기하고 있다.

김원은 천상에서 남두성이란 별이 옥제에게 죄를 지어, 그 벌로 지상으로 온 그 신선이 인간 세상에 내려와 사람으로 태어났다. 천상으로부터 인간 세상에 내려와 김규의 아들로 태어난 김원은 그 생김새가 수박과 같이 생겨서 김규 내외는 늘 근심 걱정이 떠나지 않는다.

그러나 김원은 10년 동안 많은 고난을 겪은 후, 보를 씌운 것이 벗겨지면서 장부로 변신한다. 김원은 어느 날부터 하늘의 계시를 적은 책인 천서(天書) 3권을 읽고 지혜와 총명이 열리면서 모르는 것이 없을 정도로 비상하였고, 또한 풍운조화의 신통술까지 터득하게 되었으니 신인의 경지에 이르게 된다.

어느 날 김원이 무예 재주를 시험하기 위해 창검궁시를 가지고 천마산에서 무술을 익히고 있을 때, 머리가 아홉이고 몸집이 집채만 한 흉측한 괴물이 예쁜 아가씨 셋을 등에 업고 가는 것을 보고 구해보려고 쫓아가 싸웠으나 그 여인들을 구하지 못하고 김 원의 몸에 상처만 입게 된다. 괴물은 김원을 잡아 죽이겠다는 말을 남기고 캄캄한 동굴 속으로 들어가자, 그 입구만을 확인하고 돌아왔다.

조정에서는 백주에 황제의 세 공주가 괴물에게 납치된 사실을 알게 되자 대책 마련에 궁 안은 어쩔 줄을 몰라 하며 좌불안석이었다. 마침 세 공주를 구출해낼 사람을 물색하던 중에 동굴을 잘 알고 있는 김원이 구출에 나서기로 되었다. 김원은 자기를 도와줄 강문추 부원수를 데리고 괴물이 사라진 천마산 동굴로 들어가 세 공주를 구하여 지상으로 올려 보내고 김원이 굴 밖으로 빠져나오려는 순간 강문추는 김원의 공을 시기하여 사다리 역할을 해줄 칡덩굴을 내려 보내주지 않고 올라갈 수 없게 그 굴을 막아버려 동굴 속에 갇히게 된다. 김원은 탈출하기 위해 굴속을 헤매다가 괴물에게 잡힌 용왕의 아들을 구해주게 되어 용왕의 환대를 받는 것은 물론이고 용왕의 딸과 결혼하는 행운을 얻게 된다. 김원은 부마가 되어 다시 인간세계로 나오는 행운을 맞게 되었는데, 그가 인간세계로 귀향하는 도중 불행하게도 못된 가게 주인을 만나 용왕이 준 연적을 빼앗기고 피살된다. 용왕의 딸

영원한 인간관계

은 용궁으로 도망가서 용왕에게 이 사실을 알리고, 용왕은 즉시 살인자 가게 주인을 찾아 엄한 처벌을 한 후, 시체를 찾아 금강초를 얹고 병수는 입에 넣어 김원을 소생시킨다. 죽었던 김원은 다시 회생하여 용왕의 딸과 함께 고국인 인간세상으로 돌아와 천자께 자신이 겪은 일을 말하자, 천자는 김원을 배신한 부원수 강문추를 잡아 베어 죽이고 김원을 사위로 삼아 부마가 된다. 황제의 부마가 된 후, 형주 후로 봉해져 행복한 생활을 누리다가 신선이 되어 존귀한 사람의 죽음으로 최후를 보내게 된다. 즉 하늘로 올라가 신선이 되었다.

『김원전』 소설의 내용 중에서 주인공인 김원의 어린 시절의 생김새가 너무나 볼품이 없어서 부모가 고민할 정도였음에도, 하늘의 진리가 들어 있는 3권의 천서를 읽고 10여 년간 각고의 노력 끝에 신통술을 부릴 정도의 급진적인 변화가 일어났다는 것은 천심(天心)을 어기지 않고 천도(天道)에 따라 살았음을 의미한다. 세 권의 천서(天書) 위력은 김원에게 인간의 생명을 가장 존귀하게 여기는 인본주의사상을 심어주어서 실천하게 해주었다는 점을 지적할 수 있다. 이러한 천도의 위대한 힘에 의해 죽었던 사람이 다시 회생하는 기적 같은 일이 일어났을 뿐만 아니라 비가시적 세계이고 가상적 세계인 용궁까지도 하늘의 뜻이 통하여 용왕의 사위가 되었다는 것은 마음의 세계에서의 하늘의 도를 따르는 선행이 어느 세상이든 통하지 않은 곳이 없다는 것을 시사해 주고 있다. 주인공 김원이 천서의 가르침을 따라 행한 결과는 용왕의 사위와 황제의 사위가 되어서 신선으로 살아갔으니 가치의 무게로는 측정하기가 어렵지 않겠는가. 김원은 천서(天書)의 가르침에 따라 공존적 가치만을 염두에 두고 존재론적인 욕망으로 살아온 결과 신선과 같은 삶을 살았던 사람이라고 할 수 있다.

우주의 섭리를 지키면서 따라 살아가는 것이 이상적인 삶이고 현자가 걸어가야 할 길이다. 자연의 존재는 불변의 진리인 가치를 지니고 있으며, 인간의 존재가치는 도리에 타당한 삶의 여부에 따라 결정이 된다는 것을 『김원전』 소설에서 잘 묘사해주고 있다.

이 소설의 지은이가 생각한 것은 인간 세계를 천도(天道)에 따라 살면 행복한 세상을 만들어 신선처럼 살아갈 수 있다는 희망을 보여준 소설이라고 본다. 물론 소설의 내용이 탐욕으로 얼룩진 속세와는 지나친 괴리가 있다고 볼 수도 있겠으나, 인간에게 불가능이란 벽을 용납하지 않으려는 무한한 잠재력과 인간의 상상으로는 헤아릴 수 없는 능력을 믿어야 한다는 점에서 소설이 의도한 것에 적극적인 찬사의 박수를 보낸다.

이 책에서 강조하고자 하는 관심의 대상이 되는 문제는 불평등이라는 사회문제를 어떻게 해소할 수 있을 것인가에 대한 의문이다. 불평등의 문제는 바로 인간과 인간 사이에서 일어나는 불공정성(不公正性)에서 생긴다고 보아야 한다.

불공정성을 최소화하기 위해서는 부자와 빈자가, 권력을 가진 사람과 권력을 빼앗으려는 사람, 많이 배운 사람과 많이 배우지 못한 사람, 똑똑한 사람과 그렇지 못한 사람들과의 사이가 서로 원만한 소통이 이루어지도록 하는 제도적 장치와 서로 배려하는 문화가 정착돼야 한다. 물론 우리가 원하는 대로 세상이 변했을 때, 또 다른 행복한 세상을 구상하게 되는 것은 너무나 당연한 일이다. 현재 상황에서는 위에서 언급한 양자 간의 간격을 좁힐수록 상호 조화는 이루어지고 간격이 멀면 멀수록 갈등과 대립은 더욱 깊어져 투쟁적인 불신사회로 변하게 되는 것은 어쩔 수 없는 일이다. 양극화가 심한 사회는 불신

영원한 인간관계

이 만연해져 불안과 공포에 휩싸여 탈사회화 현상이 일어나면서 국가는 분열되기 쉽고, 그 파장은 외부의 침략을 몰고 올 수 있으며, 그렇게 되면 국가는 위기국면에 처하게 되어 종국에는 파멸을 맞게 된다는 것을 예상하고 사전에 방책을 세워야 한다.

따라서 특히 한국의 정치지도자들은 현재 생활에 안주하는 것이 아니고 한국이라는 큰 댐에 누수가 일어나지 않도록 해야 한다. 그러기 위해서는 국민을 하나로 단결시키는 응집력이 절대로 필요하다. 국민총화를 일으키는 힘은 정치지도자들의 능력과 노력에 달려있다. 양극화는 정치지도자에 대한 국민의 불신이요, 국민총화에 역행하는 국론의 분열을 가져오는 요인이라고 할 수 있다.

위에서 언급한 양자 간의 조화를 이끌어 내는 정책수립과 그에 따른 세부적인 법안을 만들어 내는 것이 무엇보다 급한 일이 아닐 수 없다. 이러한 양극화 사회가 아닌 서로 믿고 의지하며 국민의 총화를 이끌어내는 행복한 대한민국을 만들어 내려면, 국정의 최고 책임자와 국민이 안과 밖에서 함께 힘을 모아야 일이 이루어진다고 하는 줄탁동시(啐啄同時)의 자세로 나라를 경영해 가야 한다. 나라의 정치도 마치 예쁜 새끼병아리가 태어나려면 어미 닭과 달걀 속에 들어 있는 예비 병아리가 동시에 쪼아야 부화가 쉬워지듯이 국민과 정치지도자도 한마음으로 노력해야 한다. 새로운 생명체인 병아리가 탄생하는데 어미 닭과 예비 병아리가 서로의 본분을 충실하게 지켰을 때 양자의 관계는 공존의 길을 걷게 되지만, 어느 일방이 본분을 다하지 못할 때, 병아리는 생명을 잃게 되어 존재가치에 대한 의미를 상실하게 되는 것과 같이, 인간사회도 상호 간 자기 본분과 의무를 이행하지 못하면 공존의 가치는 깨지게 되어 있고, 그런 사회에서는 믿음과 신뢰기 없는 마치 전쟁터와 같은 삭막한 사회로 변하게 된다.

따라서 현명한 사람은 밝고 명랑한 사회건설을 위해서 공존적 가치를 존중하며 실천에 솔선수범하는 사람으로 건전한 사회풍토를 조성하는 일에 삶의 즐거움을 찾고 있다. 그러한 사람은 공존의 가치를 존중하기 때문에 천도(天道)에 따른 도의(道義)를 실천하는 삶을 추구하면서 살아간다. 그래서 현명한 사람은 공존(共存)의 가치가 법제적(法制的)으로 보장되어 실현되는 행복한 사회건설을 위해 전 생애를 바치면서 살아간다. 그러한 위대한 삶을 살았던 대표적인 사람이 바로 석가모니, 소크라테스, 공자, 예수인 4대 성인이다. 이 4대 성인들의 삶의 공통점은 자신의 안락이나 이익을 위한 것이 아니고 민중의 아픔이나 고통을 덜어 주는 것을 진정한 즐거움이자 행복으로 알고 이를 실천한 점이라고 할 수 있다.

그러면 석가모니는 인간의 행복에 대하여 어떻게 생각하였는지 그 가르침을 알아보자. 그는 행복이란 이런 것이라고 말씀하신 내용이 『팔만대장경』 가운데 「마하 만가라 수다라 경」이 있는데, 그 내용을 인용하여 소개하면 다음과 같다.

먼저 「마하 만가라 수다라 경」의 뜻부터 풀어 보는 것이 이해에 도움이 되리라고 믿어 경의 제목의 의미를 설명하면, '마하'라는 말은 최상이라는 뜻이요, '만가라'는 행복이라는 뜻이며, '수다라'는 경이라는 뜻이니, 곧 이 경의 이름은 「최상의 행복 경」이라고 한다.

이 경문에는 다음과 같이 쓰여 있다. "석가세존께서 사위국(舍衛國)이란 나라에 있는 기원정사(祇園精舍)"란 절에 계시던 때 이야기이다. 어느 날 천녀(天女)가 갑자기 나타나 석가모니 부처님께 '어떤 것이 최상의 행복인지를 모르고 있습니다. 그런 즉 저희들에게 최상의 행복을 말씀해 주세요?'라고 하였더니, 세존께서 대답하시기를 '우악(愚惡)한 무리를 가까이하지 말고, 지혜(智慧)있는 사람을 친절히 하며, 존경할만한 자를 존경하라.' "그것이 최상의 행복이다." 세존께서 그렇게 말한 다음 다시 천녀에게 「최상의 행복 경」의 전문을 알려 주었다.

서경보의 『생활의 슬기』에서 석가모니 부처님이 말씀하신 최상의 행복경의 전문을 소개하면 다음과 같다.
① 최상의 행복은 좋은 환경을 얻기 위하여 현세에서 선량한 행동을 행하여 올바른 길을 밟아 나가라.
② 최상의 행복은 학문을 연구하고 기술을 배우며 항상 정직한 언어를 사용하라.
③ 최상의 행복은 위로는 부모님께 효성을 다하고 아래로는 처자를 잘 부양(扶養)하며, 타인에게 방해되지 않는 직업에 종사하라.
④ 우악한 행동을 하지 말고 술을 먹지 말고 품행을 항상 고결하게 가지라.
⑤ 경건과 겸양과 만족과 보은의 정신으로써 위대한 인격자들의 말씀을 배우고 그들을 항상 따르라.
⑥ 절제와 양심적인 생활로써 항상 열반락(涅槃樂모든 번뇌의 얽매임에서 벗어나고, 진리를 깨달아 불생불멸의 법을 체득한 경지에 이르는 즐거움)을 구하라. 그것이 최상의 행복이다.
⑦ 모든 세상일에 자제하며 순경(順境)과 역경(逆境)에 동하지 말고 항상 냉정하며 마음에 불안을 없게 하라.

이렇게 행하는 사람은 어느 곳에 있다고 하더라도 곧 천상세계(天上世界)나 극락세계(極樂世界)가 되느니라. 이것이 세존께서 천녀에게 말한 「최상의 행복 경」의 전문 내용이다.

석가모니 부처님께서도 최상의 행복은 현세에서 선량한 행동을 행하고 올바른 길을 가야 한다고 하는 말이나, 학문을 연구하고 기술을 배우며 항상 정직한 언어를 사용하라고 하는 가르침은 이타적(利他的) 사유(思惟)에 근거한 가치이자 공존적 가치를 내포하고 있는 진리를 전달하였다. 세존께서는 부모님께 효성을 다하고 처자를 잘 부양(扶養)하며, 타인에게 방해되지 않는 직업을 갖도록 한 것은 가화만사성(家和萬事成)의 의미를 대변해주고 있으며, 타인에게 해로운 직업은 공익을 저해한다는 뜻이다. 가족이 아무리 소중하다고 할지라도 공익에 해를 끼치는 직업을 갖지 말라고 하였다. 가족의 소중성이라는 것은 사회를 형성하는 초석이기 때문이요, 직업의 선택이 공익에 반하는 것은 공존적인 삶에 저해요소가 되기 때문이다. 또 자신의 품행을 항상 고결하게 하며, 경건과 겸양과 만족과 보은의 정신으로 살라고 하는 것은 자연의 마음을 따라 행하라는 의미이다. 위대한 인격자들의 말씀을 배우고 그들을 항상 따르는 삶을 당부한 것도 자연의 진리인 도의적 삶을 사는 그들을 닮아가라는 의미이다.

인간의 존재가치는 그물망과 같은 사회에서 일어나는 것이지 관계를 떠난 고립상태에서나 비교우위의 대상이 없는 곳에서 혼자 존재가치를 느끼지도 못하고 찾을 수 없는 것은 당연한 일이지 않겠는가. 따라서 인간의 행복과 불행도 인간관계에서 개인의 마음씀씀이와 행위의 결과에서 일어나는 일이다. 따라서 인간관계에서 「최상의 행복 경」의 가르침을 행하는 것은 덕성스러운 삶을 의미하고 그것은 바로 도의적인 삶을 살고 있음을 인정하는 것이며, 도의적 생활은 이타적 사유에 근거를 둔 공존의 가치를 실현한다는 점에서 인간의 존재와 그 가치는 병존하게 된다. 존재와 가치가 조화의 단계를 거쳐 일체가 되었을 때 명실공히 최상의 행복한 생활을 누릴 수 있음을 의미한다.

2장

인간관계의 덕

인간관계의 덕

제1장 인간과 자연은 자연의 섭리와 현상세계의 상호작용관계는 형이상(形而上)적인 세계와 형이하(形而下)의 세계의 조화를 통해 존재와 가치에 대한 상관성의 정의를 이끌어 낼 수 있다는 것으로 요약해 볼 수 있다.

가시적으로 볼 수 없는 무형의 가치인 우주의 법도를 인간의 눈으로 볼 수 있는 인정법(人定法)으로 만들어 실제로 활용하게 된 근본 계기는 무형의 원리와 정형화된 실정법의 실천행위의 양자 사이에서 생겨나는 조화(調和)라는 진리에서 그 근거를 찾을 수 있다. 이와 같은 무형의 원리적 측면과 인간생활에서 누릴 수 있는 현실적 가치와의 조화는 인간과 세계에 대한 근본 원리이자 삶의 본질인 것이다.

자연의 모습은 변할 수 있어도 자연이 지니고 있는 본래 존재의 원리는 불변한다. 모든 존재물이 불변의 원리에 따라 작용하고 있다는 것을 확인하는 방법은 모든 존재물 사이에 서로 지나친 욕심을 부리지 않고 대립과 갈등의 소리가 들리지 않으면서 공존하고 있다는 점에서 확인할 수 있다. 인간도 자연의 존재원리를 십분 활용하게 되면 바로 그것이 공존적인 삶으로 자기의 의무와 본분을 다하고 있다는 것이 아니겠는가.

그래서 본 장에서는 인간과 인간 사이에서 일어나는 화음(和音)과 불협화음(不協和音)이 일어나는 원인을 심도 있게 다루어 그 원인을 규명해 보려고 한다.

인간과 인간의 조화가 인간 간의 문제만이 아니고 인간과 자연이나 다른 사물과의 관계까지도 조화가 유지되어야 인간사회에 불협화음이 해소될 수 있다는 점에서 인간이 해야 할 몫이 그만큼 크다는 것을 알아야 한다.

1. 덕(德)의 성립

덕의 의미는 사람이 인간으로서 갖추어야 할 됨됨이라고 한다. 그렇다면 인간의 사유 대상이 되는 모든 존재물과의 관계에서 인간으로서 마땅히 해야 할 인간의 도리를 다하는 것이 바로 덕행(德行)이다. 덕이라 것은 도덕적 주체가 되는 인격(personality, 人格)자와 관련지어 생각해 보아야 할 문제이다. 덕의 성립 전제조건으로 도덕적 행위의 주체자로서 진실과 허위 그리고 선과 악을 판단할 수 있는 능력은 물론이고 그러한 것을 행할 수 있는 자율적 의지를 가진 인격자야 만이 덕인이 될 수 있다. 그러니까 덕으로 가는 코스는 만물을 사랑하는 자연주의자가 되어야 하고, 만인을 사랑하는 인본주의자가 되어야 하며, 모든 사물을 아끼고 사랑하는 애물주의자가 되어야 하며, 하늘의 도를 사랑하고 실천하는 도덕주의자가 되어야 덕인으로 탄생한다고 볼 때 가히 성인의 경지에 이르는 길이라고 보아야 한다.

모든 사물과 동물들도 품질의 정도에 따라 각각 등급이 있어 등급에 따라 가격이 매겨지듯, 인간에게도 본래는 평등한 가치를 갖고 있지만, 인간의 본분을 다하느냐의 여부에 따라 인품의 격이 결정된다. 셰익스피어의 일화를 보면 인품의 격을 알 수 있다.

어느 날 셰익스피어가 다방으로 손님을 만나러 들어가는데 다방 안에 있는 많은 사람이 셰익스피어를 알아보고 반갑게 인사를 하고 있었다. 그런데 다방 안에서 청소하던 젊은이가 갑자기 청소하던 빗자루를 집어던지며 불평스럽고 짜증이 나는 얼굴을 하며 일을 하지 않고 있었다. 다방 안에 손님들은 모두가 놀라서 손님들의 시선은 젊은 청년을 향해 있었다. 그때 셰익스피어는 그 청년이 있는 곳으로 다가가서 물었다. "청년, 무엇이 그렇게 못마땅해서 손님들 앞에서 이런 모습을 보이는가?"라고 물었더니 그 청년은 "당신은 유명한 분이라서 모든 사람이 알아보고 인사를 하는데, 저 같은 사람은 청소나 하고 있으니 살고 싶은 생각이 없어 짜증이 나서 이런 추태를 보인 것입니다."라고 하자, 그때 셰익스피어는 "나는 조금만 한 펜으로 세상을 깨끗이 하기 위해 펜을 움직이고 있고, 젊은이는 빗자루로 세상을 깨끗하게 하려고 청소를 하고 있는데, 하느님께서는 자네와 내가 세상을 깨끗이 만들려고 하려는 똑같은 사람으로 여긴다네. 그러니 언짢게 생각하지 말게나."

셰익스피어가 하느님을 인용하는 것은 인간을 평가할 때 외모로만 취하지 말고 내면까지를 보는 것이 옳다고 보는 것이 하느님의 시각이고, 대부분 사람은 사람을 외형만으로 평가하는 인간들의 잘못된 사고방식을 지적하기 위한 것이다. 젊은이는 그대가 하는 일에 충실하면서 인간의 도리를 다하면 정당한 평가와 함께 존경받는 사람이 될 것이라는 희망적인 의미를 지니고 있는 이야기이다.

이와 같이 셰익스피어가 보는 현실감각은 보통 사람들이 생각과는 달리 사물과 상황을 보는 시각이나 사유방식이 우주의 법도를 먼저 생각하는 생활태도가 그대로 들어나 보인다. 이러한 셰익스피어의 삶이 인품을 갖춘 인격자라고 할 수 있으며, 인격을 갖춘 삶이 변함없을 때 바로 덕인(德人)이라고 한다.

호승자는 필우기적(好勝者　必遇其敵)이라는 말이 있다. 이 말은 남에게 이기는 것을 좋아하는 사람은 반드시 그 적을 만나게 된다는 뜻이다. 인격자는 남에게 이기는 것이 아니고 져주어야 하며, 지고 난 후에 분한 마음, 원통한 마음, 원망하는 마음이 일어나지 않게 되었을 때 명실상부한 인격자라고 할 수 있다. 상대에게 졌다는 생각마저 사라지고 없을 때, 그리고 남을 미워하는 마음이 일어나지 않을 때, 이것을 진정으로 져 주었다고 할 수 있다. 그런 사람은 반드시 성공할 수 있는 자질을 갖춘 사람이기도 하다. 이 세상에서 자기를 이기는 일이 가장 어려운 일인데, 가장 어려운 일을 하는 사람이야말로 인격자가 아닐 수 없다. 자신을 다스리어 제어하고 억제하는 자만이 남에게 질 수 있기 때문이다. 진정으로 질 줄 아는 사람에게는 적이 생기지 않으며, 흑백논리가 없어서 이런 사람에게는 선이나 악이라는 분별하는 마음까지도 일어나지 않는다고 하였다. 정당성이 결여된 승리 즉 부당한 승리는 아무런 의미가 없으며, 오히려 비난과 질타를 받게 되어 부도덕한 사람으로 낙인찍히게 되는 법이다. 그러나 지혜가 있는 사람이나 능력이 있는 사람은 질 줄 아는 사람이다. 남에게 진다는 것은 패배나 굴복하는 것이 아니라 순응하고 양보하고 포용하는 자연의 마음을 그대로 닮았으니 어찌 인격자나 덕인이 아니라 하겠는가. 자연심(自然心)과 같이 인심(人心)이 따라 행동하는 사람을 어찌 도인(道人)의 경지에 이르지 않았다고 할 수 있겠는가. 다른 사람에게 이기기 좋아하는 사람은 항상 긴장하고 경직되어 상대를 의식하면서 경계하는 반면에, 질 줄 아는 사람은 항상 부드럽고 온화하며 관용적이고 지혜롭게 살아가고 있다.

지혜(智慧)로운 사람은 사물의 이치를 빨리 깨닫고 사물을 정확하게 처리하는 정신적 능력을 가진 사람을 말한다. 그래서 지혜로운 사람은 물질세계에 있는 모든 존재물에 대하여 만물의 이치를 깨닫고 현실생활에서도 사리에 맞게 일을 처리하는 정신능력을 가진 사람으로, 자연의 섭리를 터득하여 현실에 반영하는 사람이다. 바로 이런 사람은 인격이란 것이 무엇인가를 알고 실천하는 인격자로서 매사를 덕성으로 처리하고 극복하는 열린 마음으로 살아가는 품격을 갖춘 훌륭한 사람이다.

인간이 갖추어야 할 됨됨이를 행하는 것을 덕(德)이라고 하며, 사람으로서 가지는 품격이나 됨됨이를 인품(人品)이라 하고, 성격이 지적(知的)이며 도덕적(道德的)인 요소를 가진 자를 인격자라고 한다. 덕은 개인의 성격에 지성과 도덕성을 갖춘 인격의 기반이 일차적으로 마련된 이후에, 사람의 품위나 품격인 인품이 완전한 자리를 잡게 될 때 덕이 갖추어진다. 우리가 인격이나 덕행에 최고 가치를 부여한 이유도 인격을 억압하고 인권을 탄압하는 어떠한 정신적, 물질적 장애로부터 벗어나려는 인본주의를 최고의 가치로 삼고 있기 때문이다.

인본주의에 근본을 두는 덕성에 대하여 종교적인 시각에서 보면 유교에서 덕은 네 가지의 덕목을 인간생활에 기본으로 생각하고 정치, 교육, 사회 전반에 걸쳐 반영해 왔었다. 유교의 4덕(四德)은 효(孝), 제(悌), 충(忠), 신(信)이었으며, 유교 윤리에서 가장 중요하게 여기는 것이 4가지 실천덕목이었다.

『논어』의 「학이(學而)편」에서 "효는 인(仁)을 행하는 근본이라고 하였으며, 또 집안에 들어오면 효를 하고 나가서는 모든 사람을 공경하는 제(悌)를 하라."고 한 것은 효는 집안에서의 지켜야 할 덕목이고, 제는 사회적인 덕목이었음을 알 수 있다. 사회에서 모든 사람을 공경하는 것도 인(仁)을 행하는 것이요, 나라를 사랑하고 군주를 받드는 충(忠)도 인(仁)을 행하는 것이요, 인간 사이에 믿음을 갖게 되는 것도 인

(仁)을 행하는 것이니 인(仁)과 관계를 떠난 효, 제, 충, 신은 있을 수 없는 일이다.

이와 같이 4덕목은 상호 보완적이기에 상호 작용관계를 벗어나게 되면 사회적인 파열음이 생긴다. 위에서 언급한 것처럼, 유교에서는 덕이 유학의 정치사상인 덕치주의(德治主義)와 예치주의(禮治主義)를 설명하는 중요한 근거가 되어 인(仁)사상을 구현하는데 근본이 되었다. 공자는 『논어』의 「위정편」에서도 인(仁)의 사상을 구현하기 위한 덕치(德治)에 대하여 다음과 같은 큰 교훈이 되는 가르침을 주고 있다. "백성을 인도하는 데 정치나 제도로써 하고 백성을 가지런히 하는데 형벌로써 한다면 백성은 그 형벌을 모면만 하려고 하지 부끄러워할 줄을 모르는 것이다. 백성을 인도하는데 덕(德)으로써 하고 백성을 가지런히 하는데 예(禮)를 가지고 한다면 백성은 부끄러움을 알게 되고 바로잡힐 수 있을 것이다."라고 하였다.

그래서 맹자도 인간의 교화를 성인이나 스승이 인간에게 오륜을 가르침으로써 인간을 짐승과 구별되는 도덕적 세계로 나가게 해야 한다고 하였다. 현대인들은 오륜의 개념을 소홀히 여기는 경향이 있어 간략하게 소개하면 다음과 같다. 오륜(五倫)은 유학에서, 사람이 지켜야 할 다섯 가지 도리로. 부자유친, 군신유의, 부부유별, 장유유서, 붕우유신으로 나누어 국가의 교육정책으로 삼았었다. 맹자 역시 지배층이 대다수 인민을 교화시키는 방법은 형벌이나 제도로써 하는 것이 아니고 덕(德)과 예(禮)로써 교화시켜야 한다고 했다.

덕행이 근본이 되는 덕치주의의 정치적 성격은 유교가 국가의 이데올로기로 성립된 것이 결정적인 계기가 되었다. 덕치주의(德治主義)는 덕망이 있는 사람이 도덕적으로 분별력이 떨어진 사람을 지도하고 교화하는 것을 정치의 요체로 삼는 사상이기 때문에, 달리 표현하면 덕이 근본을 이루는 도덕국가라고 해도 지나치지 않다. 덕치주의는 백성을 다스릴 때는 법으로 다스림보다 도덕적으로 다스림을 먼저 강조했으며, 도덕적 다스림은 덕행과 예의로써 다스려야 한다고 하였다. 이것이 유교에서 말하는 덕이다.

불교에서는 계율(戒律)과 덕(德)을 구별하지 않고 계율을 행하는 것이 덕을 쌓는 것으로 보았다. 불교에서 계(戒)는 덕(德), 바른 행동, 도덕의 규율을 계율이라고 했으며, 그것을 위해 노력하는 것을 또한 계(戒)라고 말하고 있다. 계(戒)는 정(定), 혜(慧)와 함께 깨달음에 이르고자 수행하는 사람이 반드시 닦아야 하는 3가지 항목인 삼학(三學)에 속하며, 부처가 되고자 하는 사람인 바라밀의 두 번째 실천행이 지계(持戒)이다. 그래서 계(戒)는 생각과 말과 행위의 도덕적인 순수성을 뜻하며, 넓은 의미로 도덕적인 행동 전체를 포괄한 내용이다.

불교교리에 의하면 인간이 지켜야 할 바른 행위를 계율(戒律)이라 하고 계율을 엄격하게 지키는 것이 덕이라고 한다. 그러면 덕행의 수행 단계인 계율에 대하여 알아보도록 하자.

다음은 불교의 계율 10가지로 승려가 지켜야 할 계율과 일반인이 지켜야 할 것으로 구분하고 있다.

불교의 계율은 다음의 10가지를 금하도록 규정하고 있다.

① 목숨을 빼앗는 것(살생하는 것).
② 남이 주지 않은 것을 취하는 것.

③ 간음하는 것(승려의 경우는 여하간의 성행위, 일반인의 경우는 간통과 같이
　　사회적으로 정한 규율을 어기는 것 등으로 해석됨).
④ 거짓을 말하는 것.
⑤ 술이나 마약에 취하는 것.
⑥ 정오 후에 음식을 먹는 것.
⑦ 세속적인 오락에 빠지는 것.
⑧ 장식물로 몸을 치장하고 향수를 쓰는 것.
⑨ 사치스럽고 높은 침대에서 잠을 자는 것
⑩ 금이나 은을 취하는 것 등이다.

이상 10가지 항목 중 ①∼⑤까지는 일반 신도들이 지켜야 할 수행 계율로 어느 것 하나라도 소홀히 여길 것이 없다. 살생, 도둑, 간음, 거짓말, 술과 마약을 일삼는 사람이 어떻게 공익에 도움이 되고 공익에 앞장서야 할 정치지도자나 덕인이 될 수 있겠는가. 그러나 승려들은 전체를 다 지켜야 한다.

그리스도 교리에 의하면 덕(德, virtue)은 그리스도교 윤리의 기본이라고 하는 7가지 덕에서 잘 나타나 있다. 일곱 가지의 덕은 고대 그리스 철학자들이 주장한 덕과 신학적 측면에서 주장해온 덕으로 구성되어 있다.

인간의 보편적 자질에서 우러나오는 4가지의 철학자들이 주장한 덕과 그리스도교에서 정한 것으로 하느님의 특별한 선물로 생기는 3가지 덕이 있다. 덕은 '생활과 행동을 윤리의 원칙에 일치시키는 것'이라고 정의되어 왔기 때문에 이 7가지 덕은 이러한 윤리의 원칙을 따를 때 취하는 태도와 성향을 뜻하고 있다. 고대 그리스의 철

영원한 인간관계

인들이 주장해온 4덕은 신중, 절제, 용기, 정의이고 여기에 그리스도교의 도덕주의자들은 믿음, 소망, 사랑이라는 3가지 신학적인 덕을 덧붙여서 7가지 덕을 만들어 낸 것이다. 고대 그리스 철인들이 주장해왔던 신중, 절제, 용기, 정의의 4덕목은 소크라테스, 플라톤과 아리스토텔레스에서 논리의 합리성이 확실하게 나타났으며, 그 이후 아우구스티누스나 토마스 아퀴나스 같은 로마 후기와 중세 그리스도적 도덕주의자들은 고대 철학자들의 가르침인 이 4개 덕목을 미덕으로 여기고 받아들였다.

이와 같이 세속적인 논리적 이론인 신중, 절제, 용기, 정의 4덕과 기독교적 성직 논리인 믿음, 소망, 사랑이라는 신학적인 3덕의 합작품이라는 점에 경의를 표하지 않을 수 없다. 이 양자의 역사적 합작품에 경의를 표하는 데는 그럴만한 충분한 이유가 있다.

철학자들은 대체로 세속의 인간사를 천도(天道)와 일치시켜 실현해보려는데 그에 합당한 이론과 사상을 연구하는 사람들이라면, 신학자나 교부주의자들은 하늘의 진리를 세속에 일치시켜 실현해보려는 선도자들이다. 신학자들이 하늘의 뜻에 따라 민중의 삶을 위하여 고대 철학자들의 4덕을 수용하여 7가지 덕을 확립한 것은 훌륭한 일이 아닐 수 없다.

서양의 역사에서 보면 서양적인 가치라고 할 수 있는 것이 있는데, 그것은 바로 '조화사상'이다. 특히 그리스사상에서 두드러지게 나타난 역사적 합작품의 하나가 바로 그 유명한 아테네 도시국가의 문화와 스파르타 도시국가와의 상호 이질적인 문화를 조화시켜 탄생시킨 것이 바로 오늘날 그리스문화이다.

분명코 가치의 창출은 서로 다른 이질적 가치를 용해하여 새로운 창조적 가치를 얻어내는 것이 그 효용성에서 큰 의미를 인정받게 된다.

덕의 성립도 도덕적 행위의 실천을 의미하며, 도덕행위는 천도(天道)의 이성법에 따라 인간관계의 조화를 이끌어 낼 때 그것을 덕행이라고 한다. 그래서 덕행은 공경과 예의를 가장 큰 실천규범으로 삼고 있기 때문에 공경과 예의가 결여되면 질서가 서지 않고, 질서가 무너지면 불신과 혼란이 생기게 된다. 상호간에 예의를 지키는 것은 공경하는 마음이 있기 때문이요, 그 공경의 마음은 조화의 가치를 더욱 그리워하게 한다.

유자(有子)는 『논어』의 「학이편」에서 다음과 같이 말했다. '예의의 작용(作用)은 조화로움을 귀중하게 여긴다. 선왕의 도는 이(理)를 좋다고 여겨, 크고 작은 일들을 할 때마다 이를 따랐다. 하지만 행하지 못할 때가 있으니, 조화(調和)의 귀중함만을 알아서 조화롭게만 하고 예의로써 절제(節制)하지 않는다면, 이 또한 행하지 못할 것이다.'

有子曰 禮之用 和爲貴 先王之道 斯爲美 小大由之, 有所不行 知和而和 不以禮節之 亦不可行也

예(禮)를 배제한 조화(調和)는 메마른 땅에서 나무를 살리는 것과 같이 어려운 일이며, 조화를 배제한 덕행은 이루어내기 어려우며, 도(道)를 벗어난 덕은 본래의 가치를 상실하게 된다. 따라서 매사에 예(禮)가 따르지 않는 진정한 의미의 조화·덕행·도의 실행은 생각조차 할 수 없는 일이다. 예(禮)는 언행과 직접적인 관계를 갖는 것으로 예의(禮儀)로 표현한다. 인간의 예의는 존경의 뜻을 표하기 위하여 예로써 나타내는 말투나 몸가짐을 말하기 때문에 매사에 적용되는 것이 예의이다. 예의는 천도(天道)인 도의(道義)를 실천하는 것으로 일상생활에서 필수적인 행위규범이다. 따라서 일상생활에서 갖추어야 할 모든 예의

영원한 인간관계

와 생활절차인 예의범절(禮儀凡節)을 따라 지키며 행하는 것은 덕행(德
行)의 초석과 같다. 항상 예의범절을 갖추고 조화로운 삶을 추구하려
고 노력하는 사람은 대인관계가 원만해서 모두가 호감을 갖는 품위
있는 인격자가 될 수 있다는 확신을 갖고 살아야 한다.

따라서 덕인은 보이지 않게 행하거나, 소리 나지 않게 실천하면서
조용한 인간관계 속에서 서로 어울리며 교제(交際)하는 삶으로 조화
의 결실을 이루고 있기 때문에 사적자아(私的自我)가 아닌 공적자아(公
的自我)로 변신하게 되며 이러한 사람을 민주적 자아라고도 한다.

2. 세심(洗心)의 행

　세심(洗心)이란 자기 자신의 마음을 스스로 닦아내는 일이라서, 마음을 씻어내는 일이 마치 청소하듯이 그렇게 쉬운 일은 아니다. 우리는 흔히 이런 말을 자주 듣는다. '마음 한번 고쳐먹으면 세상사가 다 편안할 텐데 그놈의 마음이 무엇인지 내 마음대로 할 수 없으니 말이야.'라고 하며 마음을 바로잡지 못함을 후회하는 말을 들어 본적이 있을 것이다. 인간이 살고 있는 주변을 평생 청소하지 않고 그대로 방치해 두고 있다거나, 옷을 세탁하지 않고 다 달아질 때까지 입고 생활을 한다거나, 목욕을 하지 않고 일평생을 그대로 생활한다는 것을 가정을 해보자. 그러한 인간생활은 인간이 아닌 동물의 세계에서도 찾아보기 어려운 일이다. 인간은 본래 생존본능을 가지고 태어났기 때문에 생존보존을 위해서 자연스럽게 몸과 옷과 주위환경을 청결하게 하는 것을 당연하게 여기면서 살아가고 있다.

　인간을 보존하려는 본능적 가치는 인간의 의식작용 결과에 따라 삶의 질이 결정되는 것이기 때문에 바른 마음가짐으로 살려고 하는 것은 어쩌면 너무나 당연한 일이다. 인간생활의 모든 것은 마음먹기에 따라 그 양상이 다양한 형태의 생활로 나타나게 된다. 문제는 이러한 사실을 알면서도 자기의 마음을 자기의 의지대로 이끌어가지 못한 데에 있다. 만약 인간의 마음이 번뇌를 따라 밖으로 뿔뿔이 흩어지면 무능함에 빠지게 되어 나고 죽음이 끊이지 않고 삼계육도(三界六道, 삼계: 欲界, 色界, 無色界 / 육도: 지옥계, 아귀계, 축생계, 아수라계, 인간계, 천상계)를 계속해서 윤회하게 된다. 늘 번뇌가 마음에 쌓이고 쌓여서 무한한 능력과 잠재력을 가진 마음이 잠식당하다 보면 마음대로 살지 못하고 무엇인가 누군가에게 끌려다니게 된다. 그렇다면 인간의 번뇌를 몰아내는 비법은 무엇이며 어떻게 사는 것이 마음을 청정하게 할 수 있을 것인가에 대한 해답을 찾으려고 하는 것이 중요한 관심사이다.

　마음을 잘 다스리는 것은 자기 자신을 중심으로 자기와 관계를 맺고 있는 사람들이나, 자기와 직간접적으로 관계를 갖고 있거나, 앞으로 관계를 가지고 살아가야 할 사람들과의 사이에서, 일어나는 마음의 작용이나 행동을 자기 뜻대로 이끌어 가는 것을 말한다. 그렇다면 자기와 관계를 맺고 살아가지 않으면 안될 가까운 사람과의 인간관계가 무엇보다도 중요한 일이 아닐 수 없다. 사실상 신중한 인간관계를 유지해야 할 대상은 먼저 부모와 형제이고, 스승이며, 처자식이며, 친족과 친구들이며, 옛날에는 가솔들이지만 오늘날에는 직장 상사나 관리책임자, 승려나 성직자 그리고 도사와 같은 사람들이 그 대상이다. 그들과의 인간관계가 원만해야 생활이 편안하고 행복해질 수 있는 것은 너무나 당연한 일이지 않겠는가. 이러한 관계 속에서 마음의 때를 씻어내는 일은 마음의 안정을 찾는 일이고 안정을 찾으려면 인간 사이에 조화가 이루어져야 하는데, 그 조화는 원리와 원칙을 존중하면서 서로 예의를 갖추고 이해와 용서하는 마음가짐으로 도리에 따라 살아가는 것을 생활화하면 생활에 조화가 이루어지게 되고 그것이 세심(洗心)하는 길이다.

　도리에 어긋남이 없이 살아온 석가모니 부처님은 장자의 아들이 이른 아침이면 동·서·남·북·하늘·땅의 육방을 보고 예배를 올린 것을 보고 난 후에 두 사람이 나눈 대화의 내용을 소개하여 그 가르침을 마음의 거울로 삼아 세심(洗心)하는데 크게 도움이 되었으면 한다.

다음에 인용한 내용은 서경보 박사의 『經典 속의 佛子들』에서 '육방예배(六方禮拜)'를 인용한 것으로, 석가모니 부처님과 장자의 아들 시가라월과의 대화내용을 그대로 인용하면, 석가모니 부처님이 왕사성의 계족산에 계실 때의 일이다. 장자의 아들 시가라월이 아침 일찍 일어나 몸을 단정하게 깨끗한 옷을 입고는, 동방을 향하여 또 북방을 향하여 그리고 땅을 향해 각각 사배(四拜)씩 예를 드리고 있었다.

부처님은 어느 때와 마찬가지로 가사를 입고 바릿대를 들고 걸식을 하러 왕사성으로 가는 길에서 동서남북 상하의 육방(六方)을 바라보고 네 번씩 예를 올리고 있는 장자의 아들 시가라월을 보고는 다음과 같이 묻는다.

"장자의 아들이여, 지금 육방을 향해 예배를 드린 것은 무슨 이유인가? 저도 그 이유는 알지 못하고 있습니다."

"장자의 아들이여, 아버지의 육방예배는 몸으로 예배하라고 시킨 것은 아닐 것이다."

"세존이시여, 저를 위하여 아무쪼록 육방예배의 의미를 설명하여 주십시오."

"장자의 아들이여, 육방예배에는 깊은 의미가 있다. 잘 들어보아라. 그리고 잘 생각하여 보아라. 그러나 먼저 사의(四意)를 억제하고 사악행(四惡行)을 여의고 재산을 없애는 소재(消財)의 육환(六患)을 제거하고 선우악우(善友惡友)에 각각 네 가지 무리가 있음을 알아 둘 필요가 있다."라고 하면서 사의(四意)에 관한 구체적인 말씀을 게송을 지어 다음과 같이 강조하였다.

"장자의 아들이여, 억제해야 할 사의(四意)란 탐욕·분노·우치·두려

영원한 인간관계

움의 이 네 가지다. 이 네 가지는 사람을 악도로 인도하여 악업(惡業)을 짓게 한다. 또 사의를 억제하면 복덕(福德)을 얻게 될 것이다.”

이리하여 부처님께서는 다음과 같은 게송을 지으셨다고 전해져 내려오고 있다.

“탐욕·분노·두려움·우치 네 가지 길에 빠지게 되면 그 명예는 날로 사라져가는 마치 그믐밤의 달과 같으리. 탐욕, 분노, 두려움, 우치 이 네 가지 없이 도를 향하면 그 명예는 나날이 높아져 달이 밤마다 커지는 것과 같으리.”라고 하면서 장자의 아들에게 사악(四惡)에 대한 설명이 계속 이어지고 있다.

“장자의 아들이여, 여의어야 할 사악행이란 살생·도둑질·사음(邪淫)·거짓말이다. 이 네 가지를 범하지 않는 이는 현세에서는 사람들에게 공경을 받고 후세에는 천상계[(天上世界): 십선(十善)을 닦으면 간다고 하는 하늘 위의 세계]에 날 것이다. 이 네 가지 악한 행위를 억제하지 못하는 이는 나쁜 평판이 나돌아 마치 초승달과 같이 그의 전도는 어두워질 뿐이다. 그러나 이 네 가지 나쁜 행위를 억제할 수 있는 사람은 상공의 달이 차츰 만월이 되는 것과 같이 그의 전도는 광명으로 빛날 것이다.

장자의 아들이여, 소재(消財)의 육환(六患)이란 재산을 탕진하는 다음 여섯 가지 유혹이다.

첫째는 술을 즐기는 것이요, 둘째는 장기나 바둑이나 도박과 같은 일에 몰두하는 것이요, 셋째는 방탕이요, 넷째는 기악에 빠져 헤매는 것이요, 다섯째는 악우(惡友)와 사귀는 것이요, 여섯째는 나태(懶怠)한 것이다. 이 여섯 가지 일은 결국 재산을 탕진하는 악행이라고 하였다.

장자의 아들이여,

첫째. 음주에는 여섯 가지 허물이 있다.

① 재물의 소비요, ② 질병이 생기며, ③ 싸움이나 다툼이 일어나고, ④ 세간의 나쁜 평판이 돌고, ⑤ 신경질로 성내기나 화를 잘 내는 것이요, ⑥ 지혜(智慧)가 감퇴 되는 허물이 생겨 평판이 나빠진다고 하였다.

둘째. 바둑이나 장기 또는 도박에도 여섯 가지 허물이 있다.

① 이기면 원망을 받고, ② 지면 그것에만 열중하고, ③ 선한 친구에게 책망을 듣고, ④ 신용을 잃게 되며, ⑤ 감옥에 들어가기 쉽고, ⑥ 도적질 하고 싶은 마음이 쉽게 생긴다.

셋째의 방탕에도 6가지 허물이 있다.

① 자신이 불안해지며, ② 재산의 불안이 생겨나고, ③ 처자의 불안 ④ 세간의 비판을 받게 되고, ⑤ 고통이 생기고 ⑥ 허망한 말로 희롱을 한다.

넷째. 기악에 빠져 헤매는 것은 화류계(花柳界)의 구덩이에 출입하는 것이니, 여기에도 6가지 허물이 있다.

① 춤은 ② 노래는 ③ 삼행선(三行線)은 ④ 기담(技談)은 ⑤ 북은 ⑥ 대고(大鼓)는 항상 아름다움이나 매력에 끌려 가업은 손에 잡히지 않고 재산은 줄어질 뿐이다.

다섯째의 악우와 친하게 지내는 일에도 6가지 허물이 있다.

① 술꾼이 된다. ② 난폭하게 된다. ③ 거짓말쟁이가 된다. ④ 남의 물 건을 속여 가진다. ⑤ 하품(下品)이 된다. ⑥ 남의 허물을 드러내려고 한다. 이리하여 드디어는 가산이 기울어 버린다.

여섯째의 게으름에도 6가지 허물이 있다.

① 아직 이르다고 일하지 않는다. ② 늦었다고 일하지 않는다. ③ 춥다고 일하지 않는다. ④ 덥다고 일하지 않는다. ⑤ 배가 부르다고 일하지 않는다. ⑥ 배가 고프다고 일하지 않는다.

이와 같이 많은 이유를 붙여 타락하거나 또는 재산을 옳게 가지지 못한다.

장자의 아들이여, 한 말로 악우(惡友)라 하여도 거기에는 네 가지가 있다.

① 마음에 원한을 품고 있으면서 외면만을 억지로 꾸며 사귀는 자가 악우이다.

② 그 사람 앞에서는 칭찬하다가 보이지 않는 곳에서는 결점을 말하는 자이며.

③ 어떤 사건이 일어났을 경우에, 면전에서 근심스러운 모양을 짓다가 보이지 않는 곳에서는 기뻐하는 자이고.

④ 외면만은 친한척하고 내심으로는 음모를 품고 있는 자가 그것이다. 즉 이러한 삶을 사는 자가 악한 친구이다.

또 착한 벗에도 네 가지가 있다.

① 외면은 원망하는 것 같이 보이나 내심으로는 후의를 가진 자이다.

② 면전에서는 충고하고 보이지 않는 곳에서는 칭찬하는 자이다.

③ 병환이나 기타 어려운 일을 당할 경우 근심을 같이하는 자이다.

④ 가난해서 물질적 원조를 해주지 않아도 부자 될 방법을 생각하여 주는 자가 그것이다.

또 아무래도 손을 댈 수 없는 악우(惡友)에도 4가지가 있다.

    ① 충고 할 수 없는 자.② 술을 마시면 안 된다 해도 점점 술고래가 되어 다니는 자. ③ 나쁜 행위를 삼가라고 하면 할수록 그 반대로 나가는 자. ④ 착한 친구를 소개하면 반대로 좋지 않은 무리들에게 친해 보려고 하는 자.

또 착한 친구에는 다음과 같은 4가지가 있다.

    ① 친구가 관리에게 체포되면 문제를 해결해주는 자. ② 친구의 병을 간호해준 자. ③ 친구가 사망하면 장례를 돌보아 주는 자. ④ 친구가 죽은 후엔 그 가족을 돌보아 주는 자.

또 착한 친구의 4가지를 더 들어 본다.

    ① 친구가 싸우면 이것을 말려주고, ② 나쁜 친구의 꼬임을 받을 때에는 이것을 충고하여 말리고, ③ 생업을 게을리 하면 부지런하도록 권하고, ④ 도(道)를 돌아보지 않으면 이것을 깊이 믿도록 하는 자가 친한 친구이다.

또 나쁜 친구의 4가지를 더 들어 본다.

    ① 조그만 일을 가지고서 크게 노여워하는 자. ② 위급한 경우에 심부름을 보내려 하여도 들어주지 않는 자. ③ 사람이 급하게 무엇을 하려고 하면 일부러 그 앞을 막아 훼방하는 자. ④ 친구가 사망한 것을 보고도 내버려두고 돌아보지 않는 자가 나쁜 친구이다.

    장자의 아들이여, 착한 법을 가깝게 하고 악한 법을 멀리하도록 힘써야 할 것이다.

    이와 같이 인간생활에서 관계를 맺지 않고는 살 수 없는 불가분의 사이에 있는 인간관계에서 일어나는 일들을 실행할 때 마음의 평온을 찾게 될 것이고, 바로 마음의 안정과 평온함은 마음을 깨끗이 씻어낸 세심(洗心)의 상태에서 가능한 것이다. 원만한 인간관계는 마음의 안정과 평온에 직접적인 영향을 미치기 때문에 자기를 중심으로 육방에 있는 사람들과의 인간냄새가 나는 진실 된 교감과 경배하는 마음으로 대하여야 한다.

석가모니 부처님께서는 장자의 아들에게 6개의 방위에 내포된 진리에 대하여 다음과 같은 말을 당부하였다. 육방(六方)을 예배하는 데는 육방의 의미를 알지 않으면 안 된다.

동방은 부모를 상징하며, 남방은 스승이며, 서방은 처자요, 북방은 친우이며, 하방은 비복(婢僕: 계집종과 사내종을 의미)이요, 상방은 사문(沙門: 승려의 뜻)과 바라문(사제)이다.

동방을 향하여 예배하는 것은 사람의 아들 된 자는 5가지 일로 부모를 받들어 섬기는 것을 이미 한다.

① 부모의 생업을 생각하고, ② 일찍 일어나 비복에게 아침식사를 준비시키며, ③ 부모의 근심을 덜어 드리고, ④ 부모의 은혜를 생각하며, ⑤ 부모가 병환이 있을 때 빨리 좋은 약을 드려 치료한다. 이것이 아들 된 사람이 부모를 섬기는 5가지 길이다.

또 부모는 다음의 5가지 일로써 자식을 사랑해야 한다.

① 부모는 자식에게 악을 버리고 선으로 나가게 하고, ② 자식에게 학문을 시키며, ③ 도덕으로 훈계하고, ④ 적당한 곳에 결혼시키며, ⑤ 적당한 시기에 재산을 상속시킨다. 이리하여 동방을 호위하면 한 집안이 편안하고 번영하는 것이다.

부처님께서 동방부터 순서대로 말씀하신 것은 나의 생활과 가장 밀접한 곳에서 출발한 것이 부모와 자식 사이이기 때문이다. 부모와 자식 간의 관계는 인격형성에 기본이 되는 것으로 사회성에도 직접적인 영향을 미치게 된다. 따라서 부모의 생각과 생활방식은 자녀의 생활과 거의 직결된다는 점에 주목해야 한다. 동방은 해가 떠오르는 방향이다. 인간은 태양이 없으면 생존 그 자체가 불가능하듯이, 부모 없는 자식도 있을 수 없으며, 부모의 도움을 받지 않은 자식이 어디에 있겠는가. 태양이 없는 만물의 생존이 있을 수 없듯이, 부모가 없는 자식도 있을 수 없다는 진리에 근거를 두고 동방을 인용한 것으로 볼 수 있다.

장자의 아들이여, 서방을 향하여 예배하는 것은 남편이 아내에 대하여 5가지 서로 사랑하고 가르치는 것이다.

① 처에 대한 경애(敬愛)요. ② 처에 대한 의식의 급여요, ③ 금은 옥의 주 급여요 ④ 가정에서 아내의 권위가 부여되어야 하고, ⑤ 가정 밖에 첩을 두지 않는 일이다. 이것이 남편으로서 처에 대한 태도인 것이다.

인간의 삶 가운데 소중하고 귀중하지 않은 것이 없지만, 그중에서도 가장 고귀한 것은 가정이다. 가정의 근본을 이루고 있는 것은 부부이고 부부관계가 원만해야 만사에 여유로움이 생기고 여유로움은 생활의 안정을 가져오는 지름길이다. 석가모니 부처님이 서방을 말씀하신 것도 태양은 서쪽으로 넘어가고서야 밤이 되며, 밤이 되어야 잠을 잘 수 있고 잠을 자야 다음 날 생활을 할 수 있는 휴식처인 가정을 말하였다. 휴식을 취할 수 있는 가정이 편안해야 함은 지극히 당연한 일이기에 가정인 서방을 잘 다스려야 한다. 그래서 부처님께서는 부부가 행하여 할 생활규범을 명확하게 밝혀 놓았다.

장자의 아들이여, 북방을 향하여 예배하는 것은 오사(五事)로써 가족과 친우를 상대하라고 가르친 것이다.

① 친우와 친족이 죄악을 범한 때는 가만히 충고하여 그치게 하는 일이요. ② 위급한 경우에는 빨리 구호 할 것이요. ③ 사사로운 것은 남에게 말하지 않을 것이며. ④ 친우와도 상호 존경해야하고 친족들과도 서로 존경해야 한다. ⑤ 모든 좋은 물건은 다소를 불구하고 나누어 주어야 한다.

친족(親族)과 친우(親友)가 서로 오사(五事)로써 교제하면 북방을 지켜서 편안하고 평화롭게 생활의 향상을 기약할 수 있다고 부처님께서 말씀하셨다.

이와 같이 친족과 친구 없이 잠시도 외로워서 살아갈 수 없으니 위의 다섯 가지 일로써 상호 존경하는 마음과 태도로써 관계를 돈독하게 하는 것이 북풍한설이 몰아치는 춥고 힘든 날을 이겨내며 편안한 생활을 할 수 있다. 부처님께서 북방을 인용한 것은 인간이 살아가다 보면 자기 혼자의 힘으로는 해결하기 어려운 일이 있게 되는 것은 당연하다. 그러한 어려운 일을 한겨울에 북쪽에서 몰아치는 사나운 눈보라에 비유하기 위해서 북쪽방향을 말하고 있다. 일 년 4계절 중에 겨울을 피한다면 살을 에어 낼듯한 혹한을 피할 수 있겠지만, 그렇게 자연의 이치를 거역할 수 없듯이, 인간도 살아가면서 역경을 피하고 살 수 없는 것과 같은 이치이다. 그러한 역경을 이겨내기 위해서 평상시에 친족과 친구들과의 관계를 잘 쌓아두면 한겨울에 북쪽에서 불어오는 혹한과 사나운 눈보라를 이겨낼 수 있다는 자연의 이치에 비유한 것이다.

장자의 아들이여, 땅에 대하여 예배하는 것은 주인이 오사(五事)로써 비복(婢僕)을 거느리는 것을 말한다(비복을 현대적 용어로 보면 부하 직원으로 확대하여 해석해도 큰 무리는 아닐 듯하다).

> ① 의식(衣食)의 급여로 이를 제공해야 하는 일이요, ② 비복들에 대한 치료를 책임져야 하며, ③ 망령되어 비복들을 때리지 않아야 하고, ④ 비복들의 사재(私財)를 보호해 주어야 하고, ⑤ 비복들의 급여는 평등하게 해야 한다.

또한 비복은 다음 다섯 가지로써 주인에게 봉사해야 한다.

> ① 아침에는 주인보다 일찍 일어나고 밤에는 주인보다 늦게 자야 한다 (직장 상사보다 일찍 출근하고 늦게 퇴근한다). ② 비복이 해야 할 일은 주인에게 말할 것까지도 없이 재빨리 해야 한다. ③ 주인의 물건을 잘 간수해야 한다. ④ 주인이 출입할 때에는 반드시 송영의 인사를 해야 한다. ⑤ 주인의 좋은 일에는 칭송하고 나쁜 일은 숨기어 주어야 한다.

이리하여 하방(下方)을 지켜 편안하고 평화롭게 공존공영의 길을 연다. 여기서 말하는 하방의 방위는 인간관계에서 자기를 살게 해주는 아래 사람들로 그 당시 농경사회에서는 많은 비복들과 함께 살았기 때문에 비복들에 대한 철저한 보호를 통해서 공존공영의 길로 가야 한다. 어쨌든 자기의 생명과 재산을 보호해주는 사람들을 제 식구처럼 챙겨서 보호해주라는 것으로 아래 사람들을 보살피고 보호하라는 의미로 하방(下方)인 땅에 비유하였다.

즉 하방의 땅은 인간이 먹고사는 터전이라는 점에서 마치 비복을 잘못 관리하면 직원이 없는 회사나, 병사 없는 장수가 존립근거를 잃게 되는 것과 같은 이치이다. 하방인 비복을 땅과 같이 생각하고 주인은 땅을 관리하듯 비복을 대하고, 비복은 주인에 대해 봉사를 해야 한다.

"장자의 아들이여, 천(하늘)을 향하여 예배하는 것은 오사(五事)로서 승려나 성직자들을 섬기도록 가르친 것이다.

① 착한 마음을 가져야 한다(善心). ② 친절하고 듣기 좋은 말을 해야 한다(好言). ③ 몸으로 존경해야 한다(敬愛). ④ 우러러 받들고 마음속 깊이 따라야 한다(思慕). ⑤ 세상을 헤아리는 일을 물을 것이다.

이렇게 말한 후 다시 말하기를,

① 간탐(慳貪: 몹시 인색하고 욕심이 많은 것.)을 여의고 보시를 지켜야 하고, ② 계(戒)를 가지게 하고(즉 계율을 지켜야 한다는 의미), ③ 인욕(忍辱: 마음을 가라앉혀 온갖 욕됨과 번뇌를 참고 원한을 일으키지 않는 일을 뜻함)을 가르쳐 성내지 말게 하고, ④ 게으르지 않고 부지런히 일하게 하며, ⑤ 산만하지 않고 일심(一心)이 되게 하여, ⑥ 총명으로 인도해준다.

도를 닦는 사람이나 승려(사문과 바라문)는 사람을 가르쳐 세상을 인도하되, 악을 버리고 선으로 나가게 하며 정도(正道)를 열어 보이는 자이므로 그 은혜는 부모의 은혜보다 더한 것이다. 이리하여 상방(上方)을 호위(護衛)하여 편안하고 평화스럽게 인생의 광명은 빛나게 된다.

장자의 아들이여, 너의 아버지가 살아계실 때 육방을 예배하라 가르친 것은 이러한 깊은 의미가 있는 것이다.

이렇게 말씀하시고 부처님은 다시 게송으로 말씀하시었다.

부모는 동방, 스승은 남방이요, 처자는 서방, 붕우는 북방, 비복은 하방의 땅이요, 승(僧)과 도사(道士)는 상방의 하늘이다.

장자의 아들이여, 이렇게 육방을 예배하고 공경하는 정성스러운 그 마음 잊지 말고 계속하여 정진하면 죽어간 그 뒤에는 천상계에 태어난다. 천상계(天上界)란 십선(十善)을 닦으면 간다고 하는 하늘 위의 세계를 말한다.

그런데 부처님께서는 이상하게도 남방에 대한 구체적인 말씀이 없으시고, 스승을 남방에 비유했을 뿐이다. 먼저 남방의 자연적 여건이 인간에게 주는 자연 환경적 가치가 무엇인가에 대해 생각해 보아야 한다. 남쪽은 하루 중에 일조량이 가장 많아 양기(陽氣)를 다른 방위보다 훨씬 더 많이 받고 있어 따뜻하고 포근함을 느낀다. 그래서 인간은 자연적인 에너지를 최대한 활용하기 위해 모든 주택의 방위도 남방을 향하고 있다. 주택의 방향은 물론이고 주택의 내부 구조까지도 남쪽을 향하고 있으니 남방에 감사의 예배를 드리는 것은 지극히 당연한 일이지 않겠는가. 우리가 현실에서 종종 볼 수 있는 일이 일조권 방해가 되는 건물 주인과 송사가 일어나는 것을 보았거나 들어본 경험이 있다. 여기서 일조권을 방해하는 방향은 당연히 남방을 침해하는 것을 의미한다.

이와 같이 인간이 남방의 힘을 받지 못하면 살아가기 힘들 듯이 스승의 가르침을 받지 않고서는 살아갈 수 없는 것과 똑같은 이치이기 때문에 스승을 남방이라고 말하였다. 인간이 살아가는데 근본적인 힘은 스승을 통해서 많은 지식과 정보를 받을 뿐만 아니라 살아가는 지혜까지를 터득하게 해준 스승과의 인간관계의 중요성은 재론의 여지가 없다. 그러면 스승과 제자 사이에 지켜야 할 다음과 같은 도리를 행하는 것이 원만한 사제관계가 이루어질 것으로 본다.

그래서 스승과 제자 사이에 지켜야 할 도리를 정리하면 다음과 같다.

먼저 스승이 제자들에게 대해야 할 다섯 가지를 말하면,

① 스승은 제자를 대할 때 항상 다정다감한 마음가짐으로 대한다. ②
인생의 바른길인 인도(人道)를 일깨워 준다.③ 제자에게 학식과 덕행으
로 타의 모범이 되는 사표(師表)가 되어야 한다. ④ 제자들의 잘못을 관
용으로 받아들이고 보호해 준다. ⑤ 제자의 적성에 적합한 미래의 진로
를 깨우쳐 준다.

다음은 제자가 스승에게 지켜야 할 도리의 다섯 가지를 말하면,
① 스승의 가르침을 믿고 따라야 한다. ② 스승을 대할 때 반드시 예의
를 갖추며 진심으로 대한다. ③ 스승과 자주 대화를 나눈다. ④ 공부하
다가 의문이 생기면 주저하지 말고 스승에게 물어 의문을 풀어 가야 한
다. ⑤ 자신의 허물이나 취약한 부분을 말해서 고쳐가야 한다.

이와 같이 스승과 제자 사이에 해야 할 도리를 다하게 되면 남방
을 잘 보위하여 온정이 넘치는 사회를 만들어 가는데 크게 기여하
게 된다.

스승과 제자 사이가 원만하면 학문적으로 서로 통하거나 이어져 내
려오는 줄기나 가닥을 이루는 학맥(學脈)을 형성하여 인류사회에 크게
공헌한 사례들을 들어 우리의 생활에 본보기로 삼고자 한다.

그 좋은 예로 '양명학파'를 들 수 있다.

왕양명은(1472~1529, 중국 절강성 항주 출신) 중국 명나라 때 철학자이
자 관리로 당대 대학자인 왕천서의 손자로 어린 시절부터 조부님의 가
르침을 받았으며, 그 후 심성론(心性論)을 연구하여 동아시아 여러 나
라의 철학사상에 깊은 영향을 미쳤다. 그는 선악을 구분할 줄 아는
마음인 양지(良知)가 바로 세상의 올바른 이치인 천리(天理)라고 하는
그의 주장은 그 후 성리학자 주희의 주장과 정면으로 대립되는 논리

를 제시했었다.

12세기에 활발한 성리학자 주희(朱熹)의 주장은 "각각의 사물에 그 이치가 있다."라는 주장이었으며, 왕양명은 선악을 구분할 줄 아는 인간의 마음인 양지(良知)가 바로 세상의 올바른 이치인 천리(天理)라고 하는 심성론(心性論)을 주장하였다.

그가 주장한 심성론은 전통적인 유교사상의 성리학에 학문적 개혁을 요구하게 됨으로써 그를 따르는 학풍이 조성되어 그의 이름을 따서 '양명학파'가 형성되었고, 그의 사상은 오늘날까지도 크게 영향을 미치고 있다. 이러한 학파의 형성도 스승과 제자 사이의 돈독한 인간관계에서 비롯된 것이라고 할 수 있다. 그리고 너무나 잘 알려진 『논어』가 그 대표적인 사례로, 바로 그 유명한 『논어』가 공자님과 그의 제자들과의 돈독한 인간관계에서 일어난 결과물이기도 하다. 이러한 사제간의 힘은 남방만이 아닌 육방에도 그 영향을 미쳐 온 세상을 따뜻하게 비추어 주고 있다는 점을 간과해서는 안 된다.

부처님이 육방(六方)을 끌어들여 이야기하고 있는 것에 대해 여러분은 어떻게 생각하고 계시는지요? 그러면 여러분의 지혜를 동원해서 함께 생각해 보기로 한다. 먼저 육방은 허공의 세계이면서도 우주의 운행에 절대적인 힘을 가지고 있다. 허공의 공간세계가 만물의 생살여탈권(生殺與奪權)까지 가지고 있다는 점을 고려하면, 눈에 보이지 않는 공간이 인간의 생명과 밀접한 관계를 맺고 있으면서도 단지 보이지 않을 뿐이다.

그러나 인류의 구도자인 부처님께서는 인간의 눈으로 보이지 않은 허공의 세계를 혜안으로 보고, 허공을 떠나서는 인간이 존재할 수 없다는 진리를 깨닫게 되었다.

바로 우주와 인간과의 관계원리를 터득하여 인간생활의 규범으로 만들어 놓은 자연법칙에서 얻어낸 진리의 가르침임이 분명하다. 바로 인간은 자연의 법칙을 따르지 않으면 살 수 없기 때문에, 허공이 지닌 육방의 근본원리를 인간생활의 가치로 전환해 놓았다.

부처님께서는 자연과 인간과의 불가분성이라는 필연의 법칙에 따라, 인간과 인간 간의 불가분성이라는 법칙을 끌어들여 세상사를 혜안으로 관조하였다. 그것은 불가분이라는 관계의 법칙인 인간관계에서 실천해야 할 도리를 자세히 설명해 놓은 좋은 사례이기도 하다.

그 육방의 인간관계는 부모와 자식 사이의 관계요, 스승과 제자와의 관계요, 남편과 처자와의 관계요, 붕우나 친족과의 관계요, 주인과 비복간의 관계요, 승려나 도사(道士)와의 인간관계를 육방에 비유하였으니, 마치 인간이 육방을 떠나 살 수 없는 것처럼 이들과의 관계를 떠나서 살 수 없다는 것에 대한 진리의 가르침이다.

따라서 그들과 인간관계를 소중히 여기고 존경하는 마음의 자세로 차분하게 실행하게 되면 스스로 마음이 편안해지면서 안정되고 행복한 생활을 할 수 있게 된다. 자기를 중심으로 자신을 둘러싸고 있는 가까운 부모와 자식·스승과 제자·남편과 처자·친구와 친족·상사와 부하직원·승려나 성직자와 나와의 관계에서 생기는 힘의 작용관계 결과가 인생을 좌우한다는 의미를 갖고 있다. 이와 같은 육방에 감사하며 존경을 표하는 인사는 영원히 계속되어야 하고 그 인사가 계속되면 더러운 마음이 자리 잡지 못하게 되니 바로 그것이 세심(洗心)의 길(道)이 아니겠는가.

3. 미·추(美·醜)의 다스림

　어느 철학자의 편지에 다음과 같은 문구를 본 기억이 떠오른다. 인간의 삶이 무엇이냐고 묻는다면 느낌이요, 생각이요, 사랑이라고 하였다. 느낌, 생각, 사랑은 인간의 만남이라는 생활 속에서 이루어진다.

　사회생활이란 인간이 서로 모여서 공동체를 이루고 있기에 서로의 만남 그 자체가 삶의 실제이다. 인간은 사람이나 자연환경이나 사물을 대하지 않을 수 없으며, 서로 접촉하고 대하다 보면 상대적으로 미운 것보다 예쁜 것을, 나쁜 것보다 더 좋은 것을, 추한 것보다 더 아름다운 것을, 어리석은 사람보다는 현명한 사람을, 비인격적인 것보다 인격적인 사람을, 못사는 사람보다는 부유한 사람을 더 좋아하여 마음과 정신이 한쪽으로 치우치면서 사회적인 형평성은 균형감각을 잃어가게 되고 그렇게 되면 사회적 일체감을 상실하게 된다. 그러나 인간사회는 아름다움과 더러운 것이, 성스러운 생활과 속(俗)된 생활이, 선(善)한 일과 악(惡)한 일이, 어진 사람과 어리석은 사람이, 잘난 사람과 못난 사람이, 좋은 물건과 짝퉁 물건이, 명품과 보통상품이, 경관이 수려한 곳과 일반 들판이, 살기 좋은 곳과 살고 싶지 않은 곳이, 깨끗한 물과 더러운 물이, 깨끗한 것과 더러운 것이 둘이 아니고 양자가 공존하고 있다는 진리를 당연히 수용하면서 살아가야 한다. 위에서 언급한 전자가 나쁘다는 것이 아니고 후자를 무시하거나 없이 여기는 것은 이 법을 모르는 무식한 처사가 아닐 수 없다.

이 지구상에 존재하는 많은 나라 가운데 교도소가 없는 나라를 들어 본 적이 없다. 교도소가 수형자로 가득하면 위에서 언급했던 전자만을 탐내는 사람이 그만큼 많았다는 것을 의미하고, 수형자들이 없을 정도로 교도소가 거의 비어 있다면 선을 추구하려는 사람들이 일반화되어 있다는 것으로 이해해야 한다. 만약 교도소가 없다면 죄인이 하나도 없다는 것이고 죄인이 하나도 없다는 것은 후자가 없는 사회라는 말인데, 이런 사회는 이상일 뿐이지 사실상 실현하기 어려운 일이다. 부모와 자식 사이에도 부모에게 효도하는 자식만 자식이고 불효하는 자식은 자식이 아니라고 할 수 없으며, 스승과 제자 사이에도 공부 잘한 제자만을 아끼고 사랑하며 공부를 못한 제자들은 사람 취급도 하지 않는다면 그것은 있을 수 없는 일일 뿐만 아니라 이치에도 어긋난 일이다. 마음속으로는 예쁘고 미운 것을, 아름답고 추한 것을, 어질고 어리석은 것을, 잘한 것과 잘못한 것을 구별하되 밉다, 추하다, 어리석다고 생각했던 마음을 밖으로 표출하지 않아야 한다. 만약 더럽다, 못생겼다, 어리석다, 내가 가장 싫어하는 것이다, 비 인격자다는 등의 속내의 마음을 말로 표현하거나 안색으로 나타내면 사람과 사람 사이가 멀어지게 되고, 사람과 그 물건과의 관계도 거리가 생기게 되는 법이다. 너무나도 당연한 일을 다 그런 것이려니 하고 마음만 먹고 있어야지, 밖으로 나타낸다고 해서 좋아지거나 예뻐지는 것이 아니고 오히려 서로 사이만 멀어지게 되는 세상사는 이치이다. 다시 말하면, 인간사회는 선과 악(善·惡)이 아름다움과 추함(美·醜)이 성스러운 생활(聖)과 속된 생활(俗)이 함께 하고 있어서 어느 한 쪽을 줄이거나 약화시킬 수는 있지만 없앨 수는 없다는 것이 자연의 섭리인데, 양자를 비교하여 표출하는 것은 양화가 악화를 구축하는 것이 아닌 양화와 악화의 사이가 벌어져서 양자 사이에 괴리가 더욱 커지게 된다.

양극단을 잘 다스리는 사람이 처세에 능한 사람이며 인격자로 중용의 가치를 터득한 지혜로운 사람이다. 다음과 같은 두 분의 선생님이 있다는 가정에서 두 선생님의 교육방법을 통해 중용의 가치가 무엇인가를 생각해보기로 하자.

'갑'이라는 교사는 자기가 맡고 있는 학급의 성적이 떨어지면 그 이유를 자신이 잘못해서 이런 결과가 나온 것으로 알고 선생님은 방과 후에 교실에서 자기 반 학생들과 함께 자신이 스스로 공부를 한다. 그리고 틈을 내서 성적이 불안정한 학생들을 상대로 그 원인을 알아 해결함으로써 학급에 면학분위기를 조성하는 선생님이 있는가 하면, 반면에 '을'이라는 선생님은 학급성적이 떨어진 이유를 학생들의 태만에 돌리고 매월 말 성적이 꼴등인 학생을 불러 학급에 성적이 떨어진 원인이 그 학생에게 있다고 지적하고 인격적으로 감당하기 어려운 말을 해서 그 학생은 마음에 상처를 입고 학교를 그만두게 되는 경우를 가정해 보자. 자기의 책임을 학생에게만 돌린다면 교사와 학생은 서로 불협화음이 일어나게 되는 것은 당연하다. 만약의 경우 '을'이라는 선생님이 월말시헌 결과를 이러한 방식으로 학생들과 상담을 하다 보면 일 년이면 12명의 학생이 자퇴하거나 심지어는 목숨을 끊는 일까지도 생길 수 있으며, 3년이 지나면 36명의 학생이 학교를 떠난다는 계산이 나온다. '갑'이라는 선생님은 졸업할 때 한 명의 낙오자 없이 전원 졸업을 하게 되는 영광을 갖게 되어 그대로 그 학교에서 근무하게 되지만, '을'이라는 선생님은 졸업생이 없으니 선생이 그 학교에 남아 있어야 할 명분을 잃게 되지 않겠는가. 그렇게 되면 그 선생님의 처지는 다시 되돌릴 수 없는 상황에 놓이게 될 것이니 그때에 후회한들 무슨 소용이 있겠는가.

일등 학생이 있는 곳에는 꼴등 학생이 반드시 있는 법이거늘 일등 학생에게만 관심을 갖고 예뻐하며, 꼴등 학생에게 관심을 갖지 않아 학습의욕을 잃고 학교를 떠나려는 학생이 있었다면 이것도 자신의 잘못이 아니고 학생의 잘못이라고 할 수 있겠는가. 이러한 일은 있어서도 안 되는 일이고 있을 수도 없는 일인 것은 분명하다. 다만 선생님이 일등과 꼴등을 마음으로만 분명하게 알고 있으면서도 겉으로 말을 하거나 내색을 보이면 모든 사람이 자기로부터 멀어지게 되고 그렇게 되면 노후생활은 외로움으로 고통을 받게 된다는 말이다. 인생을 살아가면서 '갑'이라는 교사와 같이 모든 문제의 원인을 자신에게서 찾으려는 사람이 있는가 하면, '을'과 같이 타인에게만 문제가 있다고 보는 사람도 있다. 그러나 모든 문제를 쉽게 풀어가기 위해서는 그 원인을 타인이 아닌 자기에게 돌려 해결 방법을 모색하는 것이 바람직할 뿐만 아니라 원만한 인간관계를 유지할 수 있다.

이러한 아픔과 고통은 꼴등 없는 일등만을, 더러운 것이 없는 깨끗한 것만을, 짧은 것이 아닌 긴 것만을, 못생긴 것이 아닌 잘생긴 것만을, 네가 아닌 나만을 생각하는 것을 당연하게 여기고 살아간 사람의 노후생활에서 확인할 수 있는 일이다.

너와 나가 둘이면서 하나라고 하는 것을 마음으로 볼 수 있는 혜안을 갖고 살자는 말이다. 너와 내가 육체의 눈으로 보면 둘로 보이지만 마음의 눈으로 보면 둘이 아닌 하나로 볼 수 있음을 알아야 한다. 나와 너라는 용어의 개념은 사람이 편리하게 살기 위해서 만들어 놓는 것인데, 그것이 당연한 이치인 것으로 착각하면서 살고 있는 것이 문제를 일으키는 요체이다. 나와 너만의 개념만 그런 것이 아니고 양자의 뿌리가 하나이고 그 근본이 하나라는 것을 아는 것이 혜안(慧眼)으로 보는 능력이다.

위의 내용을 요약하면 다음의 문장의 말과 유사한 의미를 가지고 있다.

"호추심태명 측 물불계(好醜心太明 側 物不契)"

"현우심태명 측 인불친(賢愚心太明 側 人不親)"

"좋아하는 물건과 싫어하는 물건을 분명히 밝히면 그 물건과 가깝게 되지 않고, 어진 사람과 어리석은 사람을 분명히 밝히면 그 사람과 친하지 않고 멀어지게 된다." 마음속으로는 옳고 그름을 명확하게 알고 있되 말로 표현하거나 얼굴에 내색을 보이면 그 물건과도 멀어지고, 어리석은 사람과도 친함이 없으니 멀어지게 된다. 서로 사이가 멀어진다는 것은 내가 좋아하는 쪽으로 치우치게 되었음을 스스로 인정하고 내가 싫어하는 물건이나 사람도 다른 사람에게는 아주 소중하고 귀하다는 것을 이해하려는 노력이 있을 때, 어느 한 방향으로 편중되거나 편애하지 않게 되며, 그것이 인생의 지혜이기도 하다.

어리석은 사람이나 볼품없는 물건을 내가 싫어한다는 표현을 하지 않아도 내부분 사람이 증오하고 싫어하게 되는데 꼭 표현하는 것은 지혜롭지 못한 일이다.

그러면 다음과 같은 경우에 처했을 때, 즉 내가 싫어하는 물건이나 미워하거나 어리석은 사람을 대할 때 일어나는 마음과 내가 좋아하는 물건이나 친한 친구나 어진 사람을 대할 때 일어나는 마음을 아래와 같이 다스리고 바로 고쳐가야 한다.

■ 싫어하는 물건이나 상품을 대할 때 취해야 할 마음가짐

① 자기가 싫어하는 물건이나 상품은 꼭 필요한 사람이 있다는 것을 헤아려 소중하게 여기며, 좋지 않다는 말을 하거나 얼굴에 나타내면 안 된다.

② 내 마음에 꺼리는 물건이나 상품이라 할지라도 꼭 필요한 곳이나, 반드시 쓰일 곳이 있다는 점을 고려하여 소중히 여겨야 한다. 일상생활에서 자기의 관심 밖에 있는 아무런 쓸모가 없다고 여겼던 자갈이나 모래가 높은 건물을 지을 때 없어서는 안 될 아주 소중한 자료로 쓰이는 것을 모르는 사람은 아무도 없다. 길가에 널려 있는 쇠똥이나 말똥은 아무 쓸데없는 것으로 안중에도 두지 않았던 것이 농부에게는 소중한 퇴비로 쓰이며, 사막에서 생활하는 유목민에게는 아주 귀한 땔감이라는 것을 왜 모른단 말인가.

③ 내가 싫어하는 미물이나 동물도 소중하게 여기고 사랑스러운 마음으로 따뜻하게 대해야 한다. 그 미물이나 동물이 편안한 마음을 갖도록 미소로 대하여야 한다. 특히 동물이 새끼를 가져 몸이 무겁거나 출산을 해서 신경이 예민할 때는 가깝게 접근하는 것을 절대로 금해야 하고 오히려 보호해 주어야 한다. 마치 사람이 임신 중이거나 출산할 때와 똑같이 대해 주어야 한다.

④ 내가 싫어하고 내 입맛에 맞지 않는다고 하여 음식물을 마구 버리는 것을 삼가 해야 한다. 만약 이웃 사람이 주는 사소한 음식물이 입맛에 맞지 않을 때는 재활용 방법을 찾아 처리해야 한다. 한국 사람들이 즐기는 젓갈을 서양 사람들에게 주면 깜짝 놀란 표정을 볼 수 있다. 만약 중국 사람들이 부분적으로 즐기는 초두부를 한국인들에게 주면 그 냄새에 놀라지 않을 사람이 없는 것과 똑같은 입장이다.

내가 싫어하거나 관심 밖의 음식물이나 물건이 장소나 용도에 따라 절대적으로 필요한 곳이 있으며, 꼭 필요한 사람이 있다는 것을 잊지 않아야 한다.

이 세상에 있는 모든 존재물은 쓰지 못할 것이 하나도 없고, 필요하지 않은 것이 하나도 없어서 내가 싫어한다고 천하게 취급하는 것은 만물의 이치를 잘 모르는 어리석음을 들어내 보이는 일이다.

물건을 천하게 여긴 사람은 사람도 천하게 여기고, 물건을 귀하게 여긴 사람은 사람도 귀하게 여긴다는 말이 있다. 그래서 진정한 의미의 인격자는 만물의 소중함에 항상 감사하는 사람이기에, 인격을 갖춘 사람은 반드시 만물을 경애(敬愛)하게 되는 법이다. 다음은 좋아하는 물건을 대할 때 마음가짐이다.

■ 좋아하는 물건을 대할 때 취해야 할 마음가짐

① 자기가 아무리 좋아하는 물건이나 선물을 지인이나 친구로부터 받을 때는 반드시 예를 갖추어야 하며 필요 이상의 선물을 받는 것은 삼가해야 한다.

② 자연계에 있는 동식물이나 모든 존재물은 아무리 자기가 좋아하는 것이라 할지라도 그대로 두고 보호하면서 지켜주어야 한다. 자연계에 있는 모든 존재물은 자연 본래의 것으로 특정 개개인의 사유물이 아니고 우리 모두가 주인이고 관리자이기 때문이다.

③ 내가 좋아하는 물건이나 식량, 부식 등을 구입할 때도 필요 이상의 많은 양을 사들이는 것은 금해야 한다. 아무리 값이 싸고 좋아하는 물건이라도 필요 이상으로 구매하는 것은 타인들에게 절대로 도움이 되지 않을 뿐만 아니라, 오히려 가난한 사람들에게는 죄악을 범하는 것과 다르지 않기 때문이다.

④ 구입한 물건이나 상품을 사용할 때는 항상 감사한 마음으로 대하며, 그 물건은 최대한 활용해야 하고 소중하게 보관하여 관리한다.

영원한 인간관계

저 넓은 들판에 사는 야생마들이 자기네들의 안녕과 이익을 위해 서로 패를 갈라놓고, 더 넓고 더 많은 터전을 차지하기 위해 헤게모니 쟁탈전이 벌어지고 있는 동안, 그들의 발굽에 짓밟혀 죽어가면서 목숨만 살려달라고 절규하는 개구리, 두더지, 땅강아지와 같은 미물들의 목소리를 외면한 채 자기네들의 밥그릇 싸움만 하는 야생마들이 왜 그리도 야속(野俗)한지 어찌 얄밉지 않겠는가.

만약 권력을 쥔 사람들이나 돈이 많은 사람들이 야생마들처럼, 배우지 못한 약자들이나 생활이 빈곤한 사람들의 삶을 염려하는 배려가 따르지 않는다면 어찌 야생마들과 다르지 않다고 하겠는가. 내가 벌어들인 돈은 자기의 정당한 노력의 결과에 따라 얻은 것으로 소중한 노력과 노동의 산물이기 때문에, 지출한 돈의 용도 역시 정당해야 하는 것은 너무나 당연한 것이다. 이와 같이 내 돈이라고 해서 부당하게 사용하거나, 내 물건이라고 해서 함부로 여기고 취급해서 보관이나 관리에 소홀한 것은 잘못된 일이다.

인간이 살다 보면 내가 좋아하는 것만 다 가지고 살 수 없으며, 내가 좋아하는 사람들만 상대하면서 살아갈 수 없는 것은 당연한 일이다. 그럼에도, 그러한 당연한 이치를 어기고 자기 마음에 맞는 사람만을 찾아 살려고 하는 것은 자기 자신이 가지고 있는 자기모순을 알지 못한 데 그 원인이 있다고 보아야 한다. 그러면 자기가 싫어하는 사람을 대할 때 취해야 할 마음가짐을 다음과 같이 정리해 본다.

■ 내가 싫어하는 사람을 대할 때 마음가짐

① 내가 싫어하는 사람을 대할 때 정중하면서도 최대한의 예의를 갖추

어야 한다. 그러한 마음의 자세와 언행은 상대방을 존중하는 것이고 그것이 그를 즐겁고 편안하게 해 줌으로써 서로 원만한 관계가 유지된다.

② 내가 싫어하는 사람의 입장이나 그가 처해 있는 현재 상황이나 환경을 이해하려고 노력해야 한다.

③ 내가 싫어하는 사람의 성장환경, 가정환경, 교육 정도와 같은 과거의 환경을 이해하려고 하는 마음가짐을 가져야 한다. ④ 내가 싫어하는 사람도 그의 부모가 가장 사랑하는 자식이며 그의 아내가 가장 사랑하는 사람이란 것을 늘 생각하여야 한다. ⑤ 내가 싫어하는 사람도 내 친한 친구들과 끈끈한 인간관계를 맺고 있다는 것을 늘 생각해야 한다.

내가 싫어한 그 사람도 장점이나 단점을 가지고 있으며, 그를 가장 싫어하는 자기 자신도 장점과 단점을 가지고 있으니 내가 싫어했던 그 사람과 서로 다르지 않다는 것을 깨달아야 한다. 그렇다면 남의 행동을 고치기보다는 오히려 내 마음을 고쳐가는 것이 더 쉬운 일이고 바람직한 일이라고 생각해야 한다.

같은 나무라고 해도 기둥감이나 대들보로 쓰일 나무가 있는가 하면 어떤 것은 서까래나 다른 용도로 쓰이고 나머지 잔가지나 나뭇잎은 땔감으로 쓰다 보면 하나도 버릴 짓 없는 것이 사실이지 않던가. 또 오동나무는 집을 지을 때는 전혀 쓸모가 없지만, 장롱이나 옷장을 만들 때는 그를 당해낼 나무가 없다. 상수리나무도 그 성질이 너무나 강하고 단단해서 건축용 자재로는 전혀 쓸모가 없지만, 떡을 만들 때 사용하는 절굿공이로는 아주 적합하게 쓸 수 있듯이, 만물의 성질이 서로 다르기 때문이다. 이렇게 서로 성질이 다르지만 각기 효용성을 지니고 있듯이 사람도 그와 다르지 않기 때문에 서로 아끼고 존중해 줘야 한다.

■ 내가 좋아하는 사람을 대할 때 마음가짐

① 친한 친구나 좋아하는 사람일수록 더욱 언행에 예를 갖추어야 하며, 무례한 일은 절대로 금해야 한다. 오랜만에 만난 친구를 반갑다고 하여 예의에 어긋난 언행을 하는 것은 가장 존중하고 아껴주어야 할 친구를 무시하는 처사로 비추어지게 되면 서로 사이에 틈이 생기거나 오해가 생기게 된다.

② 친구를 대할 때는 순수한 마음가짐을 가져야 하며 정직하고 솔직하게 대해야 한다.

③ 친한 친구일수록 금전거래는 자제해야 하며 가능한 한 안 하는 것이 서로를 위하는 일이다. 모든 사람과의 돈거래는 그 결과가 친구 사이는 물론이고 인간관계에 도움이 되지 않아서 삼가야 하고 부득이한 경우에는 받을 생각을 하지 않고 도와준다는 마음으로 그냥 주는 것이 오히려 우정을 돈독하게 하는 길이다.

④ 내가 좋아하는 사람이나 친한 친구의 아픔과 고통을 나누어 가지려는 노력이 있어야 한다.

⑤ 친구나 좋아하는 사람에게 도움이 되는 일이 있다면, 친구가 부탁하기 전에 내가 할 일을 스스로 찾아서 도와주어야 한다.

자기가 상대하는 사람이 좋은 사람 혹은 나쁜 사람이라고 생각하는 것은 있을 수 있는 일이지만, 그 생각이 옳다고 믿고 있는 것은 신중한 사람이 취할 태도는 아니다. 만물도 고정 불변하는 것이 없는 것이 이치일진대, 자기의 판단만을 믿고 그 생각에 빠져서 영원히 나쁜 사람으로 각인되어 있다면 그것이야말로 불합리한 일이 아닐 수 없다.

내가 좋아하는 사람과 싫어하는 사람을 대할 때 각각 5가지 마음가짐을 설명했듯이, 예의로 대하며, 친절과 사랑으로 대하며, 이해와 관용으로 대하며, 서로 보이지 않은 관계를 맺고 있다는 내용을 마음에 새겨야 한다. 이러한 내용은 마음의 눈으로 보면 헤아릴 수 있는 자연의 이치에서 터득한 진리인 것이기에 반드시 순응하는 것이 당연한 일이다.

증오하고 싫어하는 마음을 지우기 어려우면 어려울수록 증오하는 마음에서 일어나는 번뇌는 상대방이 아닌 자기 자신에게 아픔과 고통을 주어 종국에는 건강을 해치게 할 수도 있다. 너를 미워하면 그 미워하는 마음이 너에게 가지 않고 증오심을 가진 나에게 그 결과가 돌아온다는 것을 아는 지혜를 가지고 살아가야 한다.

공자는 『논어』의 「술이(述而)편」에서 다음과 같은 내용의 글을 담고 있다.

"도에 뜻을 두고, 덕에 근거하며, 인에 의지하고, 예술 또는 재주로 노닐어야 한다."라고 하였다.

子曰 志於道 據於德 依於仁 遊於藝

모양이 보이지 않는 마음이 흔들리면 불안하고 불안하면 심기가 편치 않아 하는 일이 제대로 되지 않지만, 마음이 안정되면 모든 일은 물이 흐르듯 순조롭게 풀려가는 법이다. 마음의 안정을 찾으려면 먼저 도(道)에 뜻을 두고 도만을 마음속으로 생각하면서 도를 어떻게 따를 것인가를 궁리해야 한다. 다음으로 도를 따르기로 마음에 결정을 했으면 자신이 자의로 결정한 증오심을 버리고 도를 따르겠다는 다짐을 제이 제삼 확인하고 또 확인한다. 자신이 자의대로 결정한 증오심을 버리고 도를 따르겠다는 결심은 덕인이 될 수 있다는 믿음에 근거를 두어야 한다. 그 덕행은 만물을 살아가게 하는 사랑에 의지를 하게 되니, 끼나 재주로 즐겁게 놀면서 살아가야 한다는 가르침이다.

증오하는 마음은 분명코 도(道)가 아니고 도의 방해꾼이다. 하지만, 이러한 방해꾼이 없으면 도의 존재가치는 줄어들 것이 분명하다. 그래서 도(道)는 그 성질이 물이 흘러가듯 막히지 않고 흘러가는 것이 본래의 성질이다.

혜능 육조 스님은 『돈황본 육조단경』에서 도(道)를 다음과 같이 말하였다.

"도는 모름지기 모든 것에 통하여 흘러가야 한다. 어찌 도리어 정체할 것인가? 마음이 머물러 있지 않으면, 곧 통하여 흐르는 것이요, 즉 마음이 머물러 있으면 곧 속박되는 것이니라."

道須順　通流니 何以却滯리오 心不住在하면 卽　通流니 住卽被縛

사사로운 감정이나 사심은 의지할 곳이 없으니 도가 아니어서, 도에다 뜻을 두고 따르면 순리대로 통해 흘러가는 것이니, 어찌 머물러 정체하고 있겠는가? 마음이 한곳에 머물러 있지 않으면, 통하여 흘러가지만, 마음이 한곳에 머물러 있게 되면(집착) 그 마음으로 인하여 속박을 당하게 된다. 이 말이 의미한 바는 도는 통하지 않는 것이 없이 모든 것에서 통해 흘러가는 것인데, 도가 아닌 것이 마음에 잠재해 있으면 그것이 바로 병이 되거나 화의 근원이 될 수 있으니 마음은 오로지 도(道)만을 믿고 의지하며 살아야 한다는 고귀한 가르침이다.

인간관계의 덕을 이해하기 위하여 덕은 어떻게 해서 생겨나며, 덕행을 하려면 마음에 때를 어떻게 씻어낼 것이며, 아름답고 더러운 것과 현명한 사람과 어리석은 사람을 대할 때의 마음가짐과 태도에 대한 유의사항을 언급하였다.

인간관계가 좋지 못한 것은 성질이 나빠서, 배움이 부족해서, 가정 교육이 잘못되어, 교우관계가 좋지 않아서라고 하는 등의 그러한 이유보다는 다양한 환경에 적응하는 법이 바로 내가 살아가는 길이라는 것을 마음속에 깊이 새기고 살아가야 한다. 환경에 적응한다는 것은 바로 자연의 섭리인 원칙과 원리에 따라야 한다는 마음에 깨달음이 있어야 한다. 자연의 이치가 바로 인간생활의 진정한 이치이기에 우리는 그것을 진리라고 이름을 붙여 놓았기 때문에, 바로 그것을 의지하며 그것대로 따라 살아야 한다는 것을 신념화하고 행하여야 한다.

우리가 자주 사용하는 말 가운데 그 사람 정말 처세를 너무나 잘한 친구야, 또는 분명한 친구이지. 라는 그런 말은 되새겨 볼만한 가치가 있는 말인 것 같다. 어떠한 친구이든지 관계치 않고 누구에게나 똑같이 대해주는 정직한 친구가 있다고 가정해 보자. 분명한 친구나 처세를 잘하는 그 친구가 없는 자리에서 그 친구에 대하여 이야기하는 것을 들어보면, 친구들의 대화분위기는 항상 신중하게 말하는 것을 느낄 수 있다. 그것은 화제의 주인공인 '처세 잘한 그 분명한 친구'를 모든 친구가 신뢰하고 있기 때문이며, 그 신뢰는 그 친구가 정직하고 바르게 살아와서 모든 친구들의 마음을 껴안고 있음을 보여주는 증거이기도 하다. 신뢰는 진실과 진리가 하나가 되어 자유롭게 노니는 가운데 쌓인 보배 덩어리로 생각해야 한다.

분명이 그 처세를 잘하는 친구는 어떤 원칙을 가지고 인간관계를 소중하고 정중하게 해 왔음이 분명하다. 그 친구는 하늘의 도(道)를 원칙으로 삼고 의(義)를 행하고 의로운 일을 할 때는 반드시 예(禮)가 따라 행동으로 나타내어 타인의 귀감이 되어온 사람이다. 도리(道理) 는 본래부터 만물이 서로 간에 껴안아 주는 상보(相補)하는 마음을 가지고 있어서 인간의 예(禮)도 반드시 존경하는 마음이 밑바탕에 깔려 있어야 한다. 그래서 예의범절에는 존경하는 마음과 예의라는 행실이 함께 해야 한다. 원만한 인간관계는 존경심이나 사랑하는 마음으로 도리에 어긋나지 않는 예의를 다 갖출 때 돈독한 인간관계가 성립되는 것으로 보아야 한다. 존경심과 사랑하는 마음은 진정한 의미의 평등심을 의미한다. 원만한 인간관계의 본말(本末)은 나와 너를 하나로 보는 진정한 의미의 평등심에 달려 있다고 보아야 한다.

3장

경(敬)과 예(禮)의 융화(融和)

경(敬)과 예(禮)의 융화(融和)

우리는 일상에서 하늘과 땅을, 정신계와 물질계를, 이상과 현실을, 도리와 행실을, 선령(先靈)의 추모와 제사를, 예수님을 존경하는 마음과 예수의 상에 경배(敬拜)를, 성모마리아님을 존경하는 마음과 성모마리아 상에 경배(敬拜)를, 석가모니 부처님을 존경하는 마음과 불상에 경배(敬拜)를, 상호 간에 각각 전자만을 생각해보면 형상이 없는 인간의 의식 속에 내재한 숭배해야 할 대상물들이다. 그래서 인간은 하늘을 무시하거나, 정신세계나 선조들의 영령들을 그리고 예수, 성모마리아, 부처를 무시하지 않고 존경의 대상이라서 모두가 그 앞에서 고개 숙여 경배를 올린다.

하늘과 땅이 같은 원리에 따라 움직여 주는 것이 천·지의 조화이자 서로 융화하는 것이요, 정신세계와 물질세계가 가능한 괴리를 좁혀가는 것이 융화요, 이상이라는 허공의 세계나 꿈같은 상상의 세계가 현실세계에 큰 괴리 없이 반영되어질 때 그것이 바로 조화(調和)이고 융화(融和)로 가는 길이다.

성현들의 가르침을 따르고 존경하는 마음이 마음으로만 남아 있고 행하지 않은 것은 융화가 아니다. 부처나 예수의 가르침을 존경하는 것은 좋은 일이지만 그 진리를 행하지 않고 마음으로 존경만 했을 뿐 실천이 따르지 않은 것은 아무런 의미가 없으며, 그것은 진리와 현실과의 융화가 아니다. 그분들의 가르침인 진리를 자신의 마음속에 새겨 그대로 실천하면, 그것이 상상 속의 예수님이나 부처님과 현실에서 자신과 하나가 되는 것과 다르지 않다. 그것이 바로 융화이다.

융화라고 함은 형상이 없는 비실체적 가치를 형상이 있는 실체적 가치로 바꾸어 놓을 때 일어나는 현상이 융화의 결정체라고 보아야 한다.

본 장에서 말하려고 하는 것도 바로 경(敬)과 예(禮)의 융화에 대하여 양자의 관계성을 설명하려고 한다.

경(敬)이라는 가치의 개념은 형이상적인 것이어서 상위(上位)가치는 될 수 있을지 몰라도, 자신의 생각으로는 아무리 상위가치라 하더라도 공경이라는 가치를 실현하지 못한다. 예의(禮儀)라고 하는 행위실체라는 공경의 가치를 받들어 따르면, 형이상적 경(敬)의 가치가 형이하적인 예(禮)와 조화를 이루게 되면서 바로 융화(融和)라는 보배를 얻게 된다. 모든 진리는 관계를 떠나서 존립할 수 없다는 그 사실을 신중하게 생각해야 한다. 그것은 바로 인간도 관계를 떠난 삶이란 있을 수 없다는 말이며, 물론 인간관계 속에서 질서가 무너지면 인간다운 생활을 할 수가 없다.

1. 예(禮)와 경(敬)의 관계

공경하는 마음은 자연계에서 모든 만물이 상보작용(相保作用)관계를 맺고 있다는 것을 통해서 공경심의 중요성과 필요성을 느낄 수가 있다. 산에 있는 수목은 하늘에서 내린 빗물을 받아 감추어 두었다가 잡초들과 함께 나누어 먹으면서 살아가고 있으며, 그 잡초들은 열매를 맺어 산에 사는 짐승과 날짐승의 먹이로 제공해주고 있다. 그들이 먹고 배설한 배설물들은 수목이나 잡초들에게 영양소가 되는 식량을 제공하고 있는 자연의 법칙을 보면, 서로 주고, 서로 받는 관계가 마치 약속이나 하듯 반복되고 있음을 알 수 있다. 이러한 주고받는 관계가 지속되는 것은 상호 생존에 필수적인 관계를 이루고 있기 때문이다.

만약 그들이 살아가는데 문제가 생기거나 어느 한쪽이 손해를 보게 되면 양자관계는 상보관계가 아닌 상극 현상이 일어나게 될 수도 있다. 그러나 생태계에 큰 변화가 보이지 않는 것은 그들 사이가 보완적 관계이고 생존에 협력자들이라고 보아야 한다.

이러한 생태계의 수수(授受)의 법칙은 주고받는 관계만이 아닌 받고 나서 다시 주는 관계를 맺고 있음을 알 수 있다. 이러한 자연계의 현상은 모든 존재물들이 공존(共存)의 가치를 공유하면서 어느 일방이 더 이익을 보거나 손해를 보지 않는 형평성의 원리에 따라 생존하고 있기 때문이다. 그렇다면 인간은 본래 우주라는 큰집의 가르침인 공존의 가치를 따라 행하여야 하는 것은 당연한 일이다.

영원한 인간관계

공존하기 위해서는 인류가 함께 살아나가야 한다는 공존의식(共存意識)이 개인적으로나 사회적으로 확산되어 있어야 한다. 공존의식은 평화공존(平和共存) 하자는 것이고 모두가 평화로운 삶을 살면 바로 그것이 공존공영(共存共榮)의 길로 나아가게 된다.

인간의 공존적 가치는 모든 구성원이 다 함께 공유함으로써 공존공영의 길을 택할 수밖에 없는 것으로써 인간생활에 필수불가결한 요소라고 할 수 있다. 이러한 인간생활에 절대적 가치인 공존의식의 밑바탕에는 모든 만물을 공경하는 경사상(敬思想)이 깔려있다는 것을 절대로 간과해서는 안 된다. 특히 인간사회에서 서로 존경함이 없는 사회는 무질서와 불신이 판치는 후진사회이고, 존경함으로 넘쳐나는 사회는 질서와 신뢰가 보장되는 선진사회임은 모두가 공감하는 바이다.

『논어』의 「안연(顔淵)편」에 이르기를 예가 아니거든 보지도 말고, 예가 아니거든 듣지도 말고, 예가 아니거든 말하지도 말고, 예가 아니거든 같이 행동하지 말라고 하였다(非禮勿視聽言動).

진정으로 자기를 위하는 위기(爲己)란 참된 자아를 발견하는 일이다. 진실한 자기란 바로 천리(天理)이며, 천리는 예(禮)에 어긋나지 않음을 뜻한다. 따라서 합당하게 보고 듣고 말하고 행동하는 것이 참된 자기를 완성시키는 것이며 자기를 위하는 길이다. 참된 자아를 아는 사람은 예(禮)를 아는 사람이기 때문에 공존적 가치와 사회윤리를 따라 행하며 존중하게 된다.

마치 공존이라는 것은 독존(獨存)의 반대되는 말로 서로 간의 상대나 어떤 대상이 있어야 공존의 가치가 성립되듯이, 공경이라는 것도 대상이 없거나 상대가 없는 경(敬)의 가치는 아무런 의미가 없다. 경(敬)이 상위개념이라고 한다면 이 개념을 실현시켜주어야 할 하위개념은 예절(禮節)이라고 할 수 있다. '공경'이라는 용어를 회사의 사훈(社訓)이라고 했을 때 그 사훈을 실천해야 할 사원들이 각자 맡고 있는 일을 충실하게 이행하는 것을 '예절'에 비유하였다. 회사의 사훈이 공경이요 회사직원들이 지켜야 할 방침이 예절이라고 가정할 때, 회사운영 방침인 사훈과 직원들과 관계가 불가분의 관계이듯이 '공경'과 '예절'과의 관계도 불가분의 관계에 있다.

사실 공경의 정신을 잘 받들어 따라 현실생활에 실천하는 행동으로 예절(禮節)이 나타나는 것은 양자의 일치를 위한 조화에서 비롯된 것으로, 이 조화(調和)는 바로 융화(融和)에 의한 것이며, 이 융화는 인본주의를 살리는 토양이라고 할 수 있다. 만약 공경(恭敬)이라는 가치가 모든 사람의 존엄에 대한 가치를 제일 으뜸으로 생각하고, 사람이 세계의 주인이라는 사람중심의 생각에 뿌리를 둔 인본주의(人本主義: Humanism) 사상과 관계를 맺지 못한다면 인본주의 실현은 생각조차도 할 수 없는 일이기 때문이다.

이와 같이 인간의 존엄성도 인본주의도 공경의 가치가 빠진 인본주의란 존재할 수 없다는 것은 너무나도 분명한 사실임에 틀림이 없다. 만약 예절(禮節)이 없는 공경(恭敬)은 존재가치를 잃게 되며, 공경(恭敬)이 없는 인본주의(人本主義)도 의지할 곳이 없게 되며, 인본주의 없는 민주주의(民主主義)도 실현 불가능한 일이니 우리 인간은 무엇을 의지하며 무슨 재미로 살아가야 하겠는가.

공경(恭敬)은 예절(禮節)이 받들어 모시고 살아야 한다. 마치 공경의 가치를 하늘처럼 받들어 사람이 행하는 것이 바로 예절이기 때문에 공경의 대상도 사람이며 예의의 주체도 사람이다. 그러면 예절의 의미부터 알아보기로 하자. 예절(禮節)은 일상생활에서 사람이 갖추어야

영원한 인간관계

할 모든 예의와 절차를 말하는 예의범절(禮儀凡節)을 줄여서 하는 말이다. 여기 나오는 범절(凡節)이라는 말은 법도에 맞는 모든 질서나 절차를 의미하는 뜻을 가지고 있다. 그렇다면 예의범절(禮儀凡節)은 일상생활에서 사람이 갖추어야 할 모든 예의와 절차가 법도에 맞게 이루어져야 한다는 뜻이다.

북한에서는 범절(凡節)이란 말을 많이 사용하고 있다고 한다. 북한에서 사용하는 언행범절(言行凡節)이란 말과 행동을 하는 데 있어 사람들 사이에 지켜야 할 모든 질서와 규범이라고 하며, 가사범절(家事凡節)은 가정에서 지켜야 할 규범과 알아야 할 집안일이라고 되어 있다.

우리말에도 인사범절(人事凡節)이라는 말을 사용하고 있는데, 여기서 말하는 인사범절(人事凡節)은 인사법의 질서나 절차로 인사하는 방법, 차례나 순서 그리고 절차를 말한다. 또 집안 살림을 하는데도 집안 살림살이의 모든 질서나 절차인 내정범절(內政凡節)이 있었다고 전해오고 있다. 뿐만 아니라 초종범절(初終凡節)이라고 하여 초상을 치르는 것에 관한 모든 절차가 있어 그 절차에 따라 행하는 것을 의미한다.

예의범절은 공경의 가치를 실현하기 위하여 일상생활에서 사람이 갖추어야 할 모든 예의와 절차를 법도에 따라 실행하는 행위규범이자 실천규범이다. 현대에 살고 있는 우리들이 옛날과 같은 예의범절을 다 갖추면서 산다는 것은 아주 어려울 뿐 아니라 그렇게 살아야 한다고 하는 말도 물론 아니다. 공경과 존경을 나타내는 것이 옛날처럼 너무나 지나칠 정도의 절차와 순서가 꼭 필요하다고는 생각하지 않는다. 지나칠 정도의 까다로운 예의범절은 인간관계를 오히려 경직되게 할 뿐만 아니라 특히 절차의 까다로움은 일의 능률과 효율성을 떨어지게 하고 있어 비판의 대상이 되고 있는 것이 현실이다.

따라서 공경이나 존경이라는 경(敬)의 가치를 실현시키는데 실천적 가치인 예(禮)가 따라 행할 때, 경과 예는 명실상부(名實相符)한 융화의 가치를 나타내게 된다.

이 세상에서 크게 성공한 사람들이 인간관계의 불화(不和)를 극복하지 못하고 대성한 사람은 없다. 관계의 불화는 회사의 경영이나 개인 사이에 있어서도 물질적 이해관계나 영리추구에 목적을 두고 있기 때문에 바로 그것이 불화의 불씨로 변하게 된다. 영리를 앞세우는 경영자 대부분은 이익의 창출 없는 인본주의는 허무맹랑(虛無孟浪)한 말로 현실성이 없다고 한다. 그러나 인간관계가 잘못되었다고 하는 것은 조직의 질서가 무너진다는 말이고 질서가 무너지면 공권력이 개입해서 질서를 회복하려고 한다. 그러나 이것은 공권력이 개입할 문제가 아닌데도 회사 내의 문제를 사전에 해결하지 못하고 외부의 힘으로 해결하려고 한다면 문제의 원인을 인본(人本)이 아닌 영리(營利)에서 찾으려 한다는 비판에 대한 우려를 외면할 수만은 없는 일이다. 인본주의는 인권을 탄압하는 것이 아니고 언론의 자유와 집회의 자유가 보장되어야 하는 것이 당연하다. 인본주의는 인권을 존중하기 때문에 서로 존경해야 하며 그러려면 개인 간에는 예의를, 조직 내에서는 상호 질서와 경의(敬意)로써 대해야 한다.

사회형성이 자연적으로 이루어진 것이라면 국가의 형성은 완전한 인위적인 조직체이다. 국가형성의 근본 목적이 국민의 생명과 재산을 보호하고 자유를 누리며 행복한 생활을 추구하기 위하는데 그 목적을 두고 있다면, 인권이 가장 존중되어야 하는 것은 지극히 당연한 일이지 않겠는가.

이제 세상을 떠난 IT의 천재 잡스가 자기 자신의 이익과 영달만을

영원한 인간관계

위해서 어린 시절부터 어려운 환경을 이겨내고 IT계에서 세계의 일인자가 되었을까? 하는 의문을 가져볼 수도 있다. 그는 태어나면서부터 양부모님 밑에서 오리건주 포틀랜드에 있는 리드대학교에서 철학을 공부하다가 1학년 때 자퇴를 한 후 온갖 고초를 겪으면서 젊은 시절을 보냈다고 한다. 그러나 그는 그러한 열악한 환경과 악조건 속에서도 사업에 대성한 CEO 중의 한 사람이기도 하다. 잡스는 1976년 스티브 워즈니악과 동업으로 애플 컴퓨터를 설립했다. 그는 그 후 애플을 떠나 넥스트사를 세웠으며, 그 후 컴퓨터 그래픽회사를 인수하여 그 이름을 픽사로 고쳐 10년간 헐리우드 최고의 애니맨션 회사로 키워냈다고 한다. 1997년 넥스트는 애플에 인수되었으며 그와 동시에 그는 애플로 돌아왔다. 그 해 7월 애플의 최고 경영자로 복귀하였으며, 1997년 10억 달러의 적자를 낸 애플을 한 해만에 4억 달러에 가까운 흑자를 내게 만들었다고 한다. 그는 자기가 만든 회사에서 밀려난 아픔을 겪으면서도 모든 난관을 이겨내고 회사로 복귀한 영광의 창조자라고 해도 지나치지 않을 만한 인물이다. 그는 자기가 설립한 회사에서 떠난 후 많은 고통을 감내하면서 다시 회사에 복귀했다는 것은 모든 구성원으로 하여금 공감대가 형성되었다는 점을 인정할 수가 있다. 그 공감대의 공통된 분모는 회사의 모든 직원들의 공익에 도움이 될 수 있을 거라는 확신에서 나온 결과임이 분명하다. 잡스가 경영의 일선에 CEO로 복귀함으로써 회사원들의 공익에 도움이 된다는 결론은 경영면에서 이익창출은 물론이고 사원들의 복지문제, 인권문제에도 큰 도움이 될 수 있다는 믿음 때문으로 보아야 한다.

세계적인 기업이 되기까지의 잡스의 공로는 먼저 문명의 이기(文明利器)를 제공해준 문명사에 길이 남을 인물이다. 그는 현대 기술문명에 의해 만들어진 편리한 생활수단이 되는 기구를 온 인류에게 제공해준 큰 공로자요, 다른 또 하나는 정신능력의 무한한 가능성과 도전정신의 위대함을 증명해주었다. 그의 창조적이고 도전정신의 대가를 그는 세상을 떠났지만, 인류가 영원히 누릴 수 있다는 점에서 위대한 인간이라고 해도 아무런 부족함이 없는 사람이었다.

잡스는 어느 대학에서 강연한 내용 중에 다음과 같은 말을 남겼다고 한다. 그는 대학생들에게 "Stay hungry, Stay foolish."이라는 말을 남기고 세상을 떠났다. 이 말은 인간이 자기의 꿈을 실현하기 위해서는 "끊임없이 갈망하고 끊임없이 우직스러움을 유지해야 한다."라는 말이다. 인류의 공익을 위해는 지속성, 항구성, 부단함, 끊임없는 투혼(Stay)으로 일을 하되 오직 그 길만을 보며 우직한 자세로 살아가야 한다고 학생들에게 당부했었다고 한다.

미국의 정치가인 벤저민 프랭클린도 "천재는 단지 인내하는 습관을 기른 사람일 뿐이다."라고 말한 것에도 알 수 있듯이, 인내나 끊임없는 투혼의 노력이 인류문명에 위업을 남기게 된다는 교훈을 확인해주고 있다.

2011년 10월 5일 향년 56세로 세상을 떠난 스티브 잡스의 사망은 애플사가 공식발표한 성명에 의해 알려졌으며, 그 내용은 다음과 같다.

"Apple은 명확한 비전과 크리에이티브를 지닌 천재를 잃었습니다. 그리고 세계는 정말 놀라웠던 한 사람을 잃었습니다. 스티브와 함께 일하는 행운을 누렸던 저희는 사랑하는 친구이자 늘 영감을 주는 멘토였던 그를 잃었습니다. 이제 스티브는 오직 그만이 만들 수 있었던 회사를 남기고 떠났으며, 그의 정신은 Apple의 근간이 되어 영원히 남을 것입니다." 이와 같은 스티브 잡스의 위대한 업적과 영향력으로 세간에 평판이 높아지자 그를 추종하는 사람들이 많이 늘어나면서 일부 그의 팬들은 예수를 빗대어 추켜세우기도 했다고 한다. 스티브 잡스의 이러한 위대한 업적이 나오는데 정신적인 토양이 된 것은 불교였다고 한다.

그는 장기간의 인도 히말라야 여행을 통해 불교를 더욱 깊게 공부했으며, 상당한 경지까지 올랐다는 이야기가 전해지고 있다. 잡스는 "이것(불교를 접한)이야 말로 내 인생의 가장 중요한 일 중 하나?"라고 말했다. 그가 개발한 아이팟 등의 단순한 디자인이 참선의 정신에서 비롯되었다는 이야기도 있으며, 그는 한때 회사가 어려워지자 출가하여 승려가 되려고 고민도 했었다고 한다. 그가 애플이란 회사명이나, 애플 제품의 매우 단순한 디자인, 사과농장, 선불교는 매우 큰 관계가 있다는 말을 했다고 한다.

왜 여기서 스티브 잡스의 이야기를 끌어들였을까 하는 의문이 들 것 같아서 그 이유를 설명하려고 한다. 그의 창조적 아이디어와 그것을 현실생활에 반영시킨 끊임없는 노력이 융화의 꽃을 피워 온 인류에게 큰 선물을 제공했다는 점을 높이 평가한 데서 그 이유를 들 수 있다. 잡스의 창의적 아이디어인 그의 발상은 가깝게는 애플사의 직원과 그의 가족들이며, 먼 안목으로는 인류를 위하는 존경심이 들어 있는 정신세계를 생각에 그치지 않고, 그 무형의 생각을 물질문명의 이기(利器)로 현실화시켜 놓았으니, 마치 이것은 인류를 위한 공경의 마음을 예(禮)로 받들어 모시는 것과 다를 바 없는 일이지 않는가. 잡스의 창의적 사고를 '경(敬)'이라고 한다면 아이폰4S나 아이패드(iPade2) 같은 제품은 예의(禮儀)로써 경(敬)을 받들어 모

3장_경(敬)과 예(禮)의 융화

시는 것과 다르지 않다. 더욱 놀라운 사실은 그가 고인이 되었지만, 사후 작품인 애플TV가 그의 생전에 남긴 마지막 유작(遺作)이 될 것이라고 한다. 그의 유작이 될 애플TV에 대해 잡스는 그의 전기에서 다음과 같은 내용이 발표된 것으로 볼 때 머지않아 통합 형태인 애플TV가 출시될 것으로 예상된다.

잡스는 통합된 형태의 TV를 만들고 싶다고 하면서, 아이클라우드와 함께 모든 전자기기와 별다른 장애 없이 동기화되고 가장 단순한 유저 인터페이스를 갖는 것으로, 나는 마침내 해냈다.

이러한 잡스의 불굴의 집념(執念)과 결코 일을 이루고자 하는 마음인 그의 의지(意志)가 인류문명을 더욱 빛나게 하였다.

이러한 사실을 통해서 형상이 아무것도 없는 것을 창의적 발상(發想)에 의해 그 발상을 현실세계의 형상을 갖춘 문명이기(文明利器)로 만들어 내어 인간생활을 유익하게 해주듯이, 일상생활 속에서 서로 존경하고 사랑하는 마음을 '예(禮)'로써 도리를 갖춤으로써 행복한 나날을 보낼 수 있다는 말이다. 창의적 발상과 부단한 노력이 조화를 이루어 걸작을 남기듯이, 존경과 사랑이란 아름다운 마음과 실천행이란 예의(禮意)가 조화(調和)를 이루는 것이 바로 덕행을 쌓아가는 삶이다. 잡스는 지행합일을 통해 인류문명에 위대한 선물을 남겼으니 그의 삶이야말로 생사를 초월한 영생하는 삶을 살아가게 될 것으로 확신한다.

2. 융화사상(融和思想)이란

진리가 이치에 어긋남이 없기에 불변성을 갖고 있듯이, 사람들이 인정하는 가치도 어떤 원리나 원칙에 합치되었을 때 진가(眞價)를 보여주게 되는 법이다.

인간 간에도 서로 배타적 성격을 가진 사람들이 상대방의 의견을 받아들이기는 그리 쉬운 일이 아니다. 그것은 배타성이라는 불합리성 때문에 의견의 일치를 이끌어 내기가 어렵다. 배타적인 성격을 가진 사람들의 대화는 언성만 높아져서 요란하기만 할 뿐 무의미하게 끝나게 되며, 그렇게 되면 그들은 서로 갈등과 반목으로 상종도 안 하려고 하는 경우가 많다. 그러나 남의 말에 귀를 활짝 열고 들으려고 하는 수용적인 마음자세를 가지고 있는 사람들 간의 대화는 쉽게 의견의 일치를 볼 수 있다. 그러한 대화는 상대를 배려하며 이해하려고 하기 때문에 조용한 분위기 속에서 마무리되어 인간관계도 더욱 돈독해지는 계기가 되기도 한다. 이러한 사람들의 사고방식이 상대를 이해하고 수용하려는 자연의 마음씨를 닮았기에 원만한 인간관계가 이루어지는 것은 너무나 당연한 일이라고 할 수 있다. 생각과 행동이 일치했을 때 인격자가 될 수 있듯이, 말과 행동도 원리와 원칙에 합치되었을 때 모든 사물이나 사람들과 조화를 이루게 된다. 바로 이것이 서로 어울려 갈등이 없이 화목하게 살아가는 융화(融和)의 길이다. 융화라는 것을 이해하기 위해서는 인간의 본성에 내재해 있는 사람의 성질을 알아야 한다. 그러기 위해서는 먼저 자신이 어떠한 존재인지 알고 스스로 내면화되어 있는 자신의 정체성(正體性)이 무엇인가도 알아야 한다. 자신을 알지 못하고 상대방의 성질이나 성품을 이해하면서 융화한다는 것은 극히 제한적일 수밖에 없는 일이다.

만물은 같은 원리에 의해 생겨난 것이며 서로 관계를 맺고 존재하고 있는 것이기에 인간의 태어남도 사람의 눈에는 각기 서로 다른 곳에서 태어나고 있는 것처럼 보이지만 그 시원은 하늘의 조화나 원리에서 찾아야 한다. 태초 인간의 씨를 하늘의 원리에서 찾고 있기 때문에 인간의 뿌리는 하늘이며 그 뿌리를 살려야 하는 것도 인간이 해야 할 일이다. 인간이 하늘을 아버지로 땅을 어머니로 생각하고 매사에 임한다면 인간이 어떻게 살아가야 하는지를 스스로 터득할 수 있는 길이 열리게 되는 법이다. 인간은 하늘로부터 무형의 많은 영양분을 공급받고 있으며 땅에서는 매일 먹을 식량과 온갖 먹을거리를 얻게 된다. 하늘과 땅은 아버지와 어머니처럼 둘이면서 하나인 부부관계와 같은 것으로 생각할 수 있다. 그래서 하늘과 땅은 둘이면서 하나인 부부지간이요 그 부부 사이에서 태어난 것이 인간이다. 천지의 부모님이 이 세상에 아들과 딸을 내리시어 인간의 생명을 이어가게 하려고 부부의 인연을 갖게 하여 가정과 사회를 이루게 한 것이다.

원래 근본의 이치(理致)가 하나인데 그 이치를 터득하지 못하고 사람이 하늘과 땅을, 아버지와 어머니를, 너와 나를, 자국인과 타국인을 조화시키지 못하고 갈라놓은 것이 문제의 발단이 되고 있는 것이 현실이다. 하늘과 땅이, 아버지와 어머니가 둘이면서 하나라고 하는 이치를 확실히 깨닫게 될 때, 천과 지의 개념, 너와 나의 개념, 생(生)과 멸(滅)의 개념인 이 모두가 둘이 아니고 하나라는 것을 깨닫게 되면 그것이 바로 융화사상의 원리라는 것을 쉽게 이해할 수 있다. 모두

영원한 인간관계

같은 것임을 아는 것이 본래의 실체를 깨닫게 해주는 지름길이다.

만약 하늘과 땅을 갈라두었다고 가정하면 하늘은 땅이, 땅은 하늘이 필요 없다는 말인데 그건 있을 수 없는 일이다. 땅은 하늘을 받들며 하늘에서 내려준 모든 것을 받아먹고 거기서 만물이 생멸을 반복하고 있는 곳이 바로 땅이지 않는가. 하늘 역시 땅이 없으면 의지할 곳이 없으며 하늘 혼자만으로는 공간에 불과할 뿐 제 구실을 할 수 없다. 즉 천(天)과 지(地)는 서로 떼어 놓을 수 없는 불가분의 관계이고, 이것을 천지의 조화라고 하며, 자연의 이치라고도 한다.

중국에 왕필(王弼)은 우주의 근본원리와 관련하여 유(有)와 무(無)를 일종의 본말(本末)이나 체용(體用)의 관계로 여겼다. 천지 만물의 운동과 변화의 근본이자 만물의 공동원칙인 무(無)와 만물의 표상이자 작용인 유(有)와 함께 동거하는 것을 진리로 보았다. 즉 본(本)과 체(體)를 만물의 근본과 원리로 보는 무위(無爲)로, 말(末)과 용(用)을 만물의 표상과 작용을 하는 유위(有爲)로 보고 양자의 조화 속에서 진리를 찾았다고 한다. 천지의 원리를 통해 본말과 체용(體用) 그리고 무위와 유위의 불가분성의 근거를 두고 있다는 점에서도 조화나 융화의 진리를 확인할 수 있다.

그러면 원효대사가 인간 간에 대립과 갈등을 없애고 어떻게 해서 평화로운 세상을 만들어 볼 것인가에 대한 문제를 제기하고 그에 대한 해답으로 내놓은 것이 바로 원화사상(圓化思想)이다. 원화사상의 또 다른 이름은 모든 논쟁을 화(和)로 바꾼다는 화쟁사상(和諍思想)이라고도 말한다. 그의 원화사상에 대하여 다음과 같은 내용이 전해져 오고 있다.

백성들이 갈망하고 있던 삼국통일을 어떻게 하면 되겠느냐는 질문에 대하여 원효대사는 "원융회통 회삼귀일(圓融會通 會三歸一)"이라고 답했다고 한다. 이 글의 내용은 "둥그러지면 모든 것이 통하므로 셋이 하나 되는 것도 둥글음에서 나온다."라는 뜻이다. 둥근 것은 통하지 않은 것이 없듯이 사람의 성격도 모나지 않고 원만하면 원만한 인간관계를 가질 수 있다. 모가 나지 않으려면 자신을 다른 사람들 앞에서 또는 사람들이 보이지 않는 곳에서도 내세우지 않아야 한다. 자신을 내세우는 것은 평등심과 배치되기 때문에 모가 생겨서 불화(不和)의 씨가 된다고 한다.

요즘 세상에는 재능이 뛰어난 사람들이나 개성의 시대라고 하여 톡톡 튀는 개성을 가진 사람이 인정을 받는 세상이라고 하여 원화(圓化)와는 무관한 것으로 생각하면 그것은 잘못된 착각이 아닐 수 없다. 만약 개성 만점인 톡톡 튀는 잘 나가고 있는 한 연예인이 있다고 가정했을 때, 그가 다른 동료 연예인들과 관계를 떠난 혼자만의 생활이란 불가능한 일인데, 그들과의 인간관계가 맺어지지 않을 때는 서로 통하는 것이 멈추게 되는 것은 당연한 일이다. 인기가 상승할수록 일상생활에서는 자신을 내세우지 않아야 한다. 그러나 연예인들이라면 공연장이나 촬영장에서는 마음껏 그 재능을 발휘해야 하고, 운동선수라면 연습장이나 경기에 임할 때는 최대한 실력을 보여주는 것이 대중과의 원화가 이루어지게 된다. 연예인이나 스포츠맨이 그들의 기량과 재능과 재주를 보여주는 것은 군중과 대중을 하나로 묶어준다는 의미에서 원화(圓化)라고 할 수 있다.

이와 같이 원효대사는 개인과 개인들 사이 든, 직장이나 국가든, 어느 조직이건 간에 둥글면 서로 모든 것이 통하게 되어 있는 것이 만고의 진리라는 것을 말해주고 있다.

영원한 인간관계

원만한 인간관계인 원화가 이루어지려면 서로의 주고받음이 없이는 불가능한 일이기에 서로가 주고받는 수수(授受)의 관계가 정당한 절차와 과정을 통해서 유지되어야 한다. 즉 먼저 주고 뒤에 받는 Give and take가 되어야지, 먼저 받고 나중에 주는 Take and give가 되는 그러한 방식은 관계성립에 비효율적이라고 할 수 있다. 즉 주는 것이 먼저 이루어져야 한다.

그러면 가정과 사회에서 인간관계는 어떻게 형성되어 있는가를 살펴보도록 하자.

가정에서 부모와 자식 사이는 종적인 관계이지만, 부부 사이는 횡적인 관계로 가정생활이 이루어지고 있다. 직장에서도 상사와 부하의 종적인 관계와 동료 사이의 횡적인 관계가 병행하여 존재한다. 사회의 어느 조직이건 이러한 종적·횡적인 관계들이 모여서 하나의 조직체를 구성하고 있으며, 그 조직체는 생활에 유익한 가치를 제공해준다. 이러한 관계로 구성되어 있는 조직체가 원활한 가동이 이루어지려면, 먼저 종적관계에서 먼저 주고 나서 받는 철저한 수수(授受)가 이루어지면, 횡적관계에서도 수수관계가 철저하게 이루어지게 된다. 마치 사회의 모든 조직체는 거미줄이나 실로 짠 천이나 그물이 짜진 것과 같이 반드시 종적이고 횡적인 관계로 구성되었을 때 강한 응집력이 생긴다는 것이 당연한 이치임을 깨달아야 한다.

종횡의 관계가 튼튼하면 조직체의 존립에 큰 문제가 없지만, 종횡의 관계가 무너지면 종과 횡이 서로 의지할 곳이 없어서 그 조직체는 무너지게 되는 법이다. 따라서 횡적인 관계도 종적인 기틀 위에 있을 때 조직체로써 완전한 모습을 갖추게 된다.

한국도 산업사회와 정보화 사회가 되면서 대부분 가정이 자연스럽

3장_경(敬)과 예(禮)의 융화

게 핵가족시대가 되어 버렸다. 이러한 환경에 처한 대부분 현대인은 부모보다는 처자식에게 더 관심을 가질 수밖에 없는 상황 속에서 부모와 자식들 사이에는 눈에 보이지 않는 갈등의 골이 깊어가고 있다. 만약 부득이한 형편으로 부모와 자식관계가 무너지는 경우가 일어난다면 수수관계를 따지기에 앞서 윤리적인 문제로 비난을 면치 못하게 된다. 부모를 공경하지 못하면서 자기 아내만 사랑한 사람은 당연히 비난을 받아 마땅하다.

부자간의 종적인 인간관계는 무시하고 부부 사이의 횡적인 인간관계에만 관심을 갖는 것은 이러한 종·횡의 법칙을 따르지 않았기 때문에 당연히 비난받아 마땅하다. 아내를 사랑하기에 앞서 부모를 공경하는 종적관계가 먼저 이루어져야 하는데 이러한 이치를 헤아리지 못했기 때문이다.

일반회사의 운영에서도 종적, 횡적인 조직운영에서 잘 주고 잘 받는 수수(授受)의 관계를 통해서 회사를 경영하면 그 조직체는 둥글둥글한(원만한) 조직의 질서를 이룰 수가 있으며, 이렇게 이루어진 원화(圓化)의 조직체는 어떠한 난관에 처하더라도 쉽게 헤쳐 나갈 수 있는 힘을 갖게 된다.

한국사회에서 흔히 볼 수 있는 사회문제로 대두되는 노사간의 갈등과 대립으로 회사 내의 문제가 사회문제로 확대되는 것을 종종 보아 왔다. 그것은 회사운영상의 문제였으며, 그 문제의 단골 메뉴로 제기된 것이 바로 경영의 투명성에 관한 것이었는데, 이것이 대부분 갈등의 원인이 되어왔던 것으로 밝혀지고 있다.

그러면 원효대사의 "원융회통 회삼귀일(圓融會通 會三歸一)"의 원리를 현실문제에 적용하여 생각해 보기로 하자.

영원한 인간관계

노사간의 분규가 계속되는 회사의 경우에 회사와 직원 간에 종적 관계가 어떻게 이루어지고 있는지에 대하여 먼저 그 내막을 살펴보아야 한다. 대부분 문제의 핵심은 회사에서 근로자들에게 주는 급여를 비롯한 각종 복지혜택에 대한 주고받는 수수관계(授受關係)가 원만치 못한 것으로 알려지고 있다. 회사에서는 줄 것을 제대로 잘 주고 근로자들은 잘 받고 열심히 일하면 갈등이 일어날 아무런 이유가 없을 것이다. 오히려 더 많은 고품질의 생산량을 위해 근로자와 사원들의 결속력은 회사를 단단한 반석 위에 올려놓게 될 것으로 믿는다. 그래서 회사의 창업주나 경영일선의 최고 책임자는 사훈(社訓)에 반드시 인본주의(人本主義)와 고품질의 생산량이라는 말이 반듯이 들어가 있어야 한다.

종적, 횡적 관계가 원만하여 모든 것이 통하여 세 개가 하나가 된다는 "원융회통 회삼귀일"이라는 원리를 적용하는 지혜를 갖게 되면 더 많은 생산량으로 더 많은 수익을 창출해 내게 된다. 그러나 이러한 노사간의 갈등을 해소하기 위해 대립관계가 때로는 조직을 활성화하거나 조직의 기능을 강화하는데 상승효과를 가져오는 순기능으로 작용하기도 한다. 그렇지만, 역사발전을 통해서 확인되었듯이, 대립과 투쟁의 반복을 통해 역사가 발전했다고 말한 헤겔의 변증법이나, 그 변증법 이론을 유물론(唯物論)에 접목시킨 마르크스의 유물변증법(唯物辨證法)이 이미 인류의 비판을 받고 실패하여 역사의 뒤안길로 사라지고 있는 것이 현실이다. 모든 조직체에서 대립관계가 장기화 되는 것은 바람직하지 못한 일이지만, 대립관계를 통한 조직질서의 개선이나 조직의 활성화는 그때의 상황과 사안에 따라 구사하는 것으로 전술과 같은 방편에 불과한 것이지, 그 조직의 흥망이 걸려 있는 존폐의 양 극단으로 몰고 가는 것은 공멸(共滅)로 가는 극히 위험한 일이니 꼭 경계해야 한다.

회사는 물론이고 모든 조직체가 계속되는 갈등과 대립 그리고 투쟁으로 인해 그 조직운영이 한계에 이르게 되고, 본래 회사설립목적에 어긋난다는 판단이 서면 회사의 문을 닫게 될 수밖에 없다. 그렇게 되면 마지막 남은 길은 공멸(共滅)의 길뿐이다. 노사 양자의 승(勝) 승(勝)법은 먼저 잘 주는 종적관계가 이루어지고 잘 받는 횡적관계가 성립되는 것이 바로 원효대사의 "원융회통"사상의 가르침인 것이다.

결국, 장구한 역사의 진전과 발전은 둥근 원(圓)의 모양을 갖고 있을 때 가장 바람직한 발전이라고 할 수 있다.

이러한 각종 조직생활에서 일어나는 구성원들의 행태(行態)는 각양각색으로 표출되는데, 그들의 조직생활에서 나타나는 언행이나 생활태도가 그들 가정생활에 크게 영향을 미치고 있다는 점에서 직장과 가정과의 밀접한 관계의 소중함을 절대로 잊어서는 안 된다.

인간의 성격형성과 행동은 유전적인 측면과 환경적인 요인에 의해서 크게 영향 받는다는 점을 고려하지 않을 수 없다. 성격형성에 크게 영향을 미치는 것은 가정환경이며 가정환경을 조성하는 절대적인 영향력을 가진 사람은 부모의 역할이라고 할 수 있다. 즐겁고 행복한 가정은 원만한 부부관계가 그 기초를 이루고 있어야 하는 것은 지극히 당연한 일이라 하겠다. 따라서 원만한 부부관계는 어떤 관계인가를 살펴보도록 하자.

가정도 원만한 부부관계가 성립되지 않고서는 정상적인 가정을 꾸려가기가 힘이 드는 것은 어쩌면 너무나 당연한 일이다. 원만한 부부관계라 함은 하늘과 땅의 관계와 같은 원리여서, 남편은 하늘의 역할을

영원한 인간관계

다해야 하고, 아내는 땅의 구실을 다하면 더 이상 기대할 것이 없다. 원만한 부부관계를 현대적 감각에 맞게 설명하면, 남편의 하늘 역할과 아내의 땅의 구실이란 남편과 아내가 맡고 있는 일을 서로 존중하며, 서로의 영역을 관여하지 않는 것이 원만한 부부관계라고 여겨진다. 다만, 부부는 서로의 다른 영역의 일이라 할지라도 서로의 의견을 물어 스스로 판단하는 부부의 상을 지켜가야 한다.

원만한 부부관계를 유지하려면 반드시 가정사를 분담하는 원칙이 분명하게 서 있어야 하며, 그 원칙은 가풍이나 사회통념에 준하는 것이어야 한다. 부부간에 가정사를 분담하는 방법은 기본적인 가사(家事)와 갑작스럽게 일어나는 예상치 못했던 가사로 나누어 맡아야 한다. 이러한 가사를 운영하는 과정에서 부부 사이에서 일어나는 일들이 인간사의 기본이 되는 것이며, 그러한 기본적인 가정의 문화가 자연스럽게 직장생활로 이어져 가는 것이 일의 능률은 물론이고 인간관계를 끈끈하게 맺어주는 고리 역할도 해주게 된다.

원만한 부부관계는 남편과 아내가 모든 가정사에서 상합(相合)을 이루며 서로 어울려 갈등 없이 화목하게 사는 융화(融和)된 관계를 의미한다. 천지조화의 교훈은 원만한 부부관계에서 시작되는 것이므로 부부가 서로 맡아야 할 가정사를 기본적 가사와 예상치 못한 긴급하게 일어나는 가사로 나누어 설명하려고 한다.

■ 기본적인 가정사

가. 남편이 맡아야 할 일

① 가족들의 생계와 관련된 모든 일에 대하여 책임을 진다.

② 가훈과 가풍을 다스리고 지키는 일을 한다.

③ 가정사와 관련이 있는 대외적인 일을 책임진다.

④ 출퇴근 시간을 지키되 부득이한 경우 사전에 가족에게 알린다.

⑤ 아내를 존중하고 가족들을 사랑으로 대한다.

⑥ 언행의 일치됨을 보여줘야 하며, 항상 온유한 말과 행동을 해야 한다.

나. 부인이 맡아야 할 일

① 가훈과 가풍이 제대로 이행되고 있는지 살피고 확인한다.

② 가계(家計)운영비용은 남편과 합의에 의해 결정하며, 가계비 사용에 관한 권한과 책임을 갖되 그 사용범위를 꼭 지켜야 한다. 그 범위를 벗어나 초과 지출이 예상될 때는 반드시 남편의 동의를 얻어야 한다. 이것이 제대로 실행되지 않은 가정은 갈등과 분란이 떠나지 않은 것이니, 가계비 사용에 관한 이 내용을 따르면 늘 편안한 가정을 이루게 된다.

③ 아내는 자녀의 교육에 책임을 져야한다. 자녀교육의 범위는 기본적인 것으로 말과 행동하는 법, 인사와 같은 예의범절, 생활습관, 공중도덕, 이웃을 배려하고 사랑하는 마음을 갖는 것을 어머니가 스스로 보여 주어야 한다. 어머니가 행하면서 가르치는 것과 말로만 하는 것과는 엄청난 괴리가 생기게 된다. 진정한 의미에서 어머니의 가정교육은 먼저 행하는 것이 말로 가르치는 것보다 훨씬 효과적이라는 것은 이미 잘 알려져 있다. 즉 어머니 언행의 결과에 따라 자녀는 그대로 따라 배운다고 생각하면 된다.

④ 가정생활 속에서 남편의 말에 대한 민감한 태도를 보이거나 부정적 반응은 절대 삼가야 한다. 즉 남편과 자녀들의 말이 불쾌하더라도 일

단은 여유로운 말로 응해주면, 남편과 자녀는 곧 그 잘못을 뉘우치게
되는 법이다.

⑤ 가정 밖에서 남편과 자녀들에 관한 이야기는 특별한 경우를 제외하고
가능한 안 하는 것이 옳은 일이다. 특별한 경우란 상대방에게 지장을
주지 않는 일이거나, 상대방의 도움이나 지혜를 필요로 할 경우를 말
한다.

⑥ 부인이 직장을 가지고 있을 경우에도 출퇴근시간이 정상적으로 지켜
져야 하고 불가피한 사정이 있을 경우는 사전에 남편에게 꼭 알려야
한다.

이런 일을 사소하게 생각하는 것은 아주 위험한 일이 생길 수 있다
는 것을 항상 염두에 두어야 한다. 사소한 일이 큰일이 될 수 있다는
것은 모두가 잘 아는 일이다.

개인의 인격이 다져진 진 것도 가정이며 이상적 사회의 밑그림도 가
정에서 나오게 된다. 부부가 서로 할 일을 분담하는 것은 가정의 질서
를 세우는 길이고, 질서가 서면 가정이 안정을 찾게 된다. 이러한 질
서가 바로 잡혀 있는 안정된 가정에서 성장한 자녀들의 품성은 가정
생활에서 형성되어 자연스럽게 사회에 반영되게 된다. 부부가 서로 존
중하고 자녀들을 사랑하는 가정의 성원은 사회에서도 평등의식을 갖
고 살아가는 훌륭한 시민이 되는 법이다.

인간 사이의 융화(融和)는 부부간의 마음가짐이나 언행 그리고 그
들이 살아가는 모습에서부터 시작된다고 하여도 과언은 아니다. 부부
사이에 신뢰는 가정의 질서이고 안정이며 가장 튼튼한 인맥을 다져가
고 있음이 분명하다.

미국의 사회심리학자이면서 철학박사인 데이비드 마이더스는 인간관계와 관련하여 다음과 같은 이야기를 하였다.

"사람은 사회적 동물이기에 인맥관리(人脈管理)가 무엇보다 중요하다. 부족하나마 최선을 다해 다른 사람에게 도움을 주는 행동을 진정으로 즐길 수 있다면 견고한 인간관계를 유지할 수 있다."라고 하였다.

인맥관리의 근간이 되는 것은 부부간의 인맥이요 다음으로는 부모와 자식 사이의 인맥이 가장 잘 맺어져야 한다는 것이 인간사의 기본이라고 할 수 있다. 인맥을 잘 쌓아 가려면 마치 부부 사이나 부모와 자식 사이에 무엇을 바라면서 사랑하고 도움을 주는 것이 아니듯이, 인간관계에서도 아무런 조건 없이 다른 사람들에게 도움을 주는 데서 인간관계가 깊어지게 된다.

이러한 융화의 시작은 먼저 혼란한 상태에서 벗어 날 줄 아는 마음가짐을 갖는 안정된 마음상태가 되어 있어야 한다. 부부가 안정된 마음으로 가정사를 철저하게 분담하여 처리하는 생활습관은 서로 존경하는 마음과 언행이 기초가 되어 신뢰를 다져가게 된다. 이러한 부부 사이의 신뢰가 근본이 되어 자녀에게 영향을 미치게 되어 있어서, 이러한 가정은 부모와 자녀 사이에도 믿음과 사랑으로 결속되어진 행복한 가정으로 주위 사람들로부터 칭송을 받게 된다.

부부가 서로 잘난 체하면 목소리는 담을 넘어가게 되는 법이고 그것이 불화의 씨가 되는 것을 왜 모른다는 말인가. 부부가 서로 이해하고 양보하려면 나를 내세우지 않고 서로 존경하는 마음가짐과 신중한 언행에 항상 유념해야 한다. 서로를 존중하는 마음을 나타내는 방법은 언행을 통해서 표출하는 것이니, 예의에 벗어난 언행은 존중의 마음에 상처를 주게 되는 것이고 그렇게 되면 대립이나 갈등관계로 변하여 갈등의 골이 깊어지게 된다. 이러한 현실생활을 극복하는 데는 이기려 하지 말고 저주는 마음의 훈련을 해야 한다. 이것이 마음의 수양이고 수양을 쌓는 마음의 다스림은 자기부터 그리고 자기 가정에서부터 실천해야 한다. 자신을 다스리는 마음의 토양이 넉넉할 때 그 자양분을 먹고 자라는 것이 가족들이라는 것을 항상 잊지 않아야 한다.

법정 스님의 법문에도 이와 유사한 내용의 말을 강조하고 있다.

"거름이 많은 땅에서 초목이 잘 자라고 지나치게 물이 맑으면 물고기가 살지 않는다. 그러므로 사람은 때 묻고 더러운 것도 용납하는 아량이 있어야 하고 너무 결백하여 자신의 판단으로만 옳다고 생각해서도 안 된다."라고 하였다.

특히 가정에서 눈에 보이는 것 가운데 내 마음에 꼭 드는 일도 있겠지만, 마음에 들지 않는 일이 있을 경우에 자기 마음을 다스리는 훈련이 가정에서 이루어져야 한다. 그러기 위해서는 가정에서 일어나는 모든 일을 일단 수용하는 마음가짐이나 언행을 보이는 태도가 자연스러워질 때, 불화의 요인이 되는 요소들을 근원적으로 줄여 갈 수 있는 지름길이라는 것을 마음 깊이 새겨야 한다. 모든 일에 대한 과민한 반응과 신경의 날을 세우는 것은 사리(事理)를 잘 모르는 처사임이 분명하다.

이 우주 안에 생존하는 동식물은 그 모양과 생김새가 하나도 똑같은 것이 없는 것이 자연의 섭리일 진대, 그렇다면 사람도 각기 서로 다른 이미지나 다른 생각을 가진 것은 당연한 이치가 아니겠는가.

이성(理性)의 권위(權威)이라는 것은 다양성(多樣性) 속에서 통일성이 포착되고 변화 속에서 질서가 유지되는 것이 이성의 권위이다. 다양한 성질을 지닌 사람들은 서로 다른 이미지와 각기 다른 생각들을 해야 균형이 맞아 발전해 가는 것이 본래 이치이기 때문이다. 그래서 모임이나 대중 앞에서 너무 잘난 척하거나 설쳐대면 반드시 못마땅하게 여기며 눈살을 찌푸리는 사람이 있음을 염두에 두어야 한다. 그러나 다른 사람이 하는 일이 내 뜻에 맞지 않다고 해서 매사에 간섭하여 나에게 맞추려고 하면 불안이 그칠 날이 사라지지 않는 법이니, 그러려니 하고 넘기다 보면 오히려 서로의 관계가 멀어지지 않고 원만한 관계로 돌아오게 되는 것이 순리임을 의지하고 따라야 한다.

그래서 지혜로운 사람은 다른 사람들의 잘못을 이해하고 용서하지만, 자기 자신에 대해서는 엄격하며, 특히 남 앞에서 잘난체하는 것은 그동안 공들여 쌓아 올린 탑이 무너지게 된다는 것을 미리 알고 항상 겸양(謙讓)한 자세로 살아가는 사람이다.

인간관계에서 지켜야 할 마음가짐이나 언행은 융화를 위한 것이어야 하고, 서로 간에 융화가 이루어지면 만사가 통하게 되며, 모든 일이 통하면 풀리지 않은 일이 없는 법이니 여기서 진정한 자유인이 될 수 있음을 깨달아야 한다.

이해와 관용과 용서와 사랑이 없는 융화란 있을 수 없으며, 융화 없는 인간관계는 모략과 중상, 갈등과 대립 그리고 투쟁이 난무(亂舞)하는 아수라장이 된다는 것을 잊지 않아야 한다.

여기서 강조하고자 하는 것은 원융회통(圓融會通)의 원화사상(圓化思想)이 이상적인 가치로 여기고 생각이나 이념(理念)에서 멈추는 것이 아니고, 실제 생활에 활용할 수 있는 구체적이고 체계화 되어 있는 사상(思想)이라는 점에서 현실생활에 적극적으로 활용해야 한다.

플라톤은 이념을 "존재자의 원형을 이루는 영원불변한 실재(實在)를 뜻한다."라고 하였으며, 또 데카르트는 이념을 "인간의 주관적인 의식

내용이다.”라고 하였다. 그들은 이념이라는 개념을 세상에 존재하는 만물의 이치를 인간세계로 끌어들이는데 기여했다고 한다면, 원효의 원화사상은 인간생활에 실용화할 수 있는 사상적 가치를 지니고 있다는 점에서 더욱 큰 의미를 지니고 있다. 그의 원화사상의 내용이 실용성의 측면에서 보면 인간생활에 현실적으로 미치는 영향력을 쉽게 체감할 수 있어서 실행의욕이 다른 어떤 사상이나 이론에 비해 더 빨리 우러나올 것으로 본다.

인간의 삶이란 사회생활을 통해 서로 어울러 갈등이 없이 화복하게 살아가려고 하는 것이 궁극적인 삶의 목적임이 분명하다. 융화(融和)가 없는 생활은 불안과 불행의 연속이며 종국에는 파멸의 벼랑으로 떨어지게 되는 것이니, 융화가치에 대하여 더욱 많은 관심을 가지고 지혜로운 삶을 살아가야 한다.

만약 자연계에 존재하는 각기 서로 다른 성질을 지니고 있는 모든 만물이 이질성을 받아들이지 않는다면 어떻게 될 것인가에 대한 생각만 해도 끔찍해진다. 이러한 자연의 섭리를 받아들여 인간생활의 원리로 만들어 놓은 것이 바로 융화사상(融和思想)이라고 할 수 있다.

3. 인생의 봄·여름과 가을·겨울의 조화

내일을 걱정하는 지혜로움을 가진 사람은 일 년 뒤를 걱정하며, 일 년 후를 염려하는 사람은 인생의 겨울까지를 관조(觀照)하는 능력을 가진 사람이다. 오늘을 열심히 살아갈 수 있는 사람이라면 내일도 아니 인생의 황혼기까지 부단한 노력을 하며 살아갈 수 있는 힘을 가진 사람이다. 문제는 태만과 중단과 지나친 허욕이 인생을 좌절과 절망의 나락(那落)으로 떨어지게 하는 직접적인 요인임을 잊지 않아야 한다. 인생은 어느 누구든 중단 없는 부단한 노력이냐 아니면 태만과 중단 그리고 지나친 허욕이냐를 놓고 어느 하나를 반드시 선택해야 할 의무를 갖게 된다. 그 선택의 의무는 자기 자신과의 약속이어서 파기할 가능성도 배제할 수는 없지만 꼭 이행하는 사람은 성공한 사람이고, 자신과의 약속을 지키지 못한 사람은 실패한 사람이다.

자기 스스로 계획을 세운 목표를 향해 중단 없는 부단한 노력을 하는 사람은 자신과의 약속을 지켰을 뿐만 아니라 자신을 이긴 사람이고, 자신이 세운 계획을 중단에 포기한 사람은 자신과 약속을 어긴 자로 자신의 의지대로 살지 못한 인생의 패배자라고 해도 지나치지 않다. 인생의 패배자라고 하는 이유는 삶의 목표를 자신이 스스로 만들어 놓고 스스로 중도에 포기하는 것은 자기가 자기를 속이고 멸시하는 일이니, 그러한 사람이 타인과의 약속은 어떻게 지킬 것이며, 자신도 이기지 못한 삶을 그 누가 따르며 받들어 모시겠는가? 이것은 자기가 자신을 인생의 낙오자나 패배자로 만든 장본인임이 틀림없다.

위의 글은 인생의 가을을 맞이하는 사람이면 누구나가 공감할 수 있는 내용으로 그동안 인생을 살아오면서 느끼고 경험했던 바를 솔직하게 표현하는 글이라는 점을 감안하여 경험자의 당부로 받아 주었으면 하는 마음이다.

지혜로운 사람은 인생을 나이만을 가지고 구분하지 않고 나이와 활동능력을 병행하여 그 기준을 설정하고 계획을 세워서 그 계획대로 살아가는 사람으로 보아야 한다. 그러한 사람은 마치 일생을 춘·하·추·동의 4계절에 비유하여 인생을 후회 없이 보내려고 최선을 다하는 사람이다.

인간의 일생을 사계절에 비유하여 인생이란 긴 세월을 일 년의 짧은 시간으로 단축하여 설명하려고 한다.

마치 인간의 유년시절이 씨앗을 뿌릴 준비를 하는 이른 봄이라고 한다면, 공부하고 기술을 연마하는 학습기를 인생의 씨앗을 뿌리는 파종기(播種期)인 봄으로, 학습기를 마치고 직장생활을 하는 시기를 인생을 가꾸는 황금기(黃金期)인 여름으로, 정년퇴임을 하고 자유롭게 활동하는 시기를 인생의 수확기(收穫期)인 가을로, 자유로운 활동이 어려운 시기를 인생의 황혼기(黃昏期)인 겨울에 비유해 보자. 이와 같은 비유를 위한 사계절로의 분류는 어디까지나 독자들의 이해를 돕기 위하여 자의(自意)대로 구분하였음을 이해하기 바란다.

먼저 사계절의 관계는 시간적으로는 전후에 불과하지만, 계절마다 그 모습은 하나도 같지 않고 변화가 일어난다는 사실에 주목해야 한다. 그 변화의 모습에서 가치가 결정된다. 농산물이나 공장에서 생산되는 상품의 경우는 상·중·하로 등급이 매겨지게 되고, 사람의 경우는 선한 사람인지 악한 사람인지, 인격자인지 아니면 비인격적인 사람인지가 결정이 된다. 우리의 일생을 사계절에 비유하여 보면 봄에는 반드시 씨앗을 파종해야 하고, 여름에는 씨앗이 잘 자라도록 가꾸어야 하며, 가을에는 결실을 잘해야 추운 겨울을 아무 걱정 없이 잘 보낼 수 있음은 지극히 당연한 일이다.

대부분의 사람들은 유년기에는 부모님의 가르침을 따라 배우며, 학습기에는 스승을 따라 배우고, 청년기에는 위인의 삶을 동경하며, 인생의 수확기에는 자신을 돌아보며 무엇을 했는가를 반성을 하는 것이 인생행로(人生行路)이다. 사람이 살아가는 한평생을 나그넷길에 비유하는 인생행로(人生行路)가 인생 전체의 약 80분의 1도 안 되는 일 년의 농사에 비유하여 생각해보기로 하자.

이른 봄이면 파종할 씨앗을 준비하는 시기이지만 그 씨앗은 지난해 가을 수확기에 거두어들인 씨앗임이 분명하다. 금년에 파종을 할 그 종자가 작년에 결실을 얻은 씨앗이 분명하듯, 인간도 자신이 뿌린 종자가 내 아들임이 분명하다. 지난해에 지은 곡식알이 금년 농사의 종자가 되니 지난해의 곡식이었던 씨알과 금년에 파종할 종자가 둘이 아니듯이, 부모와 자식과의 관계도 그와 유사하다. 따라서 부모와 자식은 시간적으로는 둘이지만 근원적으로는 하나임을 알아야 한다. 지난해 결실한 곡물이 좋고 나쁨을 떠나서 어떻게 보관하고 관리했으며 파종한 후 성장기에도 철저한 관리가 이루어졌는지가 중요한 관심사라고 할 수 있다.

이러하듯 학식이 없는 부모라고 할지라도 바른 마음을 갖고 남을 배려하며 존중하는 자세로 살아가는 모습과 기본적인 생활습관이나 예절만을 보여주고 행하면 그 자녀가 인생의 가을이 되었을 때 꼭 그러한 사람으로 자라게 되는 것이 당연하지 않겠는가. 인생의 봄철에

영원한 인간관계

일어나는 모든 일들은 대부분 인생의 가을로 이어진다는 생각을 갖도록 유년시절에 각인시키는 일이 부모가 꼭 염두에 두어야 할 일이다.

우리의 속담에 잘될 놈은 떡잎부터 다르다는 말이 있듯이 유년기나 학습기인 인생에 봄날의 모습을 보면 인생에 수확기인 가을의 생활을 짐작할 수 있다는 말이다. 물론 인생에 황금기라고 할 수 있는 여름을 열심히 살아가야 한다.

인생에 황금기는 여름철의 낮이 밤보다 훨씬 길듯이 30년에서 40여 년의 긴 세월을 왕성하게 활동하는 기간이다. 이 기간 동안에는 봄철에 배우고 익혔던 능력과 기능과 기량을 마음껏 발휘하면서 자기가 맡은바 업무에 최선을 다하고 여가를 잘 활용하는 지혜를 가지고 살아가노라면 편안하고 여유로운 인생의 가을이 기다리고 있음을 젊은이들은 마음이 깊이 새겨야 한다.

인생을 사계절에 비유한 이유는 봄·여름·가을·겨울이 네 개가 아니고 하나라는 생각을 갖게 하려는데 있다. 인생의 봄철에 사는 젊은이들의 생활과 인생의 가을을 맞이한 수확기와 둘이 아니고 서로 보이지 않게 이어져 있을 뿐, 본질적으로 보면 과거와 현재와 미래가 서로 다르지 않고 하나라고 하는 것을 인식시키기 위하여 사계절에 비유하였다.

젊은이들이 인생의 가치관을 세우는데 있어서 상관성과 공존이라는 가치를 염두에 두어야하고 공존적 가치는 상호관계를 떠나서 성립될 수 없다는 가르침을 깨닫게 하고 싶은 마음에서 비롯되었다. 일 년 사계절이 계절로 보면 네 개이지만, 네 계절이 일 년이라는 점을 생각하면 네 개가 아니고 1년 안에 포함되어 있듯이, 인생도 유년기이나 청소년기, 중·장년기나 노년기로 나누어져 있는 것 같지만 실제로는 일생에 포함되어 있으니 하나인 것과 다르지 않다.

인생에 가을이란 말을 하다 보니 시인 윤동주가 1941년에 발표한 시집 인 『하늘과 바람과 별과 시』에 나온 "나는 나에게 물어볼 이야기가 몇 가지 있습니다."라는 시구(詩句)가 떠올라 그 일부를 소개하려고 한다.

그는 "나는 나에게 물어볼 이야기가 몇 가지 있습니다."라는 시의 구성이 다섯 개의 구절로 되어 있는데, 각 구절마다 첫 구절에 다음과 같은 내용들을 묻고 있다.

그는 첫 구절의 물음에서 "내 인생에 가을이오면 나는 나에게 사람들을 사랑했는지에 대해 물을 것입니다."

두 번째 구절의 물음은 "내 인생에 가을이오면 나는 나에게 열심히 살았느냐고 물을 것입니다."

세 번째 구절의 물음은 "내 인생에 가을이오면 나는 나에게 사람들에게 상처를 주지 않았느냐고 물을 것입니다."

네 번째 구절에서 물음은 "내 인생에 가을이오면 나는 나에게 삶이 아름다웠냐고 물을 것입니다."

마지막 구절의 물음은 "내 인생에 가을이오면 나는 나에게 어떤 열매를 얼마만큼 맺었냐고 물을 것입니다."라는 내용의 질문을 스스로 자신에게 묻고 있었다. 이러한 내용의 질문은 인생의 가을이 오기 이전 봄과 여름에 사는 사람들에게 해당되는 적절한 물음이어서 인용을 하게 되었다. 시인 윤동주(1917~1945)는 연희전문 출신인 엘리트의 청년으로 독립운동혐의로 규슈 후쿠오카 교도소에 수감되어 28세 젊은 나이로 해방 몇 달을 남겨놓고 옥사한 시인이었다. 그의 나이 불과 27~28세에 인생에 가을이 오면 후회 없는 삶을 살아서 우리 민족의

영원한 인간관계

아픔과 고통을 내려놓겠다는 비장한 각오의 일단을 보여주는 내용임이 분명하다.

그는 내 인생에 가을이 오면 나는 나에게 사람들을 얼마나 사랑했는지?, 얼마나 열심히 살았느냐고?, 사람들에게 상처를 주지 않았느냐고?, 삶이 아름다웠냐고?, 그리고 어떤 열매를 얼마만큼 맺었냐고? 물으면서 다음과 같은 내용을 자문자답으로 다짐하였으니 그의 인생관에 경의를 표하지 않을 수 없다.

그는 인생에 가을이 오면 "그때 나는 가벼운 마음으로 대답하기 위해 지금, 많은 이들을 사랑해야겠습니다."

그는 인생에 가을이 오면 "그때 나에게 자신 있게 말할 수 있도록 하루하루를 최선을 다해 살아야 하겠습니다."

그는 인생에 가을이 오면 "그때 대답하기 위해 사람들에게 상처를 주는 말과 행동을 하지 말아야 하겠습니다."

그는 인생에 가을이 오면 "나는 그때 기쁘게 대답하기 위해 삶의 날들을 기쁨으로 아름답게 가꿔 나가겠습니다."

그는 인생에 가을이 오면 "그때 나는 자랑스럽게 대답하기 위해 내 마음 밭에 좋은 생각의 씨를 뿌려놓아 좋은 말과 행동의 열매를 부지런히 키워 나가겠습니다."

이와 같이 인생의 봄에서 여름으로 접어드는 시기에 있는 윤동주 시인의 미래를 보는 눈은 인생의 봄과 여름과 가을과 겨울이 동일선상에 있음을 이미 깨우친 혜안(慧眼)에서 나온 훌륭한 글임이 분명하다.

인생에 봄을 사는 젊은이들이여, 젊은 윤동주는 조국의 독립운동을 하다가 옥중생활 속에서도 모든 사람을 사랑해야 하며, 먼 훗날에 후회 없는 삶을 위하여 열심히 살아야 한다는 인본주의(人本主義) 사상이 들어 있는 내용이었음을 마음속 깊이 새겨야 한다.

젊은이들이여, 여러분은 누구에게나 선한 마음과 착한 말과 행동으로 그들을 대하며, 남에게 상처를 주는 언행을 해서는 안 된다는 애인(愛人)정신을 실천하여 인생의 가을을 잘 보내라는 당부의 메시지로 이해해주기 바란다.

이와 같은 인본주의를 실천하기 위해서는 자기 자신의 마음 밭에 좋은 생각의 씨를 뿌려 놓고 좋은 말과 행동의 열매를 부지런히 키워 나가라고 하는 것은 여러분 자신이 스스로 변화의 밝은 등불을 밝혀 어두운 곳에 광명을 보내야 한다는 의미로 받아들여야 한다.

인생에 가을과 겨울이 존경을 받아야 할 대상이 되는 경(敬)이라 하고, 인생의 봄과 여름을 열심히 일하며 실천하는 시기를 예(禮)라고 가정을 해보자. 인생의 노후에 경(敬)의 가치를 인정받으려면 예(禮)가 당연히 따라 주어야 양자 사이는 명실상부(名實相符)하게 융화가 제대로 이루어지게 되는 법이다. 이와 마찬가지로 인생에 있어서도 학창시절이나 직장생활을 하던 좋은 시절에 어떻게 사느냐에 따라 퇴임 이후에 삶의 질이 결정된다는 것을 미리 깨우쳐야 한다. 즉 봄과 여름에 삶의 모습이 가을과 겨울의 노후에 그대로 반영된다는 것을 미리 예견하고 인생에 말년에 따뜻한 겨울을 나야 되지 않겠는가.

인생의 초년에 고생과 난관을 당연하게 여기고 이겨낸 사람은 노년생활을 보장받게 되지만, 그렇지 못하고 인생을 힘들어하며 좌절하는 사람은 노후에 빈곤한 생활을 면치 못하게 되는 것이 당연한 이치임을 부모들은 유년기에 있는 자녀들에게 각인시켜 주어야 한다.

인생의 중년에 접어든 사람이면 누구나 느끼는 일이지만, 유년기와 청소년기의 중요성을 더욱 강조한 것은 이 시기의 교육내용이 인생에 절대적인 영향을 미치기 때문이다.

어릴 때 부모님의 교육내용과 가정환경 그리고 선생님의 말씀은 평생 동안 기억에서 살아지지 않는다. 어릴 때나 청소년 시절에 받은 교육내용이나 충격적인 일은 평생을 뇌리에서 살아지지 않고 각인되어 있다. 만약 갑이란 아버지가 유년기나 청소년기에 있는 아들에게 '젊어서 고생을 많이 하는 사람은 장래 훌륭한 사람이 되는 법이니 고생을 즐거움으로 생각해야 한다.'는 말을 한 달에 한 번씩 열두 번을 들려주었다고 가정을 해보자. 그의 자식은 살아가면서 그 말을 잊지 않고 어려움에 부닥칠 때마다 미래에 전개될 행복의 씨앗을 뿌린다는 생각을 갖고 난관과 역경을 이겨내는 것에 대해 오히려 즐거운 마음가짐으로 살아가는 것을 당연하게 여기면서 성공적인 인생을 살게 되는 법이다. 그렇게 살아가도록 용기와 힘을 제공해준 원동력은 부모의 가치관과 교육에 대한 열정이라고 할 수 있다.

쿠노 피셔도 갑이란 아버지와 같은 의미의 말을 이렇게 표현하였다. 그는 "뜨거운 가마 속에서 구워 낸 도자기는 결코 빛깔이 바래는 일이 없다. 이와 마찬가지로 고난의 아픔에 단련된 사람의 인격은 영원히 변하지 않는다. 안락은 악마를 만들고 고닌은 사람을 만드는 법이다."라고 하였으니 청소년기에 고난과 난관을 극복하면 사람다운 사람이 된다는 것이다. 인내는 쓰고 열매는 달다는 말과 같은 의미의 말이다.

인생의 봄날에 자신이 뿌린 만큼 가을에 거두어들이는 것이 불변의 법칙임이 분명하다. 그렇다면 봄날에 게으름 피우지 않고 열심히 일하면서 살았어야 그에 대한 보람을 인생의 가을에 찾게 되는 것은 지극히 당연한 일이다. 이와 같이 봄과 여름과 가을과 겨울이 연결되어 있기 때문에, 마음의 눈으로 볼 때는 하나로 생각해야 한다는 세월의 관계성에 대한 교훈을 마음속 깊이 새겨야 한다. 이러한 의미에서 청소년기와 중년기의 삶이 일생에 미치는 영향력은 절대적인 비중을 차지하고 있다. 인생에서 유년기와 청소년기의 중요성을 강조하는 또 하나의 다른 이유는 인생이란 관계를 떠나서 살 수 없으며 인생의 초년에 맺은 인연(因緣)이 평생을 간다는 점에 유념해야 한다. 인간의 사귐인 교제(交際)도 학창시절에 사귄 친구는 중년에 사귄 친구보다 친근감이 더 가고 추억이나 친구의 인상도 늘 마음자리에서 떠나지 않는다. 그래서 대부분 학창시절에 사귄 친구들이 무덤까지 가기 때문에 친구를 자신처럼 소중히 여기고 귀하게 대해야 한다. 평생을 함께 가야 할 사람이기에 사람다운 친구를 사귀는 것이 가장 중요한 일이다. 진정한 의미에서 고락(苦樂)을 함께 할 친구는 당연히 사람다운 사람으로 사람의 도리를 다 하는 사람이어야 한다.

서양의 격언에 "과거와 화해하여 과거가 현재를 망치지 않도록 하라 (Make peace with your past so it won't screw up the present)."는 명언이 있다.

여기서 화해(和解)라 함은 과거에 싸우거나 풀리지 않은 서로의 안 좋은 감정을 풀어 없애자는 뜻이다. 만약 풀리지 않는 과거가 현재를 망치게 해서는 안 된다는 의미이다.

그러면 인생에 봄이나 여름에 좋은 인간관계를 맺어두었거나 맡은 바 일에 피나는 노력을 기울였다면, 그 결과 인생에 가을이나 겨울이 되었을 때 현재를 망칠 아무런 근거나 이유가 없지 않겠는가. 인생을 망치게 할 수 있는 요인이 무엇인가에 대하여 자문자답을 통해서 스스로 인생을 설계하는 것이 효율적인 방법이 될 수도 있다.

영원한 인간관계

젊은 시절에 원만한 인간관계나 좋은 생활습관을 갖고 특히 청소년 시절에 극기(克己)를 생활화하는 것은 인생의 노후를 걱정 없이 편안하게 즐기며 살 수 있게 하는 원동력이 된다는 것을 꼭 잊지 않아야 한다.

미국 하버드대 조지 베일런트 교수는 인생에서 가장 소중히 해야 할 일은 사람이 사람을 대하는 일이며 그것이 바로 인간관계라고 하였다.

그는 "인생에서 가장 중요한 것은 다른 사람과의 관계"라고 하면서, 특히 47세 정도까지 맺어진 인간관계는 그 이후의 인생을 예견하는 데 중요한 지표가 된다고 한다. 그가 조사한 바에 의하면 65세까지 충만한 삶을 살았던 사람들 중 93%는 어린 시절 형제자매와 친밀한 관계를 가졌다고 한다. 조지 베일런트 교수의 연구에서도 인관관계의 결정적 형성기는 어린 시절의 형제자매와의 친밀한 관계를 지적하고 있듯이 유년기나 청소년기의 인간관계나 생활습관이나 부모의 가정교육과 학교교육이 가장 중요한 시기임을 마음에 새겨야 한다. 그는 불우한 어린 시절을 보낸 사람에게도 좋은 방법을 제시하였다. 그것은 다름 아닌 좋은 반려자를 만나 행복한 결혼생활을 하면 충분히 보상받고 얼마든지 건강해질 수 있다고 하는 처방도 내렸다.

젊은이들이여, 하늘은 인간에게 모든 것을 줄 수 있는 가능성을 열어놓고 있으면서 그대들이 원하는 것을 손에 쥐어 주지는 않는 것이니, 그 기회를 기다리는 것보다 기회를 만들어가는 것을 마음에 깊이 새겨야 한다. 그 기회를 만드는 시기는 인생의 봄날인 학습기가 가장 이상적이어서 그 시기에 학습할 기회를 놓치게 되면 인생행로는 역경의 연속이 될 수도 있다.

젊은이들이여, 인생에 16년이라는 학창시절은 일평생을 좌우하는 결정적 시기라는 것을 유념해야 한다. 여러분은 호랑이가 제 몸 크기보다 4~5배 이상 더 큰 들소를 공격하여 그 가족을 먹여 살리는 것을 보면 어떤 생각이 들었나요? 들소 등의 뒷부분을 물고 사력을 다하여 끝까지 물고 놓지 않으며 결국 승리로 이끄는 호랑이의 용맹(勇猛)함도 배워야 하지 않겠는가? 들소에 비해 몸이 작고 힘이 부족한 호랑이는 자신의 약점은 뒤로하고 정확한 판단력과 물러서지 않는 불굴의 의지인 장점을 최대로 활용하는 그 모습은 간담(肝膽)을 싸늘하게 할 정도이다.

만약 젊은 사람들에게 자신감과 용기가 없고 의지가 약하다면, 어떤 일이든 할 수가 없음은 말할 것도 없고 그 결과는 자신은 물론이고 가족의 생계를 감당하지 못하게 되는 것에 그치지 않고 심각한 사회문제로까지 이어지게 된다는 것을 직시하고 사전에 대책을 세워가야 한다. 하물며 짐승인 호랑이도 죽을 각오로 먹이 사냥을 하지 않으면 자신은 물론이고 그 가족과 동물의 세계에 치명적인 충격을 준다는 것을 알고 있는데, 어찌 인간이 그러한 이치를 몰라야 되겠는가.

인생에 봄을 보내는 학습기에 있는 젊은이들에게 다음 몇 가지 사항에 대한 실천을 당부 드립니다.

첫째, 자신의 인생목표는 무엇이며 어떠한 가치관을 가지고 살아야 할 것인가를 결정해야 한다. 공부하는 이유가 무엇이며, 좋은 직장에 들어가서 무엇을 하겠다는 것인가를 생각해야 한다.

둘째, 학습활동에 적극적이어야 하며, 마음에 안정을 취하고 스스로 탐구하는 태도로 학습에 임해야 한다. 공부는 스스로 찾아가며 하는 것이지 어느 누가 시켜서 하는 것은 바람직하지 못하다. 물론 부모가 가정에서 꼭 해야 할 일은 공부할 수 있는 분위기를 마련해주는 것이 아주 중요한 일이다.

셋째, 방과 후에 취미활동을 적극권장한다.

넷째, 학창시절에 남녀교제를 하기 전에 부모님이나 선생님과 반드시 상의해야 한다.

다섯째, 가훈이나 부모님이 늘 당부한 가르침은 아침 잠자리에서 일어나 스스로 실천하겠다고 다짐하고, 저녁 잠자리에 들기 전에 다시 실천했는지를 확인하고 반성한다. 이런 일을 당부한 것은 부모의 가르침이나 가훈을 틈이 날 때마다 생각하고 다짐하고 실천하라는 것이다.

다음은 인생의 황금기에 이 시대를 이끌어 가는 정치지도자나 사회 지도층에 있는 사람들의 마음가짐과 언행에 대하여 언급하려고 한다.

정치지도자들은 먼저 자신이 해야 할 일과 역할을 부여받게 되면 그 일에 대한 의무와 책임을 다해야 한다. 즉 공익에 대한 의무와 책임만을 생각하고 맡은바 국사를 속속들이 파고들어 깊게 연구하며 전념하는 그러한 궁구(窮究)자의 자세로 살아가면 국가의 장래가 밝아지게 된다. 반드시 공익을 우선하고 개인의 사사로운 이해관계가 되는 일은 뒤로하는 선공후사(先公後私)의 자세를 꼭 견지(堅持)해야 한다. 그가 맡은 국사(國事)가 당대가 아닌 후세로 세승되어 역사에 족적(足跡)을 남기게 된다는 점을 마음에 깊이 새겨야 한다. 만약 한 정치인이 국민의 생명이나 인권과 같은 역사적 사건을 정당하게 처리하는 사람이 있다면, 그 정치인의 업적은 현재에서 미래로 이어져간다는 영예(榮譽)만을 생각하고 국사에 임해야 한다. 위정자들의 위업은 먼 훗날까지 계속 이어져 국가의 장래를 훤히 밝혀주는 등불이 된다는 것만을 생각해야 한다. 훌륭한 정치지도자는 개인적으로 보면 인생의 여름을 보낸다는 생각을 할 수도 있지만, 그것보다는 역사의 발전기나 문화를 향상시키는 시기로 생각해야 한다. 그러한 정치인은 오직 국민과 국가만을 위하는 정치인이 되어야 하므로 다음 10가지 사항을 꼭 실행하는 것이 지도자가 가야 할 정도라고 보아야 한다.

■ 정치지도자들이 지켜야 할 10가지 사항

① 사람다운 사람이 되어야 한다.

공자가 학문을 닦아 훌륭한 성인(聖人)이 되게 된 근본적인 요인은 사람답게 사는 세상을 어떻게 만들 것인가에 대한 노력의 결과에 있다고 보아야 한다. 그의 일생 동안 연구의 주된 관심은 어떻게 사는 것이 사람다움을 실현하는 길(道)이 무엇인가에 대한 연구였다고 한다. 그래서 중용에서는 사람을 인(仁)으로 풀어 해석을 하면서 어질다고 하는 인(仁)이라는 것은 '사람다움'으로 이해해야 한다고 하였다. 따라서 맹자도 사람다운 사람을 인자인야(仁者人也)라고 하였다. 사람(人)이란 두 사람(二)이 하나로 합하여 인(仁)이 되는 것처럼 바로 인(仁)을 인간다움으로 보아야 한다고 강조하였다. 옛날에는 정치지도자나 지배계층을 군자(君子)라고 불렀으며, 군자는 군주(君主)의 아들이라는 뜻이며, 군주는 천자(天子)라고 하여 절대적인 힘으로 나라를 통치하였다. 군주국가에서 군주는 국가의 최고 통치자로서 하늘의 뜻을 받아 하늘을 대신하여 천하를 다스리는 사람이라는 뜻으로, 우리나라에서는 임금 또는 왕(王)이라고 불렀었다. 군자를 현대적인 용어로 말하면 정치적 영향력을 가진 정치지도자로 볼 수 있으며, 이들은 사람다운 덕행(德行)으로 국민을 다스려야 하는 것이 본분이다. 정치지도자에게 인(仁)은 백성을 바르게 다스리는 정자정야(政者正也)하는 것이 사람다운 사람이다. 정치인의 사람다움은 횡적인 인간관계도 중요하지만 국민과의 종적인 인간관계에서 주고받는 수수관계(授受關係)가 잘 이루어져야 한다. 위정자들은

영원한 인간관계

항상 국민과 함께 동고동락(同苦同樂)하는 삶을 사는 것이 사람다운 정치인의 태도이다. 만약 정치지도자나 대기업에 CEO들이 국민이나 회사 직원들과 관계가 좋지 않다면, 그것은 정치지도자나 CEO들이 국민이나 회사원들과 함께 동고동락(同苦同樂)하는 삶이 아니었다는데서 그 이유를 찾아야 한다. 따라서 사람다운 정치지도자는 진정한 마음으로 국민과 함께 동고동락(同苦同樂)하는 삶을 살아가는 지도자를 의미한다.

② 공적인 정치헌금은 공적업무와 관련이 있는 곳에만 사용하고 기타 사용되는 일체의 비용은 봉급에 의존해야 한다.

③ 중산층의 수준에 준하는 검소한 생활을 해야 한다.
　　정치인들이 잘 먹고 호화로운 생활을 하면 사람다운 도리를 하는 지도자가 아님을 스스로 알아야 한다. 사치와 낭비는 국민의 혈세에서 빼내어 얻은 것으로 모든 국민이 잘 알고 있음을 간과해서는 안 된다. 인간의 권위는 호화주택에서 살며 고급승용차를 타고 다니는 데서 생기는 것이 아니고 보통 사람들과 어울리는 삶을 통해 생활 속에서 조화를 이루게 되면 진정한 의미의 권위가 생기게 된다. 정치인들이 호화저택과 고가의 승용차를 가지고 사는 것은 국가의 주인인 국민에게 위화감을 조성하는 것은 물론이고 민심의 소재가 어디에 있는지 몰라도 너무나 모르는 처사로 권위는커녕 원성(怨聲)을 사게 되는 것이니 검소한 생활을 해야 한다.

④ 정당의 후보자공천은 중앙당의 전략공천이든 당내경선을 통한 공천이든 한 점의 의혹이 없어야 한다.
　　어느 정당이든 특정인을 공천하는 과정이나 당내의 경선과정에서부터 공천이 결정될 때까지 모든 절차와 과정은 합리적인 방법과 투명한 절차에 의해 이루어져야 한다. 그 정당의 전략공천규정이나 경선과정에서 후보자 선정규정이 불합리하거나 불투명한 절차에 따라 이루어진 전

략공천이나 당내경선은 이제 그 막을 내려야 한다. 국민의 원성(怨聲)을 사면서까지 공천기금이나 인맥에 의한 후보공천을 하는 것은 국민이나 국가와 사회를 위한 것이 아니고 후보자 개인과 그와 관련을 맺고 있는 정당의 영향력을 가진 사람만을 생각하는 것으로, 이것은 공익에 어긋나는 일이기 때문에 당연히 비난받아 마땅하며 이러한 방법과 절차는 정치인 스스로가 개선해가지 않으면 그들의 정치생명은 오래가지 못한다는 점을 유념해야 한다.

⑤ 정치인은 국가에 중대사가 일어나면 국가의 장래가 걸려 있는 일로 여기고 적극적으로 임해야 한다.
  정치인은 국가에 중대사가 일어나면 직접 관계되지 않는 일이라 하더라도 그 사건의 원인을 파악하고 그에 대한 진행과정과 정책적인 대안이나 비전을 갖고 있어야 한다. 국민은 그 사건에 대해 국익이나 국가발전에 어떻게 작용할 것인가에 대해 지대(至大)한 관심을 가지고 위정자들의 태도를 관망하고 있다는 것을 알아야 한다.

⑥ 정치인은 여론에 자주 오르내리는 사건이 일어나면 그 사건이 자기와 무관하다고 여기지 말고, 꼼꼼히 살펴 챙겨서 문제요인을 파악하고 있어야 한다. 여론에 대두되는 일은 내 주위에서도 이미 일어났거나 일어날 가능성이 있기 때문에 국민의 의혹이나 불안감을 없게 해주어야 하는 것이 정치인이 해야 할 의무이기 때문이다.

⑦ 공익에 반하는 청탁은 절대로 거절해야 한다.
  청탁의 문제는 인사 청탁과 업무와 관련한 것들이 대부분을 이루고 있으며, 이것이 사회에 악의 씨앗이 되고 있음을 명심해야 한다. 인사문제는 인사검증 시스템이 있음에도 불구하고 돈, 학연, 지연, 혈연과 같은 연고주의를 벗어나지 못한 것은 인사검증 시스템 운영자와 시스템 운영자의 인사권을 가진 최고결정자가 서로 연고에 따라 이루어져 있기 때

문에 시스템의 본래 취지에 배치(背馳)되는 인사가 이루어지고 있다는 점을 지적하지 않을 수 없다. 만약 인사 청탁이나 긍정적인 의미의 인사에 관한 정보를 제공 받았거나 청탁받으면, 청탁의 대상자에 대한 검정기준(檢定基準)에 적합성을 꼼꼼히 살펴보아야 한다. 물론 검정기준은 임의적인 것이 아니고 법이 정하는 바에 따라 정해져 있는 인사검증의 내규를 말한다. 인사검증의 규정에는 다음과 같은 내용이 반드시 들어가 있어야 한다.

인사검증이 이루어져야 할 영역은 공익성에 대한 문제의 유무, 업무에 적합성, 청렴성과 인간관계에 문제가 없어야 하고, 금융기관을 지휘하는 감독기관 또는 국세업무를 지휘 감독하는 부서에 근무했거나 근무하는 자의 재산이 공직자로서 과다한 재산을 보유한 자는 제외한다는 규정을 두어야 한다. 그리고 천거 대상이 되는 관련부서의 인사담당자나 최고 책임자의 직계자녀는 부모가 근무하는 기관에 천거(薦擧)해서는 안 된다는 검증기준도 두어야 한다.

⑧ 국회의원들은 보좌관의 채용에서 정책계발이나 정책연구에 도움이 되거나 원만한 인간관계와 공익성을 가진 사람을 선택하는 것이 국익에 도움이 되고 정치생명도 오래 지속될 것으로 판단이 된다.

⑨ 공무로 출장을 갈 때는 꼭 필요한 사람만 대동(帶同)해야 하고. 해외출장을 갈 때는 한 점의 이혹을 없애기 위하여 관광이니 여행을 포힘시키는 것은 당연히 금해야 할 뿐 아니라 출장목적에 배치되는 어떠한 일을 해서도 안 된다. 출장비의 지출은 출장업무에 꼭 필요한 비용만으로 한정되어야 하며, 다른 어떤 용도로도 지출되는 것은 금해야 한다. 특히 해외출장 시에 사적인 일로 인해 기간을 연장하는 것은 의혹의 여지가 있으므로 절대로 연장해서는 안 된다. 공무가 아닌 사적인 일로 외출이나 여행을 갈 때는 보좌관이나 비서를 대동하는 것은 절대로 금해야 하고, 고향이나 모교를 방문할 때는 더욱 유념해야 한다.

인생에 여름을 맞이하고 있는 정치지도자나 재계(財界)의 총수들이여, 여러분이 국가와 사회를 위해 헌신해온 노고와 업적은 길이 역사에 남게 될 것으로 믿는다. 그러나 만약 어느 조그마한 영역에서 개인의 실수나 정부의 실책이 있었다면 그에 대한 불이익과 손해는 국민과 회사원들에게 돌아오게 되며 그것이 빚으로 남게 된다는 것을 항상 유념해야 한다.

특히 인생에 황금기를 살아가는 정치지도자들이여, 위에서 언급한 10가지 사항만 잘 지켜지면 인생에 가을이나 겨울을 살아갈 우리와 민족의 장래를 살아가게 될 후손들에게 떳떳하게 살아왔다고 말할 수 있지 않겠는가. 바로 여러분이 역사의 수레를 끌고 가는 운전사들이니 더욱 당부를 드리는 바이다. 특히 정치지도자들은 항상 군자(君子)라는 생각을 가지고 생활을 해야 한다. 『논어』에서 군자는 옳고 그르냐를 따지는데 밝은 사람이라고 하였다. 그래서 공자는 이로움이 될 만한 일을 보면, 먼저 그 일이 옳은 일인가를 생각해보라고 하였다. 따라서 공자는 군자의 의미를 지배 계층이라는 말 대신에 덕을 쌓은 사람으로 바꾸어 놓았던 것도 덕치를 강조한 대목임을 알 수 있다.

공자의 가르침과 같이 정치지도자들은 덕으로 국가를 경영하는 덕치(德治)만이 지고의 가치로 여겨야 하며, 그것만을 위해 살아가야 한다. 괴테는 "이 세상에서 가장 중요한 것은 내가 어디에 서 있느냐가 아니라 어느 방향으로 가고 있느냐이다."라고 하였다. 여러분이 목적을 위해 향하고 있는 그 방향이 국민의 의중이나 민심과 같은 방향을 향해서 더 나은 미래를 설계하고 그것을 이루기 위해서 노력하고 있다면 그것이 바로 덕치가 아니고 무엇이겠는가. 국민과 정치지도자와 국가와의 관계를 자동차에 비유하면 국민은 승객이요

영원한 인간관계

통치권자는 운전수이고 정치지도자들은 운전수를 보조하는 조수들이며 자동차는 국가라고 생각해보자. 자동차(국가)는 승객이 있어야만 차가 필요하게 되고, 자동차를 관리하고 운전해야 할 운전사와 보조원들이 있어야 승객들이 원하는 방향으로 모시게 될 수 있다. 운전사(통치권자인 대통령)와 그의 보조원(정치지도자나 각료)들은 승객(국민)의 안전한 운행을 위해 자동차(국가)에 대한 책임을 지고 승객을 모시는 것이 명실상부(名實相符)한 주권이 바로 국민에게 있다고 하는 주권국가라고 할 수 있다.

정치지도자들이여, 국민이 진정으로 바라는 것은 국민주권(國民主權)에 의한 법치국가(法治國家)로 법대로 살아가는 국가를 만들어, 국민 모두가 법 앞에 평등한 사회가 되는 것을 바라고 있음을 가슴에 새겨 두어야 한다.

정치지도자들이여, 지금부터 2,500전 민중의 삶을 걱정하고 염려했던 공자의 위민사상을 본받아야 하지 않겠는가. 그는 민주주의를 민중을 위하는 위민주의(爲民主義)와 민중을 사랑하는 애민주의(愛民主義)로 생각하고 이를 실현하기 위해 어진 정치를 강조했었다. 그의 인(仁)사상과 어진 정치는 부자와 강자를 위한 것이 아니라 약자와 기층 민중을 위한 것이었음을 분명하게 하고 있다. 우리가 2,500년 전에 앞서간 공자를 그리워하는 이유도 바로 약자와 기층 민중을 위한 위민사상을 펼친대서 찾아야 한다.

위대한 정치인이 되기를 원한다면 관세음보살(觀世音菩薩)의 마음을 닮아가야 한다. 관세음보살의 마음은 세상의 소리를 들어 알 수 있는 보살이므로 중생들의 고통을 헤아리는 통찰력을 가지고 있는 마음이다. 관세음보살은 세상 사람들을 불행과 고통으로부터 구한다고 하여 구세관세음보살(救世觀世音菩薩)이라고도 한다.

　위대한 정치인은 국민의 큰기침 소리만 듣는 것이 아니고 고통받고 있는 민중의 신음 소리까지도 듣는 혜안을 가진 지도자로서, 그들의 아픔과 고통을 함께하는 삶을 살아가는 어진 지도자를 말한다. 마치 의사가 환자를 치료할 때 잘난 사람이나 못난 사람을, 가진 사람과 갖지 못한 사람을, 권력을 가진 자와 평범한 사람을 차별하지 않고 생명의 치료만을 위해 전념하듯이, 훌륭한 정치인은 민중의 고통과 슬픔과 아픈 마음과 통한(痛恨)을 마음으로 살펴서 그들의 아픈 마음까지를 달래주고 위로하는 민중과 더불어 삶을 살아가는 정치인을 말한다. 그러한 정치인은 모든 국민의 삶을 이해하고 수용할 줄 아는 민중과 더불어 살아가려고 노력하는 사람이다. 국민을 이해하려면 국민보다 낮은 곳에서 서서(under+stand) 보면 타인을 이해하게 되고 위정자의 인생이 더 밝아지게 되는 법이다. 항상 낮은 곳에서 자신을 세우는 지도자의 삶은 역사에 훌륭한 족적을 남기게 될 것으로 확신한다.

　의사가 죽어가는 인간의 생명을 많이 구제한 의사일수록 명의가 되듯이, 정치인도 국민의 일을 본인의 일로 생각하고 그들의 아픔과 고통을 치유하는 정책대안을 제시하여 관철하는 정치인이 훌륭한 정치인이다. 마치 의사가 환자가 없으면 존재해야 할 아무런 이유가 없듯이 정치인 역시 국민이 없는 정치인도 존재할 이유를 느끼지 못하는 것은 너무나 당연하다. 바로 의사는 환자가 있어야 살아갈 수 있으며, 정치인은 국민이 있어야 살아갈 수 있는 것과 같이 양자관계는 서로 뗄 수 없는 불가분의 관계를 맺고 있음을 간과해서는 안 된다. 이러한 인간과 인간 간의 관계는 일 년 사계절인 봄·여름·가을·겨울이 서로 떨어져 있으면서도 뗄 수 없는 불가분의 관계에 있는 자연의 이치와 다르지 않다.

　자연이 진행해 가는 모든 질서를 자연의 이치라고 하며, 인간이 살아가는 삶의 방식도 자연의 이치를 따라야 하는 것이기 때문에 위에서 언급한 정치인들이 지켜야 할 10가지 사항도 이치에 합당한 것이니 꼭 실행해야 한다.

환경과 인간생활과의

관계

환경과 인간생활과의 관계

1. 도전적(挑戰的)인 삶의 인생

여기서 도전(挑戰)이란 용어를 사용한 것은 인간이 살아가는 삶의 현장이 호락호락하지 않고 많은 풍파와 우여곡절을 이겨내야 하기 때문에 용어의 이미지가 강한 단어를 쓰게 되었다. 여기서 도전은 대인관계에서 맞서 싸우는 것과는 달리 인생에 희로애락이 마치 하늘에 구름이 일어나듯 계속적으로 반복되는 변화무쌍한 환경을 어떻게 싸워 이겨나갈 것인가에 대해 고민한 끝에 도전이라는 용어를 사용하게 되었다.

앞에서 전개했던 대부분의 내용들은 인간과 자연, 인간과 인간 사이에서 일어나는 관계를 언급했다면, 여기서는 인간이 살아가는데 있어서 처한 환경을 극복하기 위한 마음가짐이나 실천의지에 관하여 함께 생각해 보기로 하자.

　인간이 살아가면서 피할 수 없는 것이 환경이고 그 환경에 순응하면서 살아가는 것이 삶의 지혜이다. 인간의 삶과 직결되는 환경은 크게 자연적인 환경, 가정환경, 교육환경, 사회정치적 환경, 직장환경 등으로 나누어 볼 수 있다. 이러한 다섯 가지 환경에서 순응만 하면서 살 것인가? 아니면 도전적인 자세로 살 것인가? 그렇지 않으면 순응과 도전의 혼합된 삶을 살 것인가? 에 대한 세 가지 물음을 통해서 다양한 환경에 대응하는 효율적인 방법이나 삶의 지혜에 대하여 이야기하려고 한다.

　첫째, 인간의 생활은 자연환경을 떠나서는 살 수 없기 때문에, 자신이 처한 자연환경을 어떻게 극복하면서 살 것인가?

　둘째, 인간이 누구나 가정을 떠나서 살 수 없다. 따라서 다양한 가정환경에 어떻게 적응하면서 극복해야 할 것인가?

　셋째, 인간은 교육을 받지 않고서는 인간다운 삶을 살아가는데 어려움이 따르게 된다. 특히 유년시절이나 청소년기에 교육환경은 인생에서 중요한 비중을 차지하고 있는 시기임이 분명하다. 따라서 바람직한 교육환경은 어떤 것이며 어떻게 대처할 것인가?

　넷째, 정치사회적 환경과 인간생활괴는 밀접한 관세를 맺고 있기 때문에 여기서 생기는 불평등으로 불안과 갈등을 어떻게 해결할 것인가?

　다섯째, 현대인들은 하루의 일과를 대부분 직장에서 보내고 있으며 직장은 개인의 경제생활에 중심이 되는 터전으로 가정의 생계와 직결되는 곳이기도 하다. 직장은 우리가 살아가는데 가장 소중한 곳이어서 원만한 직장생활이 자신은 물론이고 가족들의 삶에 절대적인 영향을 미치게 된다. 그렇다면 가장 소중한 직장에서 어떠한 자세로 살아야 할 것인가는 아주 중요한 문제가 아닐 수 없다.

위의 내용을 요약하여 정리하면 아래와 같다.

가. 대상이 되는 환경

1) 자연환경 2) 가정환경 3) 교육환경 4) 정치사회적 환경 5) 직장환경

나. 세 가지 물음

1) 순응이냐? 2) 도전이냐? 3) 순응과 도전의 혼합이냐?

이와 같이 다양한 환경에 처해 있을 때 삶의 방식에 대한 선택권은 바로 여러분 자신이 결정해야 할 문제이다. 나 스스로 그때그때 상황에 따라 그 환경에 순응하느냐, 아니면 도전하느냐, 그렇지 않으면 순응과 도전의 혼합을 할 것인가에 대해 어느 하나를 택해야만 한다. 따라서 사람이 살아가는 여러 가지 방법을 비교하여 자신에게 가장 이상적이고 합리적인 선택을 하는 것이 삶의 당당한 모습이라고 할 수 있다.

영원한 인간관계

자연환경

　인간의 생활은 자연환경을 떠나서는 살 수 없기 때문에, 자신이 처한 자연환경을 어떻게 극복하면서 살 것인가?

　사람이 자연환경에 순응하면서 살 것인가, 아니면 도전하면서 살 것인지, 아니면 순응과 도전을 혼합하여 살 것인가에 대하여 가상적(假想的)인 질문을 통해서 그 답을 찾아보려고 한다.

　자연환경은 자기가 태어난 고향에 자연환경과 현재 살고 있는 곳에 자연환경으로 나누어 볼 수 있다. 유년기나 청소년기에 생활했던 고향과 마을 사람들의 인심이 인격형성에 미치는 영향은 상당한 관계가 있을 것으로 보아야 한다. 그러나 우리가 태어나서부터 살아온 고향은 산천을 제외하고는 많은 변화가 일어난 것은 부정할 수 없는 일이다. 이러한 변화는 발전이라고 하는 긍정적인 측면과 환경파괴라고 하는 부정적인 측면으로 나누어 볼 수 있다. 물론 환경파괴 이전의 자연환경에서 성장한 사람들의 인격형성은 그렇지 못한 환경에서 자라난 사람들에 비해 좋은 결과가 나타나는 것으로 생각한다. 그러나 훌륭한 자연환경에서 태어난 사람이라고 해서 모두가 다 성공한 인생을 사는 것도 아니고, 깊은 산중이나 섬과 같은 대체적으로 자연조건이 열악한 곳에서 태어나서 자라난 사람들이라고 해서 모두가 성공하지 못한 것도 아니다. 그 자연환경을 어떻게 생각하면서 살아갈 것인가가 중요한 관건이라고 할 수 있다.

　인간생활에서 자연환경이 차지하는 비중은 다른 어떤 환경에 비교되지 않을 만큼 큰 비중을 차지하고 있다. 이런 이유는 자연환경의 훼손이나 파괴가 지역민이나 주변 생태계에 부정적인 영향을 미치기 때문이다. 그래서 자연환경은 본래 있는 그대로의 환경이냐 아니면 인위적인 변화를 통해서 긍정적으로 환경을 아름답게 할 것인가, 그렇지 않으면 경제성에 우선순위를 두고 자연의 파괴를 감수해야 할 것인가에 대한 선택을 놓고 고민해야 하는 것이 현실적인 문제이기도 하다. 자연환경에 순응만 한다고 가정했을 경우에 자연환경을 그대로 보전하여 인간생활에 유익한 긍정적인 측면이 있는 반면에, 개발을 위하여 택지나 공장 부지를 확보하려고 할 때에 민원이 발생하여 발전을 저해하는 요인으로 작용하게 되는 부정적인 측면도 없지 않다. 역시 자연환경에 지나친 도전을 해야 한다는 가정했을 경우에도 문제는 생기기 마련이다. 여기서 자연환경에 도전이라는 표현은 자연환경을 파괴하고 훼손시켜 인간에게 고통의 짐이 된다는 의미로 이해하여 주기 바란다. 자연환경을 훼손만 한다고 가정하면, 이것은 발전이 아닌 자연의 파괴이자 인간생명을 단축하거나 파멸로 가는 확실한 길임을 알아야 한다. 무분별한 자연의 파괴가 생태계를 변화시켜 인간생명을 위협하고 있는 현실에 둔감(鈍感)한 것은 지혜롭지 못한 처사임을 알아야 한다.

자연환경의 순응과 환경의 도전(파괴)에는 둘 다 긍정적인 측면과 부정적인 측면을 가지고 있는데, 부정적인 문제들을 어떻게 해결해가야 할 것인가를 깊이 생각해보아야 한다. 위의 양자는 어느 하나가 없어서도 안 되며 꼭 있어야 하되 어느 정도를 유지하느냐가 문제의 핵심 요체(要諦)이다. 그렇다면 양자를 아우르는 것이 있다면 그것은 분명코 어떤 원리가 작용한 것이니 그것을 따르는 것이 합당할 것으로 보아야 한다.

영원한 인간관계

인간이 자연환경에 순응과 도전하면서 살아가는 것을 생각해 볼 수 있다. 자연환경에 지나친 순응이나 지나친 도전(파괴나 훼손)은 절대로 있어서도 안 되며 그렇게 될 경우에, 지나치게 순응하면 인간으로의 삶이 아닌 동물처럼 문화생활을 누리지 못하고 원시인과 같은 생활을 하게 될 것이고, 지나치게 훼손하고 파괴하면 인간의 생존이 어렵게 될 것이니 양 극단적인 선택은 피해야 한다. 이것이 어느 한 쪽으로 치우치지 않는 중도(中道)의 길이며, 과하거나 부족함이 없는 중용(中庸)의 진리이다. 자연환경을 보호하는 것은 인간의 생명을 보호하는 일과 같아서 생활 이전의 생존문제임을 절감하고 대응방안을 모색해 나가야 한다. 우리는 환경문제와 관련하여 자연환경을 잘 지키고 보존하여 영원토록 후손에게 넘겨주는 보존(保存)이냐, 산업화나 정보화시대에 걸맞은 경쟁으로 인간의 욕망을 충족시키기 위한 개발(開發)이냐를 놓고 서로의 주장이 달라 자주 갈등이 있는 것은 인간의 욕망이 무한하기 때문이다. 자연환경을 훼손하면서 인간의 욕망을 충족시키려는 개발에는 문제가 있다.

환경문제는 보존이냐 개발이냐를 놓고 서로 다른 주장을 절충하는 것이 가장 현명한 방법이다. 어느 한 쪽이 지나친 주장을 하면 앞으로 나갈 수가 없고 힘 있는 사람만 사는 세상이 된다.

문제는 공존(共存)이라는 가치관을 실현하기 위한 마음가짐과 언어표현의 방법, 사람을 대하는 태도와 같은 행위가 따라 주느냐 하는 문제이다. 자연환경을 보전하자는 주장과 자연환경의 파괴를 최소화하여 개발을 하자는 양측이 서로를 위하고 우리 사회와 국가를 위하는 순수한 마음에서라면 한 걸음씩 서로 양보하지 못한다는 이유가 없지 않는가. 그렇다면 쌍방이 서로 공존이라는 가치의 실현을 위해서 이해하고 타협하며 양보하는 미덕을 보이게 됨으로써 융화가 이루어지게 될 것이다.

두 번째 질문은 개인차원의 인간관계에서 상대방의 생각과 행동에 대해 피동적으로(순응) 살 것인가, 아니면 능동적으로(도전) 살 것인지, 아니면 피동과 능동(순응과 도전)을 혼합하여 살 것인가에 대한 질문이었다.

인간생활은 개인과 개인 사이의 관계를 떠난 생활이란 생각할 수도 없는 가장 기본적인 사회구성의 요체이어서 인간관계의 시작이자 끝이라고 할 수 있을 만큼 소중한 관계임이 분명하다. 개인관계는 부모와 자식, 형제에서부터 시작되어 친구, 부부, 스승과 제자, 직장동료들과 개인적인 관계를 맺고 사는 데서 모든 일이 이루어지고 있다. 이러한 인간관계에서 일어나는 일 중에서 인간의 본래 마음을 해치는 욕심, 성냄, 어리석음과 같은 삼독(三毒)에 의한 괴로움이 생겨나기도 하고, 착하고 성스럽고 아름다운 마음이 일어나기도 하면서 살아가고 있다. 대부분 인간이 겪고 있는 번뇌(煩惱)나 희로애락은 바로 인간과 인간의 관계에서 생겼다가 없어지는 것으로, 마치 하늘에 검은 먹구름과 하얀 구름이 서로 번갈아 생겨났다가 다시 사라지는 것이 반복해서 거듭되는 것과 다르지 않다. 이와 같이 변화무쌍한 인생살이는 인간관계에서 시작되고 인간관계가 단절되면 인간이 태어난 본래의 곳으로 돌아가게 된다. 그래서 인생은 링 안에서 싸우는 권투선수가 혼자서 싸우지 못하는 것처럼 만남이 없고 관계가 없는 인간생활이란 있을 수 없기에 인간관계는 그만큼 중요하다.

먼저 개인 간에 대인관계에서 순응적인 태도 즉 수동적인 자세가 특별한 경우를 제외하고는 바람직한 관계형성이라고 할 수는 없다. 개

영원한 인간관계

인과 개인 간에 이루어지는 일이 어느 한 쪽의 순응적이고 수동적인 언어구사나 행동은 소극적인 사람으로 인식될 가능성이 높다고 보아야 한다. 순응도 합리적인 순응과 불합리한 순응으로 구분하여 생각해 볼 수 있다. 전자는 합리적 사유나 행동에 대해 동감하고 이를 따르는 것이라면, 후자는 상대의 뜻에 아무런 조건 없이 따르는 것으로 어떻게 보면 순응이 아닌 복종하는 인상을 받게 된다. 따라서 성현(聖賢)이나 선각자(先覺者) 또는 훌륭한 스승의 가르침에 순응하는 것은 도리에 맞는 일이지만, 여타의 경우에 수동적이거나 소극적인 자세나 태도는 두 사람의 관계를 둘 다 실패(失敗)하는 양자패패(兩者敗敗)가 일어나게 된다.

개인 간에 대인관계에서 도전적(능동적, 적극적)인 태도로 살아가는 것은 어떠하겠는가에 대한 가상적인 물음이다. 일생을 도전하면서 사는 적극적인 사람과 매사에 소극적인 자세로 임하는 사람과는 대조적인 삶이 전개되는 것은 너무나 당연한 일이다. 상황이나 여건에 관계하지 않고 무조건적인 도전이나 적극적인 태도 역시 절제라는 미덕을 훼손할 가능성이 있기 때문에 경계해야 할 일이다. 인생에서 지혜롭지 못한 도전은 무지한 용기에 불과하며, 그것은 바로 무지이고 무식한 사람으로 비웃음의 대상이 될 수도 있다. 인생을 적극적인 마음가짐으로 사는 것은 본받아야 할 일이지만 지혜가 따르지 않은 도전정신은 불합리성을 지니고 있어서 이것 또한 경계해야 할 일이다. 도전과 적극적인 생활태도는 반드시 서로의 안전과 공존적 가치를 훼손하지 않는다는 합리성이 전제되어야 하는 것이기 때문에, 도전적인 생활태도와 지혜와의 관계는 서로 맞물려 돌아가야 한다.

지혜가 없는 마음가짐으로 정면으로 맞서 싸우려는 도전(挑戰)적인 행동이나 태도는 무모한 짓임이 분명하다. 인생을 살아가면서 지혜롭지 못한 용기나 도전이나 적극성은 반드시 경계해야 할 일이다. 지혜가 위대한 성인(聖人)이라면 도전은 그 가르침을 행하는 제자들에 비유되는 것으로, 마치 양자의 관계는 인생의 스승과 제자 사이가 되는 셈이다. 그러니 지혜와 도전적인 언행과의 양자관계는 서로 분리해서 생각할 수 없는 관계다. 이러한 삶의 지혜를 알려면 자기의 존재가치가 어떻게 생겨나는지 그 연유를 깨달았을 때 지혜로운 삶에 대한 참 뜻을 느끼게 될 수 있다. 그러면 나는 누구와 함께 생활하며 희로애락을 누구와 함께 하고 있는지 살펴보아야 한다. 인간의 존재가치는 희로애락을 함께 하는 그들과의 관계 속에서 저주, 불안, 우정, 사랑, 존경을 받으면서 순간순간 자신의 인격이나 몸값을 생각하고 인정받게 될 때 자신의 가치를 알게 된다. 이러한 가치가 일어나서 소멸되는 과정을 미리 예견하고 그 일에 대응하면서 살아가는 것도 지혜로운 삶이라고 말할 수 있다.

우리는 여기서 이 세상에 존재하는 모든 사물이 인연으로 생겨난 것이며 변하지 않는 참다운 자아의 실체는 존재하지 않는다는 제법무아(諸法無我)의 진리가 생각난다. 사실 "나"라는 실체도 부모, 형제, 이웃, 친구, 스승과 제자 그리고 모든 지인과 관계를 떠나서 나는 존재하지 못하는 것과 다르지 않다. 바로 나의 존재가치는 이들과 함께 살고 있다는데서 느끼게 된다.

이와 같이 환경과 여건이 갖추어지지 않은 상태에서 단순한 도전정신이나 적극적인 사고는 남의 비웃음이나 놀림을 받는 조롱(嘲弄)거리에 지나지 않을 수도 있다. 모든 일이 자기 혼자서 일반적인 가치를 표출한다는 것은 아무런 쓸모가 없는 무의미한 짓에 지나지

영원한 인간관계

않는다. 본래 관계를 떠나서 도전이란 용어는 존재할 수 없기 때문이다. 이러한 개인들 사이에서 관계의 불가분성에 대한 진리는 화엄종(華嚴宗)의 종주(宗主)인 원효대사나 의상대사의 가르침에서도 확인할 수 있는 일이다.

『해동고승전(海東高僧傳)』에 의하면, 원효대사(元曉大師)는 깨끗하고 더러운 것이 둘이 아니라고 하는 "정예불이(淨穢不二)"라는 말을 남겼던 것이다. 그는 정토(淨土)도 마음에 있는 것이요 예토(穢土)도 마음에 있는 것이니 깨끗하고 더러운 것이 둘이 아니고 한마음에 달렸다. 의상대사(義湘大師)도 법성게(法性偈)에서 만물의 공존성(共存性)과 관련하여 다음과 같은 진리의 가르침을 남겼었다.

"일중일체 다중일(一中一切 多中一), 일즉일체 다즉일(一卽一切 多卽一), 법성원융 무이상(法性圓融 無二相)"라는 유명한 가르침의 말이다. 이 말은 하나에 모두가 있고 많은 속에 하나 있어, 하나가 곧 전체이고 전체가 곧 개체이다. 그래서 법의 성품은 원융하여 본래 두 모양이 없다고 하였다. 위에서 언급한 가르침은 너와 내가 둘이 아니고 하나가 전체이고 전체가 바로 개체라고 하는 것은 본래 법의 성품이 원융하여 두 모양이 없다고 하였다. 따라서 모든 것은 마음먹기에 따라서 하나로 또는 전체로 생각할 수 있다. 내가 없는 네가 있을 수 없으며, 네가 없는 우리도 있을 수 없고 우리를 떠나서 나도 없으니, 마치 가장자리에 있는 거미줄과 제일 안쪽에 있는 거미줄이 보기에는 서로 다르게 보이지만 모든 거미줄이 서로 밀접한 관계여서, 어느 한 쪽의 거미줄의 기능이 마비되면 전체의 거미줄에도 그 기능이 마비되는 것과 그 이치가 다르지 않다.

이와 같이 지혜가 보장되는 모든 여건이 어느 정도 갖추어졌을 때

도전적인 행태(行態)는 탄력을 받게 된다. 그러나 일정한 기본적인 여건이 갖추어졌음에도 적극적으로 임하지 않는 것은 관계의 필연성법칙을 이해하지 못하기 때문이다.

개인차원의 인간관계에서 순응과 도전적인 삶을 혼합하면서 살아가는 대인관계가 바로 지혜에 순응하면서 주어진 환경을 극복해가는 대인관계를 말한다. 이것이 바로 순응과 도전이 상합을 이루는 합리적인 대인관계라고 할 수 있다. 순응과 도전이 융화하는 대인관계는 천리(天理)가 따르는 지혜와 적극적인 도전정신이 상친(相親)하기 때문에 상대를 기죽이게 하거나 위축되게 하지 않으며, 자만하거나 거만하지 않으며, 상대방의 흠이나 약점을 들추지 않으며, 언짢아하는 표정이나 말과 행동을 하지 않으며, 자기 자랑이나 잘 난체하지 않는 것이 순응과 도전이 혼합되는 융화의 길이다.

인간이 살아가면서 이러한 다양한 환경에 어떻게 적응해 갈 것인가 하는 것은 쉬운 일이 아니다. 나 자신이 다양한 환경과 시시각각으로 변하는 상황을 판단하여 처리해 간다는 것은 정말 어려운 일이 안일 수 없다. 그래서 인생을 고통의 세계 또는 괴로움이 끝이 없는 인간세상이라고 하여 고해(苦海)라고 하였다. 인간은 주어진 환경이나 변화에 적응하면서 결심한 도전의 끈은 절대로 놓아서는 안 되며 뜻을 이룰 때까지는 다양한 환경에 순응과 도전을 혼합하여 살아가는 지혜에 익숙해져야 한다.

자기가 태어나 성장기를 보낸 고향에 자연환경이 인간생활에 어떠한 영향을 미치고 있으며, 현재 성장기에 있는 청소년들은 어떤 영향을 받으면서 살고 있는가를 살펴보도록 한다. 인간은 자연환경이 좋든 나쁘든 일단 자기가 살고 있는 고향에 공기, 물, 산천과 초목, 이웃 사람들이나 친구들과 함께 하면서 고향의 자연환경에 적응하면서 살아왔었다. 그러한 환경에 적응하며 살아오면서 정신에 베어 있는 자연환경에 순응성이 자연의 순리라고 받아들이며 살아가게 된다. 청소년 시절을 산악지대나 깊은 산간지역에 살았던 사람들의 성격을 보면 자연환경에 많은 영향을 받은 것으로 나타나고 있다. 즉 주어진 자연환경을 극복해야 살아갈 수 있다는 생존의 법칙을 어려서부터 길들여 왔기에 고향의 산천과 마을은 마치 나를 나아준 부모의 가르침을 주신 스승과 다르지 않기에 늘 잊지 못하고 그리워한 것도 바로 그러한 이유 때문이다. 자연환경에 순응한다는 것은 인간의 생존법칙에 긍정적으로 작용하는 삶을 의미한다. 산간에 사는 어린이들은 매일 학교에 가려면 산을 넘고 냇가를 건너 수 십리의 길을 걸어야 하는 것이나, 산간에 사는 어른들이 문명과 문화의 혜택을 받으려고 읍, 면 소재지로 나오는데 먼 길을 일주일에 한두 번씩 걷는 것이 생활화되어 있어 크게 불편을 느끼지 못하면서 사는 것이 자연환경에 순응하는 삶이다. 만약의 경우 고향을 떠나 교육환경이 좋은 도시에 나와 살면서 성공한 사람이 있다면 그러한 경우도 청소년기에 고향의 자연환경에서 생존법칙을 터득하고 몸소 경험한 바를 통해 얻은 인내의 씨앗이 충실하게 자란 결과라고 할 수 있다. 어린 시절에는 고향에서 자연환경에 순응하는 것이 자연의 이치요, 청소년 시절에 도시에 유학하기 위해 고향을 떠나는 일은 대단한 용기이자 도전이다. 그런 사람이 도시생활에서 살아남기 위한 생활의 원동력은 고향의 자연환경에서 배웠던 순응과 도전의 적절한 융화의 생존법칙에서 경험하고 터득했기 때문이다.

봄에 꽃이 피어 여름에 열매를 맺어 가을에 결실을 볼 수 있듯이,

고향의 자연환경에서 경험했던 순응과 도전이라는 생존법칙을 도시 생활에서 그대로 이어가는 것은 지극히 당연한 순리적인 삶이라고 할 수 있다. 만약에 고향에 자연환경이 산중이나 농촌과 같은 시골이 아니고 도시의 자연환경일 경우에도 자연현상에서 보고 느끼며 생각했던 경험을 통해서 얻은 것은, 자연환경에 많은 영향을 받게 되며 거기에 순응하면서 살아야 한다는 것을 배우게 된다. 그러나 도시에서 성장한 사람들도 자연환경에 순응만이 인간생활에 전부가 아니라는 것을 너무나 잘 알고 있다. 그들은 빽빽하게 들어 있는 건물 사이에 가로수를 심는 이유와 필요성을 잘 알고 있다. 가로수를 심는 행위는 도전정신이지만 나무가 크게 자라난 후에는 그 나무로부터 혜택을 받게 되는 것은 자연환경에 순응적인 삶이다. 도시의 한 중심을 흐르는 시냇물이 홍수로 범람하여 피해를 입을 때도 있지만, 제방을 튼튼하게 쌓아서 안전하게 생활하는 것도 보았을 것이다. 강에 물이 범람하여 피해를 당하는 것은 순응해야 하고 제방을 높이 쌓아 예방하는 것은 도전이니 순응과 도전에 융화라는 삶의 가치인 생존의 법칙을 도시에서 자란 그들이라고 어찌 모르겠는가. 자연환경의 지배를 완전히 거부할 수도 없는 일이고 그렇다고 해서 100% 수용할 수만 없으니 주어진 상황이나 여건에 적절하게 대응하면서 살아가는 것이 삶의 지혜다.

자연환경을 조성하고 가꾸어 가는 것이 도전적이라고 한다면, 본래 있는 그대로의 자연환경에 적응하면서 사는 것은 순응이며, 인간이 조성한 자연환경에 따라 사는 것은 도전과 순응이 융화를 이루는 삶이라고 말할 수 있다.

이와 같이 자연환경이 성장기에 있는 어린들이나 청소년들의 성격형성에 많은 영향을 주기 때문에, 지혜로운 사람은 주어진 자연환경을 긍정적으로 받아들이며 순응과 도전을 혼합하여 활용하는 삶을 살아가야 한다. 주어진 환경을 순응과 도전을 융화하여 성공적으로 인생을 살아가는 사람은 그 인생의 주체가 바로 자기 자신이라는 것을 아는 사람이다. 그런 사람은 자신의 마음과 의지의 실천 정도에 따라 인생의 향방과 판도에 크게 영향을 미치게 된다는 것을 믿고 행하는 사람이다.

조용하고 한적한 암자에서 인생에 생로병사의 고통을 어떻게 줄여줄 수 있을 것인가에 대한 화두를 놓고 참선에 정진해오던 중 시간의 흐름을 완전히 잊고 있었던 진묵 스님의 이야기를 소개하려고 한다.

노년기에 있던 진묵 스님이 수행과정에서 얼굴에 거미줄이 처 있는 줄도 전혀 모르며 시간의 흐름을 잊어버린 채 그는 처해있는 환경을 참선으로 보냈던 과정에서 일어났던 일로 세상 사람들을 놀라게 했던 이야기이다. 서경보의 『불교사상전집 9』에 의하면 속가의 이름이 일옥(一玉)이었던 진묵대사(震默大師)는 조선 인조 때(1562~1633)의 승려로 술을 잘 마시기로 유명한 스님이기도 하다. 그는 신통력을 발휘하여 많은 이적(異跡:奇跡)을 행하였다고 한다. 석가의 소화신(小化身)으로 추앙받았으며 그의 신동력은 상상을 초월한 것으로 알려지고 있다. 진묵대사가 전라도 부안군 변산 월명암(月明庵)에 있을 때 있었던 일이다. 그 암자에 기거하는 스님들은 시주를 얻기 위하여 탁발동냥을 나가고 암자에는 진묵 스님과 시봉을 드는 기춘이만 남아 있었다고 한다. 어느 날 기춘이는 진묵 스님에게 "스님, 제가 이 근처에 있는 속가(俗家)의 일가 집에 갔다 오려고 합니다." 다녀와도 되겠느냐는 물음에 흔쾌히 다녀오라는 승낙을 들은 후에, 기춘이는 스님, 제가 하루만 묵고 오겠습니다. 스님은 "하루? 그래라. 스님 공양을 부엌에 차려놓고 갑니다. 차린 것이 변변치 않지만, 끼니때가 되면 잡수십시오."라고 말씀을 드렸더니, 스님은 "오냐. 내 염려는 말고 잘 다녀오너라."라고 분명히 대답을 하였었다. 시봉인 기춘이는 자기 말한바 대로 근처 일가 집을 다녀 그 다음 날 저녁에 암자에 돌아와 보니 진묵 스님은 인연(因緣)과 만유(萬有)를 설명해 놓은 능엄간경(楞嚴看經) 삼매(三昧)에 들어 있었다. 기춘이는 스님께 돌아왔다는 인사를 드리자, 스님께서는 "그 무던히도 빨리 돌아왔구나."라고 하면서 그때야 기춘이를 돌아다 보는 것이었다. 그때 기춘이가 부엌으로 들어가 보았더니 전날 차려놓은 음식이 그대로였다.

그러니까 진묵 스님은 기춘이가 암자를 나간 후, 먹지도 자지도 않고 때가 지나는 줄도 모르고 삼매경(三昧境)에 들어 있었다.

진묵 스님이 한 가지 일에 빠져 있는 약 30시간이라는 시간을 아주 짧은 시간으로 여겼기 때문에 기춘이에게 "무던히도 빨리 돌아왔구나."라고 하였다. 이러한 진묵 스님의 고도의 집중력은 오직 하나의 대상에만 정신을 집중하는 경지에서 인간의 고통을 어떻게 하면 덜어줄 것인가에 대한 해결의 삼매경에 빠졌을 것으로 사료된다.

또 진묵 스님이 상운암(上雲庵)에 있을 때 있었던 일이라고 한다. 암자에 있는 승려들이 탁발동냥을 나가면서 진묵 스님께 다녀오겠다고 인사를 하면서 이번에 나가면 좀 오래 있을 것 같다고 하였다. 진묵 스님은 오래라니 얼마나 있다가 오려고 그래? 라고 물으니 대중 가운데 한 승려가 한 달쯤 될 것 같다고 하였다. 스님 혼자 계시니 적적하시겠습니다. 라고 하자 진묵 스님께서는 알았으니 내 걱정하지 말고 잘 다녀오라고 하였고, 그들은 암자 밖으로 발길을 향했다.

영원한 인간관계

그 후 대중들은 떠날 때 말한 대로 한 달이 넘게 탁발동냥을 하고 돌아왔었다. 대중들은 암자로 돌아오면서 스님 혼자서 공양이나 제대로 하셨는지 또 빨래라도 제대로 하셨는지 걱정을 하면서 암자에 들어섰다. 그러나 암자에는 인기척이 없이 조용하였고, 뜨락 옥수수 대에 베짱이가 한가롭게 앉아 쉬고 있었다. 진묵 스님이 있는 거실로 가서 방문을 열어봤지만, 거기도 없었다. 방문을 닫으려다가 보니 동편 쪽에 있는 문이 열려 있었다. 거기에 진묵 스님이 당신의 손을 문턱에 짚고 벽에 기대인 채로 앉아 있었다. 진묵 스님의 그 모습은 마치 사람이 아닌 고정된 물체처럼 보였던 것이다. 그런데 뭔가 움직이고 있었다. 이게 무슨 일인가, 그 움직이는 것은 거미가 진묵 스님의 얼굴에 유유히 거미줄을 치고 있었다. 더욱 놀라운 것은 문턱을 짚고 있는 손등에 피가 흘러 말라붙어 있었다고 한다. 말라버린 피는 열어놓은 방문이 바람에 닫히면서 문턱을 딛고 있는 손을 쳐서 상처를 입혔는데도 그 사실을 전혀 모르고 있었으며, 대중들이 앞에 와있는 것도 모르고, 깊은 잠에 빠져 있는 것처럼 보였다고 한다.

스님, 스님, 기춘이가 흔들어 깨우자 그때야 진묵 스님은 몸을 일으키니 옷에 쌓여 있던 먼지가 우수수 떨어졌다고 한다. 깊은 선정에 빠져있던 진묵 스님은 대중을 돌아보며 "너희들 벌써 왔니?"라고 묻자, 기춘이는 놀란 표정을 하며 "스님 벌써 이라니요?"라고 하였던 것이다. 그때 스님은 "하루 이틀 됐니?"라고 묻자, 한 달이 넘어 돌아왔다고 하니 "그래! 하루면 어떻고 한 달이 갔으면 어떠냐."라고 하며 먼지를 털며 일어났다고 한다.

진묵대사는 자기에게 주어진 환경과 여건을 최대한 활용하여 자신이 스스로 상상 속에서 공(空)의 세계를 펼쳐놓고 한 달 이상의 많은 시간을 하루 이틀의 짧은 시간으로 생각하였으니, 그 상상 속에 공(空)의 세계가 어찌 현실에 인간세계와 무관할 수 있겠는가. 바로 진묵대사는 현실이라는 실상세계와 이상적이라고 하는 공(空)의 세계를 융화하여 실현시키려는 시공을 초월한 큰 스승임이 분명하다. 진묵대사의 상상 속에서 구상했던 공의 세계는 분명히 빈곤한 사람과 부유한 사람이, 무식한 사람과 유식한 사람이, 권력을 가진 사람과 대중이 서로 껴안을 수 있는 평등한 사회건설에 관한 구상이었을 것으로 생각할 수 있다.

이와 같이 속세를 떠난 한적하고도 열악한 공간이었던 암자에서 스님들의 생활에 대한 걱정보다는 세속에 사는 대중의 삶을 염려하고 깊숙이 성찰하는 스님의 마음과 의지는 때로는 순응하면서 때로는 자신에 대한 강한 도전이 서로 융화하는 삶을 살았던 400여 년 전에 진묵 스님의 이름이 오늘날까지 전해져 온 것은 우연한 일이 아니다.

대부분의 사람들은 어려움 속에서 고통받고 있는 빈곤층이나 서민들의 생활을 걱정하고 염려하는 시간이 하루에 단 몇 분이라도 되는지 우려되지만, 진묵 스님은 한 달 이상을 고통으로부터 벗어날 수 있는 밝은 세상을 찾기 위하여 그 방안을 모색하고 있었으니 놀랍지 않을 수 없는 일이다. 그것도 당신을 위한 상상의 세계가 아니고 서민이나 빈민들의 삶을 위한 진리의 길을 찾으려는데 큰 의미가 있다고 보아야 한다.

영원한 인간관계

가정환경

인간이면 특별한 경우를 제외하고는 대부분 가정이 있으며 가정은 자연스럽게 이루어진 것으로 사회형성의 근간이 되었다고 할 수 있다. 인간생활에서 가정은 생존과 직결되는 것으로 가정을 떠나서 산다는 것은 누구나 할 수 없는 일이라서 대부분의 사람들은 가정을 갖기 마련이다. 가정마다 서로 다른 가정여건과 다양한 환경을 갖고 있기 마련이다. 문제는 다양한 가정환경을 어떻게 적응하면서 극복해야 할 것인가에 대한 것이다.

인간생활에 중요한 부분을 차지하는 유년기와 청소년기에 가정환경을 자기 자신이 스스로 어떻게 적응하면서 살아갈 것인가에 대하여 생각해 보기로 한다.

가정환경이 성장기에 있는 청소년들의 인성형성에 미치는 영향은 다른 어떤 환경보다도 가장 크게 작용한 것으로 인식되어 오고 있다. 가정환경은 크게 부유한 가정, 정상적인 가정, 빈곤한 가정, 결손가정의 환경이 서로 다르고 이러한 환경에 대처하는 청소년들의 마음가짐이 다르다는 점에서 어떠한 사유방법(思惟方法)을 택하느냐가 주요 관심이다.

부유하거나 보통 가정을 정상적인 가정이라 하고 빈곤하거나 결손가정을 비정상적인 가정이라고 가정했을 때, 다양한 가정환경에서 일어나는 일들은 각양각색이어서 말로 다 표현하기 어려울 정도이다. 정상적인 가정환경에서 자라난 사람이든 비정상적인 가정환경에서 자라난 사람이든 환경의 지배를 받느냐 아니면 환경을 극복하느냐 하는 갈림길에서 자기의 선택이 중요하다. 그 기로(岐路)에서 결정해야 할 문제는 어떠한 사유방법을 택하느냐에 따라 인생의 성패(成敗)가 달려있다는 것을 믿고 신중한 사유의 선택이 있어야 한다. 올바른 사유의 선택과 실천을 향한 우직한 몸놀림과 성취지향적인 부단한 발걸음이 성공적인 삶으로 이끌어 준다는 것이 분명하다는 것은 꼭 선각자들의 가르침을 빌리지 않더라도 여러 가지 인생경험을 통해서 공감한 일이다.

그 사유의 선택 대상이 되는 핵심 용어(key word)는 정상적인 가정환경이나 비정상적인 가정환경에서 자라났을지라도 환경에 구애받지 않고 다음과 같은 합리적인 선택을 해야 한다. 그것은 소극적인 것이 아닌 적극적인 자세로, 태만한 것이 아닌 부지런한 자세로, 견디지 못한 것이 아닌 인내와 우직함으로, 포기와 좌절이 아닌 용기와 희망으로, 목표지향적인 거대한 걸음이 아닌 성취지향적인 조금한 걸음에 만족하는 삶을 선택하는 것이 인생에 가장 중요한 선택이라고 할 수 있다. 이러한 사유의 선택과 관철을 위한 불굴의 의지가 삶의 질을 향상시켜 주는 진정한 의미에서 주체적인 삶을 사는 사람이라고 할 수 있다.

이러한 주체적인 삶을 사는 사람은 반드시 능동적이며 순응과 도전이라는 융화(融和)의 고삐를 놓지 않는 사람을 말한다. 정상적인 가정환경을 이끌어 가고 좋은 환경을 조성하는데 절대적인 영향력을 가진 사람은 부모로서 부모의 마음가짐이나 언행과 이웃과의 대인관계가 정상적인 가정환경조성에 결정적인 영향을 미치게 된다. 그러면 좋은 가정환경을 조성하는데 부모가 지키고 따라야할 일을 언급하면 다음과 같다.

■ 부모가 훌륭한 가정환경조성을 위해 꼭 지켜야 할 다섯 가지 일

첫째. 부모의 기본적인 예절
① 부모의 가르침에 일관성이 있어야 하고 언행과 매사에 귀감이 되는 생
　활을 해야 한다.
② 부모의 목소리가 너무 크지 않아야 하며, 화를 내지 않아야 한다.
③ 기본적인 예절을 생활화한다.
④ 매사에 유연하며 귀감이 되는 언행으로 살아가야 한다.
⑤ 약속과 신뢰를 존중하는 생활을 해야 한다.

둘째. 부모가 서로 사랑하고 존경하는 것을 숨김없이 그대로 보여 주어야
　한다.
① 부모가 일심동체라는 인식을 심어 주어야 한다.
② 부모는 서로 사랑하며 경어를 사용해야 한다.
③ 부모는 생활 속에서 서로 생각해주고 위해주는 것을 보여 주어야
　한다.
④ 부모는 서로 잘못이 있을 때 이해하고 관용으로 받아 주는 언행을 생
　활화해야 한다.

셋째. 부모는 조부모에게 효도하며 부모의 형제간에 화목하게 살아야
　한다.
① 자녀들은 부모가 조부모에게 어떻게 하는지를 보지 않고도 잘 알고 있
　다는 것을 마음에 깊이 새겨야 한다. 부모가 조부모에게 효도를 하면
　자녀들이 따라 배우게 되는 것은 순리이다.
② 자녀의 부모가 친척들에게 각별한 관심과 애정을 갖고 있으면 자녀들
　은 바로 부모의 모습을 따라 배우게 되므로 친척들뿐만 아니라, 친지
　나 이웃 사람들에게도 예의에 벗어나지 않은 적극적인 삶의 모습을

보여 주어야 한다.

넷째. 자녀에게 자율성, 창의성, 책임감, 인내하는 습관을 기르는 기본적
인 교양교육을 한다.
① 자녀가 문제를 스스로 해결하는 법을 일상생활에서 익혀가도록 한다.
자녀의 일에 지나친 간섭은 삼가며 뒤에서 지켜보는 것이 오히려 더
바람직하다.
② 문제를 해결하는 방법으로 절차나 순서와 같은 과정을 글로 써서 부
모와 함께 토론하는 습관을 길러주는 것이 창의력을 향상시키는 데
도움이 된다.
③ 자녀가 능히 할 수 있는 일에 대해 책임을 주고 맡은 바 일을 끝냈을
때, 부모는 반드시 칭찬과 격려를 해주어야 하며 그 격려는 희망적인
이상과 꿈을 가질 수 있는 내용이면 더욱 바람직하다. 자기 집 화단에
어린 묘목 한 그루를 심어서 그 나무에 자녀의 이름표를 붙여주고 그
어린이가 묘목을 책임지고 가꾸어 보라고 한 후에 그 나무에 변화가
있을 때마다. 가족이 함께 보면서 칭찬하고 격려해주는 것은 어린 자
녀들에게는 자신감이나 희망을 갖게 하는 좋은 계기가 될 수 있다.
④ 모든 일이 인내 없이 이루어지는 것이 없다는 것을 보여주고 가르쳐
야 하며, 특히 언행에 신중함을 보이는 것도 인내를 가르치는 것과 다
르지 않다. 부모가 자녀에게 인내하는 좋은 습관을 길들이는 것은 바로
부모 자신의 언행에 대한 자제와 신중함이 자녀교육에 크게 영향을 미
치게 된다. 부모가 자녀에게 대하는 마음가짐과 언행은 마치 장래 나라
에 큰 동량(棟梁)이 될 사람을 기른다는 일관된 마음으로 대할 때 그것
이 바로 인내의 산교육이라고 생각한다.

미국에 정치가이었던 벤저민 플랭클린은 "천재는 단지 인내하는 습
관을 기른 사람일 뿐이다."라고 인내의 중요성을 말했다.

영원한 인간관계

다섯째. 부모는 여가를 이용하여 독서를 생활화하여야 한다.

① 부모는 휴일에 자녀와 함께 야외나 공원, 미술관이나 독서실, 영화관에 가는 것도 정서교육에 도움이 된다.

② 부모가 직장 일에 열중하는 것도 바람직하지만, 독서와 인간의 삶과 밀접한 관계를 느끼게 하는 것이 부모의 중요한 역할이라고 생각한다.

③ 인간이 살아가면서 어려운 일에 부딪힐 때 그 해법을 책에서 찾아야 한다는 것을 가르쳐야 한다.

④ 부모가 독서를 좋아하면 그 자녀들도 그렇게 따라 할 것이지만, 부모가 책을 멀리하면 자녀 역시 책을 멀리하게 된다. 평생 독서를 좋아하는 부모는 만인의 스승이며 지도자이지만, 책을 멀리하는 부모는 물론이고 자녀까지도 지도자의 입장에서 사회를 이끌어 가기란 어려운 일이다. 그래서 영국의 대문호인 셰익스피어는 보다 더 많이 알고, 보다 더 많이 일을 하고, 기대는 더 적게 하라고 하였다. Shakespere: "more than know, more than work, less than expect"
다른 사람보다 더 많은 것을 알기 위해 많은 지식을 쌓으려면 당연히 독서하는 길 이외에는 다른 방법이 없다. 그래서 괴테도 "가장 유명한 사람은 부단히 배우는 사람이다."라고 하였듯이, 부모가 자식에게 물려 줄 최고의 유산은 재물보다는 교육이고 교육에 기본이 바로 독서이기 때문이다. 이는 정상적인 가정환경에서 성장했거나 현재 성장하고 있는 청소년을 대상으로 한 부모가 해야 할 가르침에 관한 내용이다.

다음으로는 비정상적인 환경에서 자라고 있거나 이미 그런 경험이 있는 사람을 위해 제언(提言)을 하려고 한다.

이미 앞에서도 언급한 바 있지만 가장 중요한 문제는 이러한 환경에 처한 당사자들의 마음먹기에 달렸다고 본다. 예를 들면, '개천에서 용이 났다.'라는 말이 있다. 또 우리 주변에는 정상적인 교육을 받지 못하고 독학으로 사법고시나 행정고시에 합격하여 판검사가 된 사례나 대재벌이 되어 사회에 크게 공헌한 일을 기억하고 있을 것이다. 훌륭한 육상선수가 되려면 처음부터 고가의 유니폼이나 좋은 운동화를 신고 연습하는 사람이 아니고 허름한 옷에 맨발로 연습한 사람이 유명한 선수가 될 수 있음을 마음에 깊이 새겨야 한다. 부모가 잡아 온 고기가 우선 먹기에는 편하겠지만, 부모의 능력이 무한한 것이 아니어서 언젠가는 고기 잡는 법을 자신이 배워야 하는 것은 당연한 일이다. 그 당연한 일을 배우는 시기를 좀 앞당겨보려고 하는 생각은 본인 스스로 결정해서 선택해야 할 일이다. 스스로 고기 잡는 법을 알지 못하거나 늦게 터득하는 것은 마치 열악한 환경을 극복하지 못하는 것과 다르지 않아서, 자신이 주도해가는 삶이 아니고 타인에게 의지하거나 끌려다니는 피동적인 인생을 살게 된다.

특히 열악한 환경에서 청소년기를 보내고 있는 젊은이들에게 간절(懇切)한 마음으로 다음 사항을 제언한다.

① 만약 부모가 다 계시지 않을 경우에 고기를 잡는 법을 가르쳐 줄 사람을 두어야 한다.

② 돈벌이가 되는 일과 학습을 반드시 겸하되 마음이 약해지거나 중단해서는 절대로 안 되며, 일할 때는 반드시 웃는 얼굴을 한다. 노동과 같은 힘든 일을 할 때도 학습하는 마음으로 임해야 한다.

③ 고기 잡는 법을 완전히 터득할 때까지는 오직 중단 없는 도전만이 살 길이라는 점을 명심하고 항상 절약하고 검소한 생활을 습관화하여야 한다.

④ 여러분에게 방심이나 무절제나 좌절이나 예의에 어긋나는 일은 절대 금물이며, 희망과 용기와 부단한 노력만 있으면 자신도 모르는 사이에 영광의 화환을 목에 걸게 될 것이라는 확신을 가져야 한다.

⑤ 여러분은 작은 일에도 감사하며 도전과 극복을 좌우명으로 삼고 앞

영원한 인간관계

만 바라보면서 살아가야 한다. 도전과 극복만을 생각하며 살아가는 사람의 마음은 불행을 행복으로, 역경을 순경으로, 실패를 성공으로 바꿀 수 있는 기초를 갖추고 있어서 성공과 행복이 곧 다가오게 되는 법이다.

우리가 일상생활을 하다 보면 자기 자신과 직접 관계되는 일로 인해 감정을 다스리거나 억제하기 어려울 때를 경험해본 적이 있을 것이다. 그럴 경우에 여러분은 어떻게 그런 상황을 해결해 가는지 여러분 자신에게 스스로 물어서 그 답을 찾아야 한다. 그것은 자기 마음의 순간적인 결정에 따라서 그런 상황이 종료되거나 중단되게 된다. 만약 순간적으로 마음의 결정이 잘못되면 그 인생은 내리막길로 곤두박질치게 되면서 삶의 의욕을 잃게 될 수도 있다.

따라서 여러분이 어떤 사유방법(思惟方法)을 택하느냐가 인생의 갈림길이라는 것을 깊이 마음에 새겨 올바른 선택을 해야 한다. 그 올바른 사유의 선택은 긍정적인 생각과 인내라고 할 수 있다. 그 긍정적인 사고와 인내가 탄력을 받도록 하는 용기만을 선택하여 실천에 옮기면 여러분의 운명에 변화가 온다는 것을 분명히 믿고 따라야 한다.

바로 모든 일이 순조롭지 않아 매우 어렵게 돼 역경(逆境)에 처해 있을 때 긍정적인 마음가짐과 이러한 역경을 참고 견디어 내는 인내(忍耐)와 긍정적 사고나 인내에 자양분(滋養分)이 되는 용기(勇氣)의 선택과 실천이 여러분의 미래를 보장하게 해 준다.

가정환경이 곤란하거나 결손가정에서 살아가는 청소년은 물론이고 어려운 환경에 처한 사람이면 누구나 할 것 없이 역경과 난관을 극복하기 위해서는 인내하며 도전하는 용기만이 최선의 선택이고 성공의 지름길임을 믿고 따라 살아야 한다. 눈물에 젖은 빵을 먹어보지 않은 사람과는 인생을 논하기 어렵다는 말이 있다. 인생에 고난과 역경을 경험하지 못한 사람은 인생에 참맛을 모르니 서로 통하지 않는 것은 너무나 당연한 일이 아니겠는가.

젊은이들이여, 어려운 환경을 탓하지 말고 그럴 시간이 있으면, 50개 이상 봉우리로 이루어진 해발 1,800m 이상 되는 높은 산에 올라가 보아라. 높은 산 정상에 오르려면 먼저 자신을 잘 다스려 이겨야 하고, 다음으로는 정상에 오르는 목표지향적인 생각보다는 한 봉우리에 오를 때마다 만족하고 기뻐하는 성취 지향적 생각으로 산에 올라야 한다. 중도에서 오래 쉬거나 포기하고 하산하는 것은 자기와의 약속을 어긴 것으로 자신을 배신하는 행위나 다르지 않으며, 자신을 이기지 못한 사람으로 인생을 포기하는 것과 다르지 않다. 자기 스스로 계획을 세워 실행하는 과정에서 포기한 것은 자기 자신에게 패한 사람이기 때문에 그런 사람이 타인을 어떻게 지도하며 다스릴 수 있겠는가. 평지만 다니던 사람이 오르막길을 생활화하는 사람의 삶을 어떻게 이해할 수 있겠는가. 평지만 다니며 순탄한 생활만 하는 사람이 오르막길을 생활화하면서 난관과 역경을 겪고 사는 사람과 대화가 되지 않으니 어떻게 서로 교감이 이루어지겠는가.

어려운 환경 속에서 생활하고 있는 청소년들이여!

인내와 도전과 용기를 선택하고 실천하여 모든 사람들과 서로 소통하며 희로애락을 공유하는 인격자가 되려는가? 아니면 인내와 고통이 없는 순탄한 생활만을 하면서 인간 간에 소통이 단절되는 고독한 삶을 살기를 원하는가?

어려운 환경 속에서 생활하고 있는 청소년들이여!

영원한 인간관계

여러분은 편안하고 안락한 생활로 악마가 되시렵니까, 아니면 고난을 극복하여 사람다운 인격자가 되시렵니까. 선택은 여러분의 것입니다.

진리를 생명으로 여기면서 살았던 그리스철학의 시조인 소크라테스(BC 469~399)가 살아왔던 그의 인생역경(人生逆境)을 보면, 난관(難關)에 처해 있는 여러분에게 희망의 길라잡이가 되었으면 하는 마음에서 그의 역경 담을 소개하려고 한다. 소크라테스는 세계적인 네 명의 성현 중 한 사람으로 당시 그리스철학이 계몽시대를 맞이할 때, 지행합일(知行合一)과 지덕일치설(知德一致說)을 창도(唱導)하여 윤리학의 기초를 세워 세계철학사상에 신기원을 이룩함으로써 그리스철학의 시조라는 칭호를 얻게 되었다. 세계철학사의 시조이며 인류의 구도자(求道者)가 된 것은 우연한 일이 아니었다. 그는 그리스의 아테네에서 태어났으며, 그의 아버지는 조각사(彫刻師)이고 어머니는 산파(産婆) 일을 하는 평범한 가정에서 성장했다고 한다.

소크라테스는 궤변론자라고 불리는 소피스트(sophist)들과 친교를 맺으면서 그의 지식이 한층 계발되었다고 한다. 그는 당시 세상을 관찰할 때 학풍(學風)과 사회의 추세(趨勢)는 아무 쓸모없는 궤변(詭辯)만을 일삼고 파괴만을 존중하는 상태에 빠져 있다고 생각했었다. 사실 궤변이라는 것은 상대편을 이론으로 이기기 위하여 상대편의 사고(思考)를 혼란시키거나 감정을 격앙시켜 거짓을 참인 것처럼 꾸며대는 논법을 말한다. 그는 이러한 위험한 풍조를 걱정하지 않을 수 없게 되었다고 한다. 그래서 그는 집을 나와 아테네시민의 자제교육에 헌신할 것을 결심하고 그로부터 20년의 긴 세월을 하루같이 아테네의 시가를 돌아다니면서 스스로 한 세대의 사표(師表)가 되었다고 한다.

그는 진리를 생명으로 여기고 대중들이 사리에 어두워 갈피를 잡지 못하여 헤매는 미망(迷妄)에서 깨우치게 하는 일을 천직으로 삼고 있어서, 그는 다른 소피스트들과는 달리 보수도 바라지 않고 오직 계몽(啓蒙)에만 전념하였다고 한다. 그러므로 그는 몹시 가난하게 사는 것을 당연하게 여기고 스스로 협소하고 지저분한 더러운 거리에서 생활을 했었다. 그리하여 그는 너절하고 조잡한 옷을 입고 맛없는 음식을 먹고 살면서 보통 사람으로는 견디기 어려운 생활을 참고 이겨냈다고 한다. 즉 그는 악의악식(惡衣惡食)으로 인생의 고통을 스스로 체험하면서 인생의 밑바닥 생활을 하였었다. 그는 빵 한 조각과 물 한 컵으로 굶주림을 견디어 이겨냈으며, 그의 옷은 헌 누더기가 되어 사시사철을 구별 없이 입고 살았으며, 물론 더운 여름이건 추운 겨울이건 신발은 신지 않고 일 년 내내 맨발로 살았다고 한다. 그의 외모와 형색은 바로 미친 사람(狂人)과 다르지 않았다고 한다. 그러나 그가 좋은 음식을 모르거나 그것을 얻기 위한 수단이 없어서 그런 것도 아니었다. 그는 오직 진리를 존중하고 진리를 위하여, 사회교화(社會敎化)에만 전념하다 보니 다른 마음에는 여념이 없었기 때문이었다.

소크라테스에게는 다음과 같은 유명한 일화가 전해져오고 있다. 어느 날 그가 거지꼴로 온종일 시내를 다니며 사람들과 토론을 하다가 피곤하여 다 쓰러져가는 자기 집으로 돌아오니 그의 부인 잔다페가 그를 바라보면서 가사는 돌보지 않고 이 꼴로 어디를 돌아다니다가 이 모양으로 돌아오느냐고 바가지를 긁어댔다. 그러나 그는 아무런 대꾸도 하지 않고 방으로 들어가려 하자 부인은 화를 이기지 못하고 구정 물통을 소크라테스의 머리 위에 부어버렸다. 그러나 구정물 벼락을 맞은 그는 조금도 노여워하지 않고 오히려 빙그레 웃으면서 다음과 같이 말하였다.

"뇌성이 그친 뒤에는 소나기가 오는 법이로군!"이라는 말을 했다고 한다. 이와 같이 소크라테스는 자기 스스로 어려운 조건과 환경을 만들어 고생스러운 싸움에서 이겨낸 인간승리자임이 분명하다. 그는 이러한 악전고투(惡戰苦鬪) 끝에 아테네시의 원로원(元老院) 의장이 되기도 하였으며 인류의 구도자가 되기도 하였다.

현실을 극복한다는 것은 아픔과 고통과 슬픔과 분노와 같은 절망적인 환경에 처해 있을 때, 그 위기를 슬기롭게 대처하여 극복하는 것을 말하는 것이다. 인간이 살아가는 이치가 지금 여러분이 당면하고 있는 고통과 역경이라는 현실은 노력과 인내의 결과에 의해 새로운 가치를 얻게 되거나 그동안 꿈꾸어 왔던 일들이 하나씩 이루어지면서 과거 어려웠던 시절을 되돌아 볼 수 있는 여유를 갖게 되면서 특정한 가시적 존재물을 소유하게 되는 것이 삶의 이치다. 그러나 자신의 노력으로 얻었던 재물과 명예와 가치는 일정한 시간이 지나면 살아지고 없어졌다가 또다시 생겨나기를 반복하는 것이 진리이다. 인생이 이러한 변화와 생성과 소멸이 반복 되는 것을 생(生)과 멸(滅), 생(生)과 비생(非生) 또는 사(死)와 비사(非死)라고도 한다. 이 모든 이치가 변하고 순환하는 것이니 진정한 자아를 발견하게 되면 이러한 이치를 깨딛게 되므로, 내가 평생 동안 노력으로 얻었던 재물과 지위와 명예에 집착하지 않고 잊어버리는 마음의 준비를 하면서 살아가는 지혜를 가져야 한다. 자아의 참된 발견은 제법무아(諸法無我)의 진리를 이해하고 깊은 사색을 통해서 법신(法身)이 되었을 때 진아(眞我)를 알게 될 수 있으며, 참된 나의 실체를 알게 되면 지금 여러분의 마음을 무겁게 해주는 하늘에 먹구름이 곧 거치게 되는 것이 당연한 이치임을 실감할 수 있게 된다. 따라서 여러분에게 처해 있는 역경도 곧 소멸하게 된다는 것을 믿고 따르게 되면 머지않아 행운이 오게 되는 법이다.

교육환경

인간은 교육을 받지 않고서는 인간다운 삶을 살아가는데 어려움이 따르게 된다. 교육환경은 인간생활에서 다른 환경에 비해 중요한 비중을 차지하고 있다. 따라서 바람직한 교육환경은 어떤 것이며 어떻게 그러한 환경을 조성할 것인가에 대하여 설명하려고 한다.

국가발전의 척도가 되는 것이 교육의 힘이라고 할 수 있으며, 교육력의 제고는 교육환경과 직결된다. 그 국가의 교육수준의 정도에 따라서 국가의 역량과 문화의 척도를 삼는다고 해도 지나치지 않을 정도로 교육의 중요성은 재론할 여지가 없다. 국력을 강화하는 최선의 길은 교육력을 향상시키는 일이요, 교육의 힘을 제고(提高)시키기 위해서는 선진국가의 교육환경을 벤치마킹하는 것도 무방하다고 생각한다. 교육환경은 정책적인 차원에서 해야 할 업무와 교육 현장의 업무로 나누어 생각해보기로 하자. 가정교육을 위한 가정환경은 이미 앞에서 언급하였기에 생략하기로 하고 교육정책의 개선과 학교 교육환경을 그 대상으로 하여 언급하려고 한다. 교육은 국가, 학교, 가정의 삼자가 일치된 목표와 일정한 방향을 갖고 있을 때 국력신장에 크게 도움이 될 것으로 기대한다. 일선 학교교육에 기본방향이나 목적은 국가

가 책임을 지고 그에 상응하는 교육여건을 조성해 주어야 하고 학교
는 학생들의 교육을 담당해야 한다. 이런 것이 교육환경에 직결되는
요소들이다.

따라서 국가는 보다 좋은 교육환경의 조성을 위해 다음과 같은 교
육정책에 대한 개선과 보완이 이루어져야 할 것으로 본다. 교육의 문
제는 교육인적자원부만이 책임지는 것이 아니고 국가 차원에서 통치
권자가 책임을 지고 교육환경을 개선해 가야 할 문제이다. 따라서 정
부는 교육예산의 증액, 대학교육의 자주성과 자율성 보장 및 확대,
교육력의 제고(提高)를 위한 학교장의 재량권 확대, 학교장의 각종 업
무와 처신(處身)대한 철저한 관리감독, 대학입시정책의 지나친 개정,
투명한 인사정책, 교사의 잡무축소, 학교환경 및 실내외의 학습 환경
개선에 중점을 두어야 한다.

다음은 현재 시행하고 있으나 미진한 교육영역으로 더욱 강화하고
개선해야 할 부분들을 살펴보면 다음과 같다.

첫째. 기능교육의 강화를 위한 예산 및 환경적인 뒷받침이 지속적으로 이
루어져야 한다.

둘째. 적성교육이나 인성교육을 강화하기 위해서는 실효성 있는 구체적인
계획과 그 결과를 확인하는 시스템이 이루어져야 한다.

셋째. 우리의 역사, 문화, 철학에 대한 교육이 강화되어야 한다. 우리는 지
금 기술과 과학문명에 지나치게 의존하다 보니 정신문명이 쇠퇴해
가고 있음을 간과해서는 안 된다.

넷째. 민주시민 교육이나 통일에 대비한 통일교육을 강화하기 위해서는
예산을 더욱 확충하고 교육대상자도 시민과 공무원 그리고 학생을
대상으로 하며, 교육내용도 더욱 체계화 하여야 한다.

다섯째. 전통문화를 보존하고 계승하는 교육이 체계적으로 이루어지도록

예산을 지원하고 관리감독을 철저하게 해야 한다.

우리는 학교를 교육이 실제로 이루어지고 있는 곳이라고 해서 교육 현장이라고 부르고 있다. 학교 내에서는 모든 것이 교육과 관련되지 않은 것이 없으며, 오직 인간교육만을 위해서 존재하는 것이 학교이다. 학교교육은 선생님이 학생들을 사람다운 사람을 만들어 사회의 구성원으로서 부족함을 최소화해주는 것이 교사의 의무이다. 학교와 교사가 해야 할 일은 아주 많지만, 학교교육이 꼭 변하고 달라져야 할 사항을 다음과 같이 지적하니 새로운 모습으로 거듭나기를 기대한다.

① 초·중등학교 교육이 많은 양의 지식을 익히게 하는 주입식(注入式) 교육방법에서 벗어나 기초교육과 창의성교육에 역점을 두어 학생이 학습의 주체가 되도록 교수법을 개선해야 한다. 우리 교육의 목적이 자주적이고 창의적인 민주시민을 육성하는데 있음에도 불구하고 마치 일류고등학교나 일류대학에 얼마나 많은 학생을 합격시키는가에 얽매여 있는 느낌을 갖게 하고 있으니 개탄스럽지 않을 수 없는 일이다.

② 체계적이고 단계적인 독서교육과 독후감 발표의 점수인정 및 일기 쓰기 교육에 대한 확인지도가 이루어져야 한다. 독서지도와 일기 쓰기는 초등학교나 중학교에서 실시해야 한다. 독서지도나 독후감 발표에 대한 점수인정은 초등학교의 경우 담임교사가 매학기 3회 정도 실시하고, 중학교는 국어과 담당교사가 매학기에 2회 정도 실시하는 것이 바람직할 것으로 생각한다. 이러한 교육이 바로 자주성과 창의성을 기르는 교육으로 자신감을 갖고 인생을 스스로 설계하는 능력을 갖게 하는 원동력을 이끌어 내는 생산적인 교육이라고 할 수 있다.

③ 인생에 최고 가치는 선행(善行)이라는 것을 교육해야 한다. 담임교사는 매 학기 2-3회 선행사례 교육프로그램을 만들어서 성현들이나 위인들 또는 생활주변에서 있었던 선행사례를 직접 발표하거나 학생들에게 발표하도록 교육한다. 선행교육도 초등학교나 중학교 때 실시하는 것이 더욱 효과적이다.

영원한 인간관계

④ 예절교육과 민주시민교육은 초등·중등·대학의 모든 학교에서 철저하게 지도해야 한다. 국가평가의 척도가 되는 가장 중요한 대상은 시민의 민주질서의식을 꼽을 수 있다. 민주시민은 그 나라의 문화와 전통과 역사를 소중하게 여기며 질서의식이 철저한 국민이다. 특히 대한민국은 동방에서 예의가 가장 바른 나라로 정평이 나있어서 우리의 자랑거리이기도 하다. 따라서 예절교육은 우리의 훌륭한 전통이요 문화의 유산으로 긍지(矜持)를 갖고 철저하게 교육시켜야 한다. 예절교육은 교사가 솔선수범하는 것이 더욱 효과적일 수 있다.

⑤ 교사는 학생을 지도하는 과정에서 칭찬은 분명하게 하고 잘못한 일이 있어 꾸중을 할 때는 단둘이 있을 때 조용한 곳에서 타이르는 것이 스승과 제자관계가 더욱 끈끈하게 맺어지게 된다. 학생의 잘못을 용서하고 이해하며 어느 누구도 알지 못하게 비밀을 보장해 주어야 한다.

⑥ 교사의 언행은 항상 정중해야 하며 전체학생들에게는 반드시 경어를 써야 하고 개인적으로 학생을 대할 때는 인자한 언행으로 대하여 학생들의 마음을 포근하게 해준다. 유태인들이 그들의 자녀교육과 관련해서 부모의 언행의 중요성을 강조는 대목에서 다음과 같이 말하고 있다. "배운다는 것은 자세를 '흉내 내는 것'에서 시작된다."라고 하였다. 이와 마찬가지로 학생들은 어른들이나 선생님들의 모습을 흉내 내면서 배우게 되는 것이니 만큼 교사의 마음가짐이나 표정이나 언행에 세심한 주의가 있어야 한다.

⑦ 동아리 활동을 위한 교육을 강화하고 방과 후 주 1~2회 정도 지도교사와 함께 동아리 활동을 한다.

⑧ 교사는 학생 간에 우위를 비교하거나 편애하는 것은 금물이다. 친구나 형제 사이에도 두뇌를 비교하는 것은 둘 다 해가 되지만, 개성의 비교는 둘 다 살리는 길이 된다는 것을 잊지 않아야 한다.

⑨ 국제화시대에 대비한 인재육성을 위해서는 외국어교육이 초등학교에서부터 이루어져야 하며 등하교 때나 점심시간 또는 방과 후에 교내방송을 통해서 생활영어 5분에서 10분 정도 매일 같은 내용을 한 달

쯤 듣도록 하고, 다음 달에는 다른 내용을 또 한 달 동안 듣는 훈련을
시켰으면 하는 바람에서 하는 말이다. 이제 우리의 후손들이 꼭 우리
나라 대한민국 안에서만 살아야 한다는 보장도 없으며 국적을 조국에
두고 외국으로 생활무대를 옮기는 것도 국위를 선양하는데 크게 도움
이 될 것으로 기대할 수 있다.

⑩ 교사(校舍)와 운동장을 제외한 교내의 유휴공간에는 많은 수목을 심
어서 쾌적한 자연환경 속에서 휴식을 취하며 사색하고 꿈을 키워가는
공간을 마련해 주어야 한다. 우리나라 대부분의 초·중·고등학교들은
거의 비슷한 형태의 학교환경을 가지고 있다. 특히 초·중·고등학교의
교정 내에 소규모의 공원이나 수목이 우거져 있는 학교는 거의 찾아
볼 수 없으니 하는 말이다. 자라나는 꿈나무들에게 아름다운 자연환
경을 조성해서 자연친화적 분위기를 갖게 하는 것이 정서함양에 크게
도움이 될 것으로 기대한다. 이러한 교육환경의 개선에 소요되는 예산
은 과학기술분야나 국방예산에 못지않게 중요함에도 불구하고 예산
결정과정에서 그에 밀리고 있는 것 같아서 아쉽기만 하다. 학교환경에
대한 중요성은 교육의 결과가 빨리 나타나지 않아서 과학기술이나 국
방에 대한 체감지수보다 늦게 인식될 뿐이지 그에 못지않게 중요하다.
학교교육은 기술과 국방을 담당하는 그 사람의 인성과 기술과 능력을
기르는 현장이기 때문이다. 사실상 국가의 경쟁력을 높이기 위해서는
교육정책이 최우선 되어야 하며, 그러기 위해서는 학교설립 기준을 고
쳐서 교육환경을 개선하는 것이 먼 장래로 볼 때 국익에 큰 도움이 될
것으로 확신한다.

이와 같이 교육환경을 개선하기 위해서는 정부의 합리적인 교육정
책과 그 정책에 상응하는 학교교육이 상호조화가 이루어질 때 제반
교육여건이나 교육환경에 긍정적인 변화가 일어나게 되는 것은 당연
한 일이다.

영원한 인간관계

정치사회적 환경

정치사회적 환경과 인간생활과는 밀접한 관계이어서 어떻게 대처할 것인가에 대하여 생각해보기로 하자.

인간이 살아가는데 있어서 가정환경이 미치는 영향이 개인생활의 상당 부분을 차지하듯이 정치사회적 환경이 국민 생활에 미치는 것 역시 절대적이라고 할 수 있다. 국가 차원의 정치사회적 환경을 개선하는데 절대적인 힘을 가진 사람은 대통령이고 양질의 환경을 조성하는데 영향력을 행사할 수 있는 주체는 당연히 국민이다. 대통령이 국가와 국민을 위해 해야 할 기본적인 자세와 국민도 국가와 민족을 위하여 당연히 해야 할 일을 함으로써 국민이 바라고 원하는 바와 대통령이 수행하는 국사가 서로 일치되거나 조화를 이룰 때 국가발전을 꾀할 수 있다. 따라서 대통령과 국민이 국민과 국가를 위하여 기본적으로 해야 할 일을 생각해보기로 하자.

첫째. 대통령은 국가와 국민을 위하여 기본적으로 갖추어야 할 통치철학(統治哲學)을 세워놓고 통치철학에 따른 국가경영을 실행하는 것이 바람직할 것으로 본다.

국가의 통치권을 책임지는 대통령은 국민이 정부에 대해 무엇을 바라며 무엇을 원하고 있는가를 파악하여 처리함으로써 불만을 최소화해주는 일부터 하나씩 해결해가야 한다. 국민의 불만 해소가 제도화되어 그 해소책이 이루어지면 자연스럽게 신뢰사회가 이루어지고, 그렇게 되면 정치사회적 환경은 긍정적인 방향으로 발전해 갈 것으로 믿어 의심치 않는다. 따라서 앞에서 정치지도자들이 취해야 할 지도자상에 대하여 언급한바 있어 자세한 것은 생략하고, 정치사회적 환경과 관련하여 대통령이 취할 가장 근본이 되는 마음가짐에 대하여 노자의 가르침을 인용하려고 한다.

노자가 천하를 다스리는 데 필요한 도술(道術)로 자애(慈愛)로움, 검소한 생활, 감히 천하에서 앞서지 않아야 한다고 말하였다(一曰 慈, 二曰 儉, 三曰 不敢爲天下先).

대통령은 모든 국민을 자애로움으로 대하고 감싸며 국정을 수행할 때는 물론이고 개인의 사생활에서도 검소한 생활을 몸소 보여 주어야 하며, 국민을 대할 때나 국빈을 대할 때 또는 국빈으로 해외에 갔을 때도 겸손한 태도를 견지해야 한다는 말이다.

노자는 『도덕경』의 「양생론(養生論)」에서 군주의 삶의 모습이 백성들의 생활에 바로 영향을 미친다는 가르침을 분명히 밝히고 있다. 이 가르침은 올바른 군주를 만들기 위한 내용으로 세자나 세손이 필수적으로 학습해야 할 내용이기도 하지만 이 시대를 이끌어가는 정치지도자들이 꼭 마음에 새겨야할 내용이기에 소개하려고 한다.

둘째, 나라에 대통령이 욕심이 없고 소박한 생활을 함으로써 백성들은 스스로 교화가 된다(我無爲而民自化). 그 나라의 최고 통치권자가 검소하고 겸손하게 살면 국민은 스스로 복(福)되게 살며 검소한 생활을 행하게 된다. 인간의 복(福)은 검소함에서 생기고 덕(德)은 겸손함에서 생기며, 지혜는 고요히 생각을 깊이 하는데서 생기는 것이니, 대통령이 복과 덕과 지혜를 갖추게 되면 백성들이 따라 스스로 변화하게 된다는 말이다.

셋째, 나라에 대통령이 마음에 번뇌가 없는 고요함을 좋아함으로써 백성들은 스스로 바르게 살아가게 된다(我好靜而民自正).

대통령이 고요히 사색하기를 좋아하면 지혜가 생기는 법이니 어찌 국민이 그 지혜로운 삶을 본받아 스스로 바르게 살아가려고 하지 않겠는가.

넷째, 나라에 대통령이 아무 탈 없이 편안함으로써 백성들은 스스로 부유해진다(我無事而民自富).

대통령이 무사(無事)하다는 말은 욕심을 부리지 않으니 근심이 없고, 물질적인 것을 탐하는 마음이 없고 경솔하고 교만함이 없으니 재앙이 없는 청빈함을 말하는 것으로 그렇게 되면 백성들이 스스로 부유해진다는 것을 의미하고 있다.

다섯째, 나라에 대통령이 욕심을 부리지 않음으로써 국민은 스스로 소박해진다(我無欲而民自樸).

욕심을 부리고 탐하는 마음이 많으면 근심과 재앙이 따라서 겸손함을 잃게 되는 것이니 대통령이 삿된 욕심을 갖지 않고 청빈한 생활을 하는 것을 보면 국민이 소박한 생활에 만족하게 된다는 말이다.

이와 같이 노자가 말한 무위(無爲)는 인간의 지식이나 욕심이 오히려 세상을 혼란시킨다고 여기고 자연 그대로를 최고의 경지로 보았다. 그래서 한 나라의 최고통치권자는 자연법칙의 절대적 가치를 존중하고 따라 행하면 국민이 스스로 그렇게 변화된다. 따라서 노사가 강조한 무위(無爲), 호정(好靜), 무사(無事), 무욕(無欲)을 대통령이 행하여 실천하면 국민은 스스로 변화하게 되고, 스스로 바르게 되고, 스스로 부유하게 되고, 스스로 소박해진다고 하였다. 대통령의 생활환경이 청렴한 생활을 하면 국민의 생활도 검소한 생활에 긍지를 갖게 될 것으로 기대한다.

다음으로 대통령은 국가위기 상황이나 전쟁 중일 때는 무소불위(無

所不爲)의 권한을 행사해야 하지만 대체적으로 안정되고 평온한 시기에는 대통령의 권한행사는 신중하게 해야 한다. 대통령중심제 하에서 장관들은 대통령의 비서와 같다고는 하지만 장관들의 잦은 해임과 경질은 사실상 그 책임이 임명동의안을 제청한 대통령에게도 없다고 할 수 없는 일이기 때문에 더욱 신중해야 한다. 대통령임기 5년간에 한 부서의 장관을 두 번 이상 바꾸는 것은 문제가 있다고 보아야 한다. 특히 장관의 해임문제는 사안에 따라 잘못이 분명할 때는 해임만이 상책이 아니고 죄가 있으면 법에 따라 처리해야 하고, 그렇지 않고 정책수행과정에서 오류가 있으면 시정명령을 내리는 것이 바람직할 것으로 생각된다. 잦은 장관의 경질은 국고에도 적지 않은 손실을 가져오게 된다. 퇴직한 전직 장관들에게 예우차원에서 매월 지급되는 돈도 국민의 혈세라는 것을 잊어서는 안 된다.

　대통령은 정치사회적 환경을 안정적으로 운영하기 위해서는 민생에 우선을 두어야 하며, 특히 민생 부분에 있어서는 정확하고 투명한 계획과 신속한 처리가 이루어져야 정치에 대한 믿음이 생기게 된다. 따라서 대통령은 다음과 같은 일에 더욱 많은 관심과 노력이 있어야 정치사회적 환경이 개선될 것으로 본다.

① 대통령은 국고의 철저한 관리와 국방과 치안업무에 한 치의 오차가 생겨서는 안 된다. 국고나 국방과 치안에 문제가 있으면 국민의 생존권에 위협을 받는다는 것을 본인의 생명과 같이 가장 소중히 여겨한다. 따라서 이와 같은 국가의 중대사는 정규적인 보고는 물론이고 거기에만 의존하기보다는 불시점검이나 수시점검을 통해서 확인하고 그 상황과 결과를 국민에게 알려서 국민과 함께하는 대통령이 되어야 한다.

영원한 인간관계

② 서민생활과 밀접한 공공요금과 생활필수품의 안정적 관리를 위한 수
시점검체계를 신속하고 빠르게 확인하고 점검한 후에 그 결과나 상황
을 국민에게 꼭 알려야 한다. 물가를 안정시키지 못하면 사회적 불안
으로 확산되고 이것이 정치사회적 환경에 악영향을 미치고 있다는 것
을 항상 염두에 두어야 한다.
③ 교육환경의 질적 개선과 양질의 복지시설 확충에 대한 지속적인 노력
이 이루어져야 한다.

다산 정약용 선생은 『목민심서』 제7편 「예전(禮典)」에 '교민(敎民)' 조항을 보면 국민을 교육하고 교화(敎化)시키는 일이 얼마나 중요한 국사(國事)인가를 다음과 같이 강조하고 있다. 통치권자가 치산치수(治山治水)를 잘하면 백성들을 굶주림에서 벗어나게 하고 백성들을 잘 교화시키면 나라의 정치가 안정된다고 하였다.

다산 정약용은 역사상 백성들을 제대로 교화시키지 못해서 정치가 제대로 이루어지지 못 했음을 지적하고 정치가 잘못된 것은 백성들을 교화시키지 못한 데서 그 원인이 있다고 하였다. 다산은 통치권자에게 이와 같이 말하고 있다. "백성을 통치하는 직분(職分)은 교민(敎民)하는 일일 따름이다. 토지나 산업을 균등하게 하는 일도 장차 교민하기 위함이요, 세금이나 요역을 고르게 하는 일도 장차 교민하기 위함이요, 지역을 분할하여 지방관을 배치하는 것도 장차 교민하기 위함이요, 형벌을 밝히고 법제를 정비함도 장차 교민하기 위해서다. 모든 정사(政事)가 정비돼 있지 않아서 교화를 일으킬 겨를이 없었으니 이 때문에 백대(百代)에 이르도록 잘되던 정치가 없었다."라고 지적하면서 교육의 중요성을 강조하고 있다. 즉 교육환경이 정치사회적 환경과 직결되어 있으며 이러한 정치사회적 환경이 정치안정에 결정적으로 작용

하고 있음을 간과해서는 안 된다. 현실적으로 볼 때도 선진국치고 교육환경이나 복지시설이 열악한 국가는 찾아 볼 수가 없는 것이 사실이지 않는가.

④ 지속적인 과학기술의 발전과 장단기 발전계획을 수립하고 효율적으로 운영하여 최첨단의 기술력을 확보해야 한다. 최첨단의 기술력 확보를 위해서 국가는 행정 및 재정적인 지원이 지속적으로 이루어져야 한다.

⑤ 전통문화의 계승발전을 위해 조직의 체계적인 운영 및 관리가 이루어지도록 지대한 관심과 배려가 있어야 한다. 지금 일어나고 있는 한류(韓流)와 한풍(韓風)도 처음에 예상치 않은 일이지만 자율성을 보장해주는 우리의 사회문화가 동북아시아를 넘어 유럽에까지 파급되고 있어 국력신장에 크게 기여하고 있다. 현재 중국에서 일어나고 있는 한류열풍은 한국에 대한 이미지가 새로워지면서 한국인을 대하는 태도 역시 많은 관심과 호기심으로 대해주고 있는 것이 현실이다. 따라서 대통령은 이러한 한류풍이 지속될 수 있도록 적극적인 지원이 있어야 함은 물론이고 우리나라 고유의 음악인 농악(農樂)이나 사물놀이, 전통놀이인 강강술래와 비보이들의 댄스를 통합한 전통놀이 공연단을 만들어 한국을 세계로 알리는 고대와 현대를 통합한 제2의 전통한류의 바람을 일으키도록 적극적인 관심과 대책을 마련했으면 하는 마음 간절하다. 이것이 바로 한국의 정치사회적 환경을 개선하는 지름길이자 문화국민의 긍지를 갖게 함으로써 국민통합의 길이 열리게 될 수 있을 것으로 기대한다. 선진국이라 함은 문화의 발전을 빼놓을 수 없으며, 문화의 선진화는 예술의 선진화를 의미하며, 선진화된 예술은 창의적이야 하고, 창의적 예술은 고대와 현대가 함께 융화하는 것이어야 한다. 우리 본래의 소리와 춤인 전통과 현대의 음악과 춤을 융화시켜 제2의 신 한류 바람을 일으키기를 기대한다.

영원한 인간관계

직장환경

바람직한 직장생활을 어떻게 할 것인가에 대한 문제이다.

대부분의 사람들은 하루 가운데 근로 현장이나 직장에서 보내는 시간이 8시간에 불과하지만, 근로대가가 가정경제에 미치는 영향은 전부를 차지하고 있다. 직장생활은 개인의 가정생활이나 사회생활을 하는데 밀접한 상관성을 가지고 있다는 점에서 직장생활의 중요성은 더 이상 말할 필요가 없다. 인간생활의 원동력을 제공해준다고 할 수 있는 직장은 수많은 업종이 있다. 직업은 업종별 유형에 따라 공통점도 있겠지만 다양한 직장환경이나 업종에 따라 서로 다른 보수체계를 가지고 있는 것이 현실이다. 만약 직장인이 이러한 각양각색의 다양한 직장환경에 적응하지 못하게 된다면 개인생활과 가정생활은 물론이고 사회생활에 막대한 지장을 초래하게 된다. 따라서 개인의 원만한 직장생활은 개인의 차원을 넘어서 사회와 국가의 안전과 발전에 크게 기여하게 된다는 것을 잊지 않아야 한다. 직장인이 자기 직장에서 꼭 있어야 할 사람으로 인정받게 되면 그런 사람은 가정과 사회와 국가에서도 없어서는 안 될 사람으로 인정받게 되는 것은 당연한 일이다. 여기서 말하려고 하는 논의초점은 원만한 직장인이 되려면 어떠한 마음가짐과 태도로 살아야 할 것인가에 대한 것이 기술해야 할 논의의 대상이다.

직장생활은 자기 인생에 있어서 가장 중요한 생활의 터전이기 때문에 온 가족이 다 같이 소중하게 여겨야 할 곳이다. 가정을 삶의 보금자리라고 한다면 직장은 개인 살림의 근거지가 되는 터전이자 삶을 일

구어가는 생활터전의 전부라고 해도 지나치지 않을 만큼 소중한 곳이어서 스스로의 노력이 절실히 요구되고 있다. 원만한 직장생활은 원만한 품성과 인격을 갖추어야 하고 그러한 품성과 인격은 자신이 스스로 노력하는 것만이 최선의 길이 될 수 있다. 인생을 살면서 역경과 곤경과 난관이 없기를 바라지 말고 그러한 어려운 환경을 당연히 수용하고 인내하며 극복하는 방법을 배워가는 것이 삶의 지혜임을 마음에 깊이 새겨야 한다. 만약 직장생활에서 다른 사람에 비해 나에게 힘든 일이나 과다한 업무량이 부과되었을 때, 나의 마음가짐과 태도가 불평과 불만이냐 아니면 인내로 순응과 도전하는 적극적인 자세를 보이느냐에 따라 사실상 인생의 성패(成敗)가 결정되는 것이나 다를 바 없다. 어려움을 인내로 순응하며 때로는 도전하면서 적극적인 태도의 씨앗을 뿌려 놓으면 머지않아 좋은 결실을 얻게 되는 것이니, 바로 인내로 극복하는 순간순간이 성공의 씨를 뿌린 것과 같은 이치이다.

직장환경을 잘 이끌어 가기 위해서는 직장분위기에 순응과 도전을 통해서 조화로운 생활을 해나가야 한다.

다음은 원만한 직장생활을 위하여 지켜야 할 사항이다. 다음과 같은 수칙이 직장에서 잘 지켜지면 인생에 보람을 느끼면서 즐거운 가정생활은 물론이고 사회생활에서도 모든 일에 의욕을 가지고 적극적으로 참여하게 될 것으로 기대한다.

■ 원만한 직장생활을 위한 수칙

① 자기 직장에 사훈을 하루에 한 번씩 소리 내어 읽어야 한다.
② 자기가 담당한 업무에 대해 책임을 지며 맡은바 업무에 대한 부단한

노력과 창의적 사고로 효율성을 극대화해야 한다.

③ 직장의 장래 비전에 대해 그 대안을 염두에 두어야 한다. 자기가 근무한 직장이 변화하고 발전하는데 필수적인 요건이나 발전 대안을 놓고 늘 생각하고 고민하는 마음을 갖고 살아야 한다.

④ 직장의 업무에 대해 항상 물어 배우고 스스로 노력하는 일꾼이 되어야 한다.

⑤ 직장을 위해 하루에 다른 직원보다 40분의 시간을 투자하라. 출근시간은 20분을 앞당겨 출근하고 퇴근은 20분 늦게 퇴근하면서 하루에 업무진행 상황이나 업무종료에 미진 된 부분을 확인하는 시간으로 활용하는 것이 바람직한 근무 자세이다.

⑥ 직장동료나 상사가 무엇인가 부탁할 때는 가능한 부정적인 즉답을 하지 않은 것이 좋다. 동료들의 하는 말이 옳으면 분명히 옳다고 말하지만 옳지 않거나 곤란한 경우에는 대답을 하지 않고 웃기만 하되 NO라는 표현은 자제해야 한다. 특히 개인적으로 금전거래에 관계되는 일을 들어 줄 수 없는 부탁은 상대방의 입장을 생각해 들어줄 수 없는 정당한 이유를 신중한 태도로써 오해가 없도록 말해야 한다. 공금의 경우는 반드시 정상적인 절차에 따라 지급되어야 한다.

⑦ 만약 부당한 업무지시가 있을 때는 조용한 시간에 부당한 사유를 조리에 맞게 정리하여 반드시 말해야 한다. 상사가 두려워서 옳은 말을 하지 못하면 직장에 손실은 물론이고 나에게도 불이익이 돌아오기 때문이다. 그의 말에 대한 부당성을 말할 때는 감정을 자제하고 신중한 태도로 정중하게 불합리성을 말해줘야 한다.

⑧ 다른 직장 동료나 남의 회사와의 비교우위를 따지거나 말하기 전에 나 자신이 이 직장에서 꼭 필요한 사람인가를 스스로 물어 확인하여야 한다.

⑨ 직장에서 어떤 사람을 대하든 반드시 예의를 갖추어야 한다. 인간관계에서 서로 예의를 갖추지 않으면 존경심이 머무를 곳이 없게 되어 질서가 무너지게 되는 법이다. 특히 동료들 간에 말을 할 때는 신중

해야 하고 말은 하는 편보다는 듣는 편이 인간관계를 더욱 돈독하게 해준다.

⑩ 동료들 간에 사적인 자리나 모임을 가질 때는 퇴근 후 밤에 갖는 것은 가능한 피하고 휴일 낮을 이용하는 것이 모두에게 도움이 된다. 물론 전체직원들의 회식의 경우는 예외가 되겠지만 가능한 저녁 시간은 가족들과 함께 보내야 하는 것이 회사에도 도움이 되는 일이다. 가정이 편치 않고 직장생활이 편안할 수 없으며 그렇게 되면 직장에 업무능률은 떨어지기 마련이다.

⑪ 직장인은 검소한 생활을 몸소 실천해야 한다. 화려한 직장생활이나 차별화된 생활은 모든 구성원에게 위화감(違和感)을 조성하여 일체감을 갖지 못하게 하는 불씨로 작용하게 된다. 조용하고 아담한 실내 분위기는 사무실에서 쓰는 온갖 집기가 저렴하면서도 견고하면 충분하다. 직장에서 동료들 간에 일체감이 조성되려면 고위간부의 사무실이나 승용차 그리고 옷차림이 검소해야 한다. 손님을 접견하고 공식회의장에서도 간편한 근무 복장이 오히려 직원들과 친화감을 더 갖게 해준다.

　이러한 내용들은 직장환경을 누가 만들어 주는 것이 아니고 나를 중심으로 하는 모든 직원들이 직장환경을 조성하고 그 환경에 순응하면서 환경을 개선해 가는 주체가 되어 주어야 한다는 말이다. 직장환경을 개선하고 그에 순응하며 도전하는 주체가 되기 위하여 ①번부터 ⑤번까지는 내가 직장을 위해서 주로 해야 할일이며, ⑥번부터 ⑪번까지는 내가 직장동료들에게 해야 할 일들에 관한 내용이다.

　여기서 강조하고자 하는 요지는 나와 직장과의 관계와 나와 직장동료들과의 관계에서 나의 역할에 관한 내용이 그 전부이다. 인간의 주체적인 삶은 직장만이 아니고 자기 자신이 어디서나 주인의 역할을 다 하는 것이 진정한 의미의 주체적인 삶이라고 할 수 있다.

진정한 의미의 주체적인 삶을 살아왔던 신라 선덕여왕 때 사람이었던 부설대사(浮雪大師)에 관한 다음 이야기를 통해 생활에 귀감으로 삼고자 한다.

진광세(陳光世)는 15세에 불국사로 출가하여 오계를 받고, 20세가 넘어서는 도반이었던 영희(靈熙)와 영조(靈照)와 함께 지리산 법왕봉(法王峰) 밑에 묘적암(妙寂庵)을 짓고 십여 년간 좌선을 한 후에, 이들 세 스님은 좌선(坐禪)공부를 하기 위해 강원도에 있는 오대산이 문수보살의 도량으로서 영험하다는 곳이라는 이야기를 듣고 오대산을 향해 길을 떠났다. 부설 일행이 지금 전라도 김제지방의 두릉백련지(杜陵白蓮地)에 이르렀을 때 해가 저물어 어느 마을에 들려 불교신자인 구무원(仇無冤)의 집에서 머무르게 되었다. 이들 일행은 비가 와서 삼일 동안 그 집에서 머무르게 되었는데, 구무원의 무남독여인 딸 묘화(妙花)가 부설 스님의 법담과 외모에 반해서 부설과 결혼하겠다는 그녀의 강한 뜻을 부모에게 전하여 설득하였다. 구무원은 부설 스님에게 청혼을 하였지만 당연히 거절을 당하게 된다. 그러나 구무원은 내 딸 묘화가 스님과 결혼하지 않으면 목숨을 끊겠다고 하니 우리 내외도 같이 죽어야 하지 않겠느냐면서 큰 스님께서 생명의 귀중함을 생각하여 우리 목숨만을 살려주라고 애원하여 부설대사는 생명을 살려야 한다는 마음으로 마침내 결혼을 허락하게 된다. 이때 십여 년간의 도반이었던 영희와 영조 스님은 부설대사에 대한 실망을 앉고 오대산으로 길을 재촉한다. 그 후 부설대사는 뛰어난 설법으로 명성이 높아져 방문객이 많았지만, 자기 집 뒤에 조그마한 집 한 칸을 짓고 두문불출하게 된다. 마을 사람들에게는 중풍이 들어 거동이 어렵다고 소문을 내고 혼자 있을 때도 좌선에만 전념하여 외부인들과의 접촉이 거의 없었던 것으로 전해오고 있다. 세월은 십수 년이 지나서 영희와 영조 스님이 경주로 가는 길에 김제에 들러 부설대사를 만나보고 가려고 김제에 당도했을 때 부설대사가 중풍으로 고생하고 있다는 말을 듣고 안타까운 마음으로 찾았으나 만나보니 정상적인 모습을 하고 있었다. 그들은 명산대찰에서 선지식을 친견한 이야기와 법담을 나누다가 부설대사는 도반들의 공부의 깊이를 알아보기 위해 아들 등운에게 오지병 세 개를 내주며 그 병에 물을 가득히 담아 오라고 한다. 그때 그것을 대청마루 들보에 못을 박고 가지런히 걸어 놓고 영조 스님에게 막대기로 그 병을 힘껏 쳐보라고 했다. 그랬더니 병도 깨지고 물도 쏟아졌다. 다음으로 부설대사는 영희 스님에게 똑같은 방법으로 힘껏 치라고 하자 그대로 하였더니 역시 병이 깨지고 물도 쏟아져 버렸다. 영희와 영조 스님은 아무 영문도 모르고 부설대사가 하라는 대로 했지만, 도대체 무슨 뜻인지를 알 수가 없었다. 나중에 부설이 똑같은 방법으로 병을 내리치니 병만 깨지고 물이 대롱대롱 그대로 매달려 있는 것이 아닌가? 마치 무슨 요술을 보고 있는 것 같았다. 이것을 보고 있던 등운과 월명은 "우리 아버지가 제일이다."라고 소리쳤다고 한다. 부설은 이에 대하여 설명하기를 환신(幻身)이 생멸(生滅)을 따라서 옮아가는 것은 병이 부서지는 것과 같고 진성(眞性)이 본래 영명하여 상주(常住)하는 것은 물이 허공에 달린 것과 같은 것입니다. 그런데 스님 네가 병을 쳐서 병도 깨어지고 물도 쏟아진 것은 두루 명산을 편답하고 선지식을 친견하였으나 생멸을 거두어 진성에 들어가고 환화(幻化)를 공(空)하게 하여 법성(法性)을 지키지 못하신 증거입니다. 내업(來業)의 자유와 부자유를 시험하고자 할 텐데 상심(常心)의 평등과 불평등으로써

영원한 인간관계

알 수가 있는 것입니다. 그러기에 공부의 깊이를 알려고 한다면 생사 (生死)가 없는 줄 아는 것과(知無生死) 생사가 없는 것을 증득(證得:진리 와 지혜를 깨달아 얻음)하는 것(證無生死)과 생사가 없는 것을 자유자재로 활용하는 것(用無生死)의 세 가지가 있지 않습니까? 이 병과 물이 같이 떨어지는 것은 지무생사(知無生死)와 증무생사((證無生死)에 그친 것이 며, 병은 떨어져 깨어져도 물이 매달려 있는 것은 용무생사(用無生死) 입니다. 부설대사가 생사를 자유자재로 살았다고 하는 것은 속가에서 파계승(破戒僧)이 되었지만 진성(眞性)만은 변치 않고 있음을 말하는 것 이다. 부설대사는 두 도반에게 자기가 공부한 방식을 다음의 시로 읊 었다고 전해 내려오고 있다.

"눈으로 보아도 보는 것이 없으니 분별(分別)이 없고, 귀로 들어도 들 리는 소리가 없으니 시비(是非)가 끊어졌네. 분별과 시비를 모두 내려 놓고, 다만 마음부처만 관하여 스스로 귀의 하였네."

目無所見無分別,　耳聽無聲絶是非.
分別是非都放下,　但看心佛自歸依

위의 내용은 서경보『구도의 발자취』6권에서 인용한 것으로 그의 시에서 말한 "분별과 시비를 모두 내려놓고, 다만 마음부처만 관하여 스스로 귀의하였네."라는 말은 부설대사가 명산대찰에 가지도 못하고 파계승으로 열악한 속가의 환경임에도 불구하고 이 세상사에 대한 분 별심이나 시비심을 내려놓고 오직 마음부처만 보고 살피면서 스스로 귀의했다는 것은 자신의 주인이 자기이기 때문에 스스로 깨우쳐 도를 얻었다는 말이다.

부설대사가 열악한 환경에서도 자신의 마음부처에 귀의하여 득도하고 후세인들에게 큰 교훈을 주고 있듯이, 여러분도 직장에서 나의 직책이나 담당부서가 좋지 않은 평직원이라고 하더라도 우리 직장에 주인은 오직 나라는 그 생각만을 가지고 때로는 사장의 입장에서 때로는 사환(使喚)의 입장에서 생각하는 마음가짐과 자세가 꼭 필요하다.

직장환경을 조성하고 개선하고 변화 발전시키는 주체가 내 자신이라는 것을 명심하면서 주인의 마음가짐으로 위에서 언급한 11가지 사항을 지키면서 살아가야 한다.

영원한 인간관계

2. 의지(意志)와 삶의 질

　우리는 의지라는 말을 많이 사용하면서도 그 의미나 용어의 중요성에 대해서는 깊이 살펴보지 못하고 있다. 먼저 의지에 대한 정확한 의미가 무엇인지부터 살펴보고자 한다.

　의지란 어떤 일을 이루고자 하는 마음을 말한다. 이루고 싶은 마음은 모양이나 형상이 없는 생각에 불과한 것을 말한다. 그래서 생각과 마음은 그 실체를 들어 내보일 수 없기 때문에 행동으로 나타낼 때 비로소 그 가치가 드러나게 된다. 또 의지는 어떤 일을 하고 싶을 때 그 일의 선택이나 행위의 결정에 대한 내적이고 개인적인 역량이라는 의미도 있다. 그래서 의지는 타인의 지시나 간섭이 없이 자기 스스로 어떤 일을 내적으로 선택하고 결정하는 힘을 말하기도 한다. 우리는 그 힘을 의지력이라고 한다. 의지는 어떤 목적을 실현하기 위해 자발적으로 의식적인 행동을 하게 하는 내적 욕구이다. 의식적인 행동을 하게 하는 내적욕구는 반드시 공익적이거나 도덕적 가치가 보장되어야 한다. 따라서 몰가치적이거나 반사회적인 도덕성을 상실한 생각은 의지가 아니고 탐심(貪心)이거나 도심(盜心)일 뿐이다.

　잠재적인 무형의 내적욕구인 의지(意志)가 훌륭한 결실을 맺기 위해서는 본인 스스로의 부단한 노력과 인내로 인고(忍苦)의 고통을 이겨내야 하고 그러한 과정을 지내다 보면 새로운 환경이 기다리고 있는 것이 목적의 실현이고 바로 그것이 현실생활에 변화이다. 현실생활의 변화는 내적욕구인 의지의 결과로 모두가 공유할 수 있는 삶의 질에 변화를 가져오게 된다. 개인의 내적인 무형의 욕구였던 의지가 구성원 모두가 현실생활에 공유할 수 있는 변화를 가져오게 된다는 것이 사실이라는 것을 믿는다면, 의지의 실천을 통해서 값진 인생을 꾸려가기를 기대한다.

뿌리 깊은 나무가 바람에 쓰러지지 않으며, 뿌리가 튼튼해야 싱싱하고 멋진 꽃을 피울 수 있듯이, 사람도 의지가 강하고 심지(心志)가 굳건하면 어떠한 역경도 이겨내어 훌륭한 인생을 살아가게 되는 법이다. 게으르고 의지가 약한 사람치고 해내는 일이 하나도 없으며, 인고의 고통을 이겨내지 못한 사람치고 위대한 인물은 하나도 없다.

눈에 보이지 않는 뿌리의 역할과 작용에 의해 꽃이 피어 열매를 맺게 하듯이 눈으로 아무리 찾아보아도 보이지 않는 마음의 결정체인 의지의 작용결과가 현실생활에 변화를 가져오는 것과 똑같은 이치이다. 나무의 뿌리에 병이 들면 그 나무는 꽃을 피기도 전에 말라 죽게 되듯이, 사람도 생각이 바르지 못하고 의지가 나약하면 하는 일마다 실패할 수밖에 없을 뿐만 아니라 건강까지도 제대로 지키지 못하게 된다.

쇼펜하우어는 의지에 대하여 다음과 같이 말하고 있다. 그의 철학의 출발도 칸트와 같이 세계를 현상(現像)과 본체(本)의 두 종류로 나누어 관찰하였다. 그러나 이 세상은 가상의 세계뿐이요, 본체는 감추어져 있다고 규정하고 감추어진 본체가 바로 의지(意志)라고 하였다. 인간의 눈에 보이고 귀에 들리는 세계는 자기 마음에 비치는 그림자요, 세계의 본체는 있는지 없는지 알 수가 없다고 하였다. 의지를 본체라고 한 것은 인간생활에서 생활필수품이나 각종 문명이기가 의지작용에 의해 만들어 낸 결과물이기 때문이다. 사실상 인간의 삶을 좌

영원한 인간관계

우하는 결정적인 핵심요소는 바로 의지이다. 의지가 강한 사람과 의지가 약한 사람과의 차이는 인생의 초년에는 나타나 보이지 않지만 중년이나 말년으로 갈수록 현실생활에서 큰 차이가 생긴다. 인생의 말년에 의지와 절제력이 있는 사람은 그렇지 못한 사람에 비해 생활에 활력과 여유로움을 찾을 수 있다.

의지의 작용으로 부단한 노력을 하는 사람은 자기 생활을 활기차게 펼쳐 나갈 수 있지만 그렇지 않고 편안한 생활만을 즐기는 사람은 오히려 몸과 마음이 쉽게 병들기 일쑤이다. 노력은 현실을 타개(打開)해 나가는데 필수적 요소이며 노력의 밑거름이 되는 것이 의지이다. 인간의 의지와 현실문제와 노력은 마치 바늘과 실의 관계와 같은 것이어서 의지가 바로 서지 않고 노력을 기대할 수 없으며, 노력이 없는 현실타개도 있을 수 없는 일이다.

중국의 격언에도 인간의 의지와 노력에 대하여 다음과 같은 말이 있다. 실패의 막바지에는 성공이 있고, 노력의 끝에는 휘황찬란함이 있다(失敗的盡頭是成功, 努力的終点是輝煌).

우리가 흔히 듣는 말로 "무(無)에서 유(有)를 창조한다."라는 말처럼 '의지'라는 공허한 '없음'에서 '성공'이라는 현실적 '존재'를 노력이라는 수단을 통해서 얻게 된다는 것을 의미한다. 그러나 의지만으로 모든 것이 해결되는 것이 아니고 필수적으로 노력이라는 사다리를 스스로 만들어 건넜을 때 휘황찬란한 현실이 나타나게 된다.

인간의 삶은 어차피 시련이 닥쳐오기 마련이다. 그 시련이 닥쳐올 것이라면 회피하거나 남을 원망하려는 소극적인 태도가 아닌 의연한 마음가짐을 갖고 적극적인 자세로 당당하게 맞서 처리하는 것이 시련을 극복하는 현명한 길이라고 생각한다. 인생은 어차피 역경과 격랑과 풍파를 겪지 않을 수 없는 것이기에 인생을 고해(苦海)에 비유하지 않았던가. 이러한 인생의 고해를 지혜롭게 받아 넘기는 기술은 바로 극기(克己)에서 찾아야 하고 그 동력(動力)은 자신의 의지(意志)에 달려 있다. 아무리 노력을 많이 해서 많은 재산을 모았다고 하더라도 젊었을 때부터 자제력이 없어 씀씀이가 너무나 크다 보면 그런 사람은 중년 이후부터는 많은 어려움에 처하는 것은 당연한 이치이다. 절제가 없는 인생은 그 노후에 반드시 그에 대한 대가(代價)를 받게 되는 것이니, 그것이 바로 콩 심은 데 콩이 나고 오이 심은 데 오이가 난다는 종두득두요 종과득과(種豆得豆 種瓜得瓜)가 아니겠는가. 인생의 노년에는 자식들이 부모를 보살피는 것이 도리이지만 자식들 역시 그 부모에게 어릴 때부터 보고 듣고 배운 것이 그렇다 보니 오히려 노부모에게 손을 벌리고 있으니 이 일을 어찌하란 말인가? 자제와 검소함과 절약이란 교훈은 마음먹기에 달린 것이고 그 마음은 의지의 관철 여부에 달린 것이다. 어려서부터 검소한 생활을 해야겠다는 굳은 결심인 의지가 없었기 때문에 노후생활을 보장받을 수 없게 되는 것이다. 자기생활은 자기 자신이 스스로 책임지는 것이 당연한 일이기에 본인의 인생도 자신이 책임져야 한다는 것은 당연하다.

우리가 흔히 듣는 말로 자수성가(自手成家)나 자승자박(自繩自縛)이라는 말이 바로 자기 인생은 자기가 책임져야 한다는 말에 비유한 것이나 다르지 않다.

자수성가하는 사람은 절약과 근검이란 굳은 의지를 관철했기에 물려받은 재산이 없이 자기 혼자의 힘으로 집안을 일으키고 재산을 모아 집안을 이룬 반면에, 인생을 실패한 사람은 의지가 나약하여 낭비와 사치와 유흥과 쾌락만을 즐기다가 그러한 행동에 자기 자신이 얽

영원한 인간관계

혀 메인 사람을 자승자박이라고 한다. 자승자박이란 자기의 줄로 자기 몸을 옭아 묶는다는 뜻으로 제 마음으로 번뇌를 일으켜 괴로움을 만드는 것을 비유적으로 하는 말이다. 자신의 마음에서 번뇌가 일어나는 원인이 눈앞에서 일어나는 현실생활에 대한 불만으로만 보지 말고 노후생활을 어렵게 만든 그 원인을 찾아야 한다. 그 원인은 바로 의지의 나약함으로 자기 마음을 바로 다스리지 못한 데 있다.

불교 종파의 하나인 선종(禪宗)의 제 사조대사(第四祖大師)였던 도신(道信)이 사미(沙彌)로 있을 때 삼소대사(三祖大師)인 승찬(僧璨)에게 질문한 것에 대한 대답으로 자승자박과 비슷한 말인 "무승자박(無繩自縛)"이라는 말에 관한 일화가 있어 이를 소개하려고 한다.

어느 날 어린 사미였던 도신이 승찬대사에게 "원컨대 스님께서는 자비를 베푸시어 해탈법문을 하나 말씀해 주십시오."라고 청을 드렸더니 삼조대사인 승찬이 말하기를 "누가 너를 얽어맸느냐?"라고 묻자 도신은 누구도 "그런 일이 없습니다."라고 대답하자 다시 "그러면 어찌 나에게 해탈을 구하느냐"고 하였다. 이 말을 들은 도신은 크게 깨달았다고 한다.

승찬이 말하기를 "근심이 있는 자는 근심으로써 자기를 얽어매고, 뉘우침이 있는 자는 뉘우침으로써 자기를 얽어매고, 즐거움이 있는 자는 즐거움으로써 자기를 얽어매고, 해탈 안락을 얻을 수가 없나니 마치 누에가 줄을 만들어서 제 몸을 얽어매는 것과 같은 것이니 이것은 본심(本心)의 광명을 밝히지 못한 까닭이니라."고 하였다.

삼조 승찬대사는 인생을 누에에 비유하여 줄이 없는(無繩) 누에가 스스로 줄을 만들어 자신을 얽어매고(自縛) 있는 것과 같은 이치이니 본래 청정(淸淨)한 마음에 밝은 불을 밝히지 못한 데 그 원인이 있다고 하였다.

　본래 청정한 마음이란 이치에 맞는 마음가짐으로 만물이 공존하면서 살아야 한다는 공존적 가치를 갖는 마음가짐과 마음씀씀이는 물론이고 공존에 유익한 마음가짐을 말한다. 자기의 생각과 마음을 어떻게 갖느냐에 따라 세상은 바뀌게 되니 악한 것만을 생각하면 지옥으로 변하게 되는 것이요, 선한 것만을 생각하면 천당으로 변하게 되는 것이어서, 남에게 독하게 하거나 해롭게 하면 짐승과 다르지 않고 모든 사람을 자비로 대하면 바로 그것이 보살이다. 이와 같이 천당과 보살의 생활이 인간의 의지에 달렸다.

　원래 무형(無形)인 마음은 공(空)한 것이지만 착한 마음과 자비로운 마음이 표출하여 행하면 유형(有形)인 현명한 인격자로 변하는 것이니 만사가 의지의 작용에 의해 결정된다.

　아난분별경(阿難分別經)에 "선과 악은 마음에서 생겨나고, 화와 복은 사람에 따라 생겨나는 것이다."라고 하였다(善惡由心　禍福由人). 인간의 마음에서 선악이 생겨나는 것이고 사람이 어떻게 하느냐에 따라서 화나 복도 생겨난다고 한다. 대부분의 사람들은 인간의 복은 타고난다고 믿고 있지만 복된 삶의 실체에 대한 원인을 자세히 살펴보면 그럴 만한 충분한 조건이 갖추어져 있었다. 복된 삶을 사는 사람은 선심(善心)과 선행(善行)이 일치되는 삶의 결과에서 복된 삶의 결실을 맛보게 되는 법이다. 이러한 마음과 행동의 일치를 가져오게 하는 원동력은 바로 직심(直心)이라는 의지의 작용에서 찾을 수 있다. 바로 사람의 의지가 사람마다 서로 다르듯이 복과 덕을 누리고 사는 것도 당연히 다를 수밖에 없다. 인간은 누구나 한번 뜻을 세우고 마음을 굳게 지켜 나가려고 하는 곧은 마음과 의지를 갖고 있으며 이것을 관철(貫徹)하

영원한 인간관계

게 되면 삶의 질에 변화를 가져오게 된다는 것도 알고는 있다. 스스로 설계한 의지가 보통 사람이 참기 어려운 것을 참는 진실한 인내를 수용하고 감당해나갈 때 뜻을 이루게 된다. 달걀은 스스로 자신이 깨고 나오면 병아리가 되지만 남이 깨면 계란 후라이가 되듯이, 인간도 자신이 스스로 뜻을 세워 관철하면 성공한 삶을 살 수 있지만, 타인의 의지에 따라 살다 보면 사는 흉내만 내다가 인생이 끝나게 되는 것이 당연한 이치가 아니겠는가.

씨 없는 열매가 없듯이 행복도 마음에 씨를 뿌리지 않고 얻을 수 없다. 행복의 씨가 바로 의지이며, 그 의지의 씨앗을 잘 기르려면 노력이라는 퇴비와 인내라는 쓴 약이 필수적으로 동반된다.

모든 행복은 눈에 보이지 않는 즐거운 마음에서 시작되고 즐거운 마음은 현실을 긍정적으로 보려고 하는 노력에서 생겨난다. 눈에 보이는 모든 존재물이나 현실생활은 보이지 않는 것에서 온다고 하는 관계법칙을 잘 알아야 의지와 현실생활과의 불가분의 원리도 이해하게 될 수 있다.

현실을 긍정적으로 보려는 마음과 생각의 열매가 바로 현실생활이다. 그러니까 현실은 긍정적인 생각이 자란 열매라서 마음에 어떤 생각을 심느냐에 따라 행복과 불행이 결정된다. 마음의 밭에 선한 생각의 씨를 뿌리면 선행이 자라서 훌륭한 인격자가 나오지만, 악의 씨를 뿌리면 탐욕만 자라서 역경과 불행한 인생살이를 피하지 못하게 된다. 누구에게나 행복해질 수 있는 권리를 가지고 있다. 그 권리를 행하는 것은 선한 생각과 행복한 생각을 마음자리에서 떠나지 않게 하는 일이다. 선과 행복한 마음의 지킴이가 바로 의지이다. 선하고 행복한 생각을 선택하면 선인(善人)이 되고 행복해질 수 있지만, 탐심(貪心)과 부정적인 생각에 치우치는 것은 불행을 자초하는 결과를 가져오게 된다. 긍정적이고 희망적인 생각의 선택은 행복한 생활로 이어지게 되는 것이며 이것은 너무나도 당연한 귀결이 아닐 수 없다.

인생살이는 괴로움과 어려움이 있는 것이 당연한 것이어서 고난(苦難)과 시련(試鍊)을 극복해야 하는 것도 자신의 의지로 해결해야 하는 것이 인생행로이다. 고난과 비애와 시련이 없는 인생은 참된 삶이 아닌 헛된 몽상에 불과하다.

그러나 예고 없이 일어나는 재난(災難)과 고통은 심리적인 충격이나 불안으로 좌절과 극복의 갈림길에서 시련을 겪어야 하는데, 여기서 의지력이라는 큰 힘으로 위기의 순간을 넘기는데 인생의 묘미가 있지 않을까! 인생에 슬픈 일이나 재난은 자기 자신을 향상시키기 위해서 필수적으로 따라다니는 반갑지 않은 시련이 찾아오게 되는 것이니, 이를 겸손하게 맞이해야 한다. 그러나 시련이라는 손님을 불친절하게 받아들인 사람과 반가운 손님으로 각별하게 모시는 마음가짐으로 인생을 살아가는 사람과의 차이는 비교할 수 없을 정도로 큰 차이가 생길 수밖에 없다.

시련을 이겨내는 것은 우리의 정신을 긴장시키고 절도 있는 생각을 갖게 할뿐만 아니라 검소함과 겸허한 생활을 터득하게 하여 선악을 식별하는 능력과 지혜로움을 일깨워주는 것이 바로 시련의 위력이다. 따라서 시련의 위력을 자신의 의지로 극복해가는 능력을 배양하는 것이 인생의 진수(眞髓)이자 실생활에 보약이라고 여기며 살아야 가야 한다. 시련을 겪어보지 않은 인생은 마치 온실에서 자란 화초의 아름다움이 산야에서 자란 야생화에 비해 그 아름다움이 오래가지 못하듯이, 온갖 풍상(風霜)과 인고(忍苦)의 아픔을 이겨내 낸 사람에 비해

영원한 인간관계

그 노후에 닥쳐오는 격랑(激浪)을 견디며 이겨내는 것은 매우 힘든 일이다. 그래서 훌륭한 사람은 많은 시련을 겪으면서 더 강해지고 불행을 통해서 겸손을 배우게 되는 것이며 겸손함을 행하여 덕을 쌓는 사람으로, 이들은 삶 속에서 지혜를 배워 터득한 사람들이라고 할 수 있다. 이 세상에서 산고를 치르지 않고 출산하는 산모를 볼 수 없듯이 성공하는 사람들도 노력, 고통, 인내, 시련과 격랑의 사다리를 건너지 않은 사람은 하나도 없을 것이다. 산고나 성공은 반드시 노력과 인내라는 의지의 사다리를 건너고 나면 옥동자와 안정된 생활이 기다리고 있게 되는 것이 순리가 아니겠는가.

형상이 없는 인간의 의지인 무형(無形)의 힘이 옥동자나 안정된 현실 생활이라는 형상이 있는 유형(有形)을 만들어 냈으니, 우리는 무형과 유형이 서로 다르지 않다는 진리에 귀를 기우려야 한다. 이것이 삶 속에서 지혜를 터득한 길이라고 생각한다. 무(無)에서 유(有)를 창조했다는 말이 바로 이런 것이 아니겠는가.

위에서 언급했던 성공이라는 용어의 의미는 우리 눈으로 볼 수 있는 현실생활의 표상(表象)이나 외형적 가치에 치중했다는 뜻으로만 이해하기 쉽다. 그러나 시공의 한계에 제약을 받는 한시적 가치로서의 성공이 아닌 시공을 초월해서 가치의 영원성을 지닌 성공이라는 점이다. 내 당대에 부귀와 영화를 누리는 성공적인 삶보다 대대로 동포가 함께 동고동락하는 공익위주의 행복한 삶을 추구하려는 성공적인 삶도 영혼의 의지에 근원을 두고 있다는 사실을 간과해서는 안 된다.

바로 이러한 성공적인 삶을 사는 사람은 위대한 역사를 만들어가는 선각자요 그 민족에 지도자들이라고 말할 수 있다. 역사에 이름을 남기는 훌륭한 인물이 현재 우리 곁에 있지 않고 보이지도 않지만 그분의 삶을 생생하게 그리워하며 흠모하는 것은 후세인들에게 그분의 삶이 오늘에 이르기까지 귀감(龜鑑)이 되고 있기 때문이다. 그들의 삶이 눈에 보이지 않지만 그들의 업적이 후세들의 정신세계를 지배하고 있으니 이것이 바로 영생(永生)하는 삶이자 삶과 죽음을 활용할 줄 아는 용무생사(用無生死)한 삶이라고 보아야 한다.

이조시대에 청렴결백한 삶을 살았던 역사적인 인물 한 사람을 소개하여 귀감으로 삼고자 한다. 우리나라에서 가장 유명한 청백리 한 사람을 말하라고 하면 방촌 황희(1363~1452) 정승이요, 두 사람의 청백리를 말하라고 하면 황희와 맹사성이라고 할 수 있다. 방촌 황희 정승이 어떠한 삶을 살았기에 시공을 초월해서 오늘에 이르기까지 온 국민의 귀감이 되어오고 있는지를 알아보기 위하여 『세종실록』에 기록된 사료를 인용하여 소개하려고 한다.

1432년 4월20일(세종14년, 세종실록 56권) 영의정 황희가 고령을 이유로 세종 임금께 제출한 사직서 내용과 이를 받아들이지 않았던 세종대왕이 내린 비답(批答) 내용에서 황희의 삶을 알아보려고 한다.

영의정 황희가 사직(辭職)하여 말하기를,

"하고자 하는 바를 반드시 그대로 하는 것은 임금의 큰 법이오나, 할 수 없는 것을 그치게 하는 것은 미신(微臣)의 지극한 충정(衷情)입니다. 감히 간절하고 진실한 정성을 바쳐 우러러 높고 밝으신 살피심을 욕되게 하나이다. 엎드려 생각하건대, 신은 성질이 어리석고 더러우며 학술은 거칠고 소루(疏漏)합니다. 잘못 태종의 선택하여 주신 지우(知遇)를 입어 여러 어진 이들과 섞이어 벼슬에 나아갈 수 있었으나, 작은 물방울이나 티끌만큼의 작은 도움도 없이 한갓 밤낮으로 노심함이 간절할 뿐이었습니다. 복이 지나쳐서 재화(災禍)가 생기고 일이 잘

영원한 인간관계

못되어 죄가 미치게 되었사오매, 수년 동안을 죄를 마음으로 달게 받으면서 궁촌(窮村)에서 몸을 보전하고 있었더니, 하루아침에 착한 임금의 세상에 다시 거두어 쓰실 줄 어찌 생각이나 하였겠습니까. 공손히 생각하오니, 하늘과 땅 같은 크신 도량(度量)과 부모와 같은 어지신 마음으로 특히 이 구물(舊物)을 생각하시어, 여러 사람들의 비방(誹謗) 속에 있는 보잘것없는 사람을 발탁하여 온 세상이 우러러보는 지위의 우두머리에 두셨으니, 비록 이 몸이 가루가 될지라도 그 은총(恩寵)을 갚기 어렵습니다. 그런데 감히 벼슬과 영화가 성만(盛滿)하다고 하여 갑자기 사직할 수 있겠습니까. 그래서 그대로 우물쭈물하며 지금에 이르도록 애써서 관직에 종사하고 있습니다. 귀는 멀고 눈도 또한 어두워서 듣고 살피는 일이 어려우며, 허리는 아프고 다리는 부자유하여 걸음을 걸으면 곧 쓰러집니다. 대체로 원기가 쇠약하여진 것이 원인이 되어 드디어 온갖 병이 침노하게 된 것입니다. 더군다나 신은 금년의 생일로 이미 만 70세가 됩니다. 늙으면 벼슬에서 물러나는 것은 나라에 떳떳한 규정(規定)에 있고, 병들어서 한가롭기를 바라는 것은 그 심정이 꾸민 것이 아닙니다. 엎드려 바라건대, 신의 나이가 노쇠에 이른 것을 가엾게 여기시며, 신의 정성이 깊은 충정에서 나온 것을 살피시고, 유음(俞音)을 내리시어 직위의 해면을 허락하소서. 신은 마땅히 삼가 착하신 은택에 편안히 무자먹질 하면서 남은 해(餘年)의 생명을 조금 연장하며, 항상 성상의 장수를 송축(頌祝)하여 만물을 생성하는 천지의 큰 조화(造化)와 같은 임금의 교화(敎化)에 보답하기를 바랍니다.”라고 하였으나, 윤허(允許)하지 아니하고, 비답(批答)하기를, “어려운 것을 극복(克服)하는 임금은 보필(輔弼)하는 재상의 어짊에 힘입는 것이니, 도모하여 임용한 옛 사람을 어찌 그 물러가고 나아가는 일이 용이(容易)하게 할 수 있겠는가. 생각하건대, 경은 덕과 그릇은 크고 두터우며, 지식과 국량(局量)은 침착하고 깊어 큰일을 잘 결단하며 헌장(憲章)을 밝게 익혔도다. 마침 국운(國運)이 창성한 시기에 재회(際會: 임금과 신하가 뜻이 서로 잘 맞음)하였으며 밝으신 우리 선고(先考: 아버지 태종)에게 신임을 받아 일찍 후설(喉舌: 옛날 임금의 명령을 비롯하여 나라의 중대한 언론을 맡은 신하라는 뜻으로 '承旨'를 달리 이르던 말)의 직에 복무하였고, 곧이어 가장 신임하는 중신의 위치에 두어졌도다. 아름다운 문체(문장을 아름답게 꾸며 쓴 멋)는 국가의 빛이 되었으며, 삼가 삼사(三事: 영의정[領議政], 좌의정[左議政], 우의정[右議政]을 말함)를 밝히니 진실로 나라를 다스릴 만한 그릇으로써 모든 관원을 마땅하게 바로잡았도다. 내가 보잘것없는 몸으로 왕업(王業)을 이어 받들게 되어, 깊은 연못가에 선 것 같고 얇은 얼음을 밟는 것처럼 두려워하며 밤낮으로 오직 삼가하니, 마땅히 오로지 대신들에게 맡겨서 전대의 끼치신 공업(功業)을 두텁게 하기를 바랄 뿐이다. 돌아보건대, 그렇게 많던 여러 대신들이 점차(漸次)로 새벽 하늘의 별처럼 드물어지고, 오직 한 사람의 늙은 재상이 의젓이 높은 산처럼 우뚝 솟아 서서 시정(時政)을 모아 잡을 만한 인망(人望)이 공을 버리고 그 누구이겠는가. 이에 삼공의 우두머리에 위치하여 신하와 백성들의 사표가 되게 하였도다. 아름다운 계책으로 임금에게 헌책(獻策: 일을 해결할 방법을 제시하여 받들어서 드림)하여 바야흐로 보살피고 의지하는 정이 깊더니, 몸을 보전하라는데 명철(明哲)하여 갑자기 물러가 한가롭게 지내기를 청하는가. 옛날 주(周)나라의 소공과 방숙(方叔)은 원로(元老)로서 관직에 있었으며, 한(漢)나라의 급암(汲黯)과 조(趙)나라의 인상여(藺相如)는 병이 많았으되 나랏일을 다스렸도다. 더군다나 경은 나이가 아직 8, 90세에 이르지는 않았으

영원한 인간관계

며, 병도 치료할 수 없을 만큼 고결(固結)함에 이르지는 않았으니, 기운과 힘이 오히려 굳세어서 서정을 균평하게 하는 임무를 담당할 수 있겠노라. 만약 병이 일어난다면 마땅히 약을 써서 치료하면 될 것이요, 공의 사직하고자 함이 비록 헛말을 꾸며서 물러가기를 청하는 것은 아니나 어찌 보통 일반의 규정에 구애되어 벼슬을 물러날 수야 있겠는가. 경의 자신을 위한 계책으로는 좋겠지만 그리하면 나의 의지할 사람은 누구이겠는가. 겸손한 생각을 누르고 속히 직위(職位)에 나아가기를 바라노라. 더욱 덕이 적은 나를 도와 길이 큰 업[大業]을 지켜 가지게 하는 방법을 꾀하고, 힘써 옛 사람이 물러나가 휴양할 뜻이 없었던 것을 생각하라. 사직하려고 하는 일은 당연히 윤허 되지 않을 것이다."라고 하였다.

위의 글에서 우리가 본받아야 할 대목 몇 가지를 요약해보면 다음과 같다.

① 세종 임금의 겸손한 마음과 너그러운 관용성을 지닌 후덕한 대왕(大王)임이 들어나고 있다. 세종실록에 의하면 세종임금은 영의정 황희에 대한 몇 번의 미미한 상소들이 있었음에도 불구하고 끝까지 신뢰하고 18년이라는 긴 세월을 영의정(수상)의 직에 보임했다는 것은 대단한 인내와 관용을 가진 위대한 대왕이었기에 가능한 일이다. 세종대왕은 황희를 파직하라는 상소문이 올라오면 그 일의 옳고 그름을 정확하게 조사하고 분석하여 아무리 영상이라 할지라도 잘못됨이 있으면 잘못을 지적하고 상소문을 올린 간원에게는 타당함에 칭찬하면서 이러한 일로 국가의 큰 인물을 버리게 되면 국익에 도움이 되지 않으니 이해를 해야 한다는 당부 말을 지신사를 통하여 전하게 하는 자상함까지 보이신 임금이시다.

② 세종대왕이 영의정 황희에 대한 신뢰는 아버지 태종의 뜻을 계승했다

는 점에서 부모를 섬기는 효행의 흔적이 드러나고 있다.

③ 황희의 인자한 성품과 청렴성 그리고 국사에 대한 예리한 통찰력과 의정부의 장악력이 세종대왕의 마음을 붙잡았을 것으로 짐작할 수 있다. 세종대왕과 방촌 황희 정승이 상통하여 인연의 고리가 이어지는 근본요인은 바로 백성들의 민생을 위하는 마음과 위민통치(爲民統治)에 대한 국가의 경영관이 서로 일치하는 데 있다고 보아야 한다. 세종이 역사에 위대한 업적을 남기게 될 수 있었던 것은 바로 영의정 황희의 지혜와 보필이 있었음을 간과해서는 안 될 일이다. 세종이 집현전(集賢殿)을 두어 학문을 장려하여 다양하고 방대한 편찬사업을 이루었을 뿐 아니라 훈민정음(訓民正音)의 창제, 농업과 과학기술의 발전, 의약기술과 음악 및 법제의 정리, 공법의 제정, 국토의 확장 등 수많은 사업을 통하여 민족국가의 기틀을 확고히 다질 수 있었던 것도 서정(庶政)을 총괄하는 최고의 지위에 있었던 황희 정승과의 관계를 빼놓을 수 없는 일이다.

④ 세종과 황희가 나라에 기틀을 확립하는데 있어서 군신(君臣)간에 정책정인 조화(調和)는 물론이고 서로 존경과 신뢰가 백성들에게 귀감이 되어 임금과 재상을 신뢰하고 존경하게 되었다. 가정도 부부가 하나가 되어야 집안이 편안하고 자식들이 부모를 따르고 존경하며 모든 집안일이 잘 되어 가듯이, 나라도 군주와 재상이 한마음으로 국정을 이끌어 가면 나라 일이 순탄하여 백성들의 삶이 편안하고 안정을 누리게 되는 것은 너무나 당연한 일이다. 이와 같이 가족과 백성들이 안정된 편안한 생활을 하는 데는 가정에서는 부부가 국가에서는 군주와 신하가 서로 의기투합(意氣投合)이 되어야 한다. 의기투합이 이루어지려면 무엇보다도 신뢰가 있어야 한다.

세종과 황희 두 군신 사이에 신뢰는 마치 중국 삼국시대 촉한(蜀漢)의 황제였던 유비(劉備)가 제갈량(諸葛亮)을 신뢰하며 정사를 다스렸던

영원한 인간관계

것과 다르지 않다.

창덕궁에 가면 정조임금이 왕위에 오르자 가장 먼저 새웠다고 하는 주합루(宙合樓)를 볼 수 있다. 정조임금은 이곳에서 정무를 보았을 뿐 아니라, 임금의 어진(御眞), 어제(御製), 어필(御筆) 등을 간직하게 하였고, 이곳에 규장각(奎章閣)을 설치하여 학자들을 양성하고 학문수준을 향상시키기 위해 온갖 정성을 기울였던 곳이다. 이곳 주합루에 오르려면 '어수문'(魚水門)이라는 대문이 있는데 '어수'라는 말이 바로 유비와 제갈량에서 유래했다고 한다. 유비가 제갈량을 너무 친애하는 것을 보고 관우와 장비가 싫어하는 기색을 보이며 좋아하지 않자, 유비가 관우와 장비를 타이르면서 이렇게 말했다고 한다. "나에게 제갈량이 있는 것은 물고기에게 물이 있는 것과 같다."고 말한 데서 '어수'라는 말이 유래한 것이다. 정조임금께서도 현명하고 유능한 신하 없이는 임금 자신이 존립할 수 없다는 것을 잊지 않기 위하여 출입하는 대문의 이름으로 붙여 놓은 것만 보아도 군신 사이에 신뢰를 깨닫게 하려는 교훈으로 삼게 하려고 한 것이다.

조선이 개국된지 26년 만에 22살의 나이로 임금이 된 세종이 국가에 기틀과 안정을 위해 국정을 보는 예리한 판단력과 비전을 갖고 있으면서도 항상 겸손하며 경륜과 덕망과 청렴성을 두루 갖추고 있는 나이 많은 황희 정승을 18년 동안이나 옆에 잡아 두었던 세종 임금의 마음이나, 중국 삼국시대 촉한(蜀漢)의 초대 왕(161~223, 재위 221~223)으로 당시 세력이 미약했던 유비(劉備)가 제갈량(諸葛亮)의 지혜가 뛰어나다는 소문을 듣고 인재등용을 위해 그가 은거하고 있던 초막으로 3번이나 찾아가 자신을 도와달라고 청탁했다고 하는 삼고초려(三顧草廬) 하는 유비의 마음은 세종대왕과 같은 심정이었을 것으로 짐작할 수 있다.

　황희정승과 제갈량도 사람인데 만백성들의 마음을 어떻게 다 충족시켜줄 수 있었을까마는 일반적인 평판도 또한 무시할 수 없는 것이라서 임금으로서는 당연히 백성의 삶을 위해 도움이 되는 인물을 등용하려고 한 것은 지극히 당연한 일이다.

　전해 내려오는 이야기에 의하면 황희는 신분이 미천한 농부로부터 가르침을 얻었으며, 두문동에 사는 고려 유신들에게 의리를 저버리지 않고 지켜왔고, 종의 아이들에게도 인자하게 대해주었지만, 황희는 자신과 가족에게는 철저하고 엄격하여 청빈한 삶을 살면서도 국정을 논할 때는 예리한 통찰력으로 국익만을 위해 살아온 인물로 전해져 오고 있다. 국왕인 세종으로서는 당연히 나라에 어려움이 있을 때마다 마음 놓고 서로 상의하고 의지할 수 있는 재상을 옆에 두는 것이 백성들의 생활에 크게 도움이 되었기 때문이었을 것이다. 국정을 운영하는데 있어서는 현실적으로 일어나는 대부분의 어려운 국정에 대한 그 원인을 살펴보면 이미 지난 과거에 알게 모르게 방치해 두어 생겼거나 잘못 뿌려진 씨앗에 대한 결과인 것들이다. 현실에 일어난 일의 실상만을 보고 해결하는 것은 마치 '소 잃고 외양간 고치는 일' 밖에 되지 않는다. 한 나라에 먼 미래를 미리 내다보고 그때를 염려하고 걱정하여 대책을 세우는 통찰력과 지혜를 가진 인물이 있어야 나라가 평온하지 않겠는가. 세종대왕이 농민들의 세수(稅收)와 관련된 공법(貢法)시행 등 각종 제도의 정비나 국토의 확장 등으로 조선왕조의 기반을 굳건하게 할 수 있었던 것은 누가 뭐라고 해도 영의정 황희정승의 역할을 빼놓을 수 없다. 세종과 황희 두 군신(君臣)간의 신뢰관계가 역사발전을 가져오게 되었던 원동력이라고 할 수 있으며, 신뢰에 토양은

영원한 인간관계

바로 백성을 위하는 두 분의 마음과 의지(意志)가 서로 일치했던 것으로 보아야 한다. 군신 간에 의지의 작용결과가 조선의 각종 제도를 개혁하여 문화융성에 크게 이바지했다고 하는 것은 백성들의 삶에 긍정적인 변화를 가져왔다는 것을 의미한다. 두 군신 간에 신뢰로 다져진 돈독한 인간관계는 백성을 위하는 창의적인 의지의 발로에 의해 제도개혁과 문화의 향상을 가져오게 되었다.

국민 생활을 진정으로 걱정하는 지도자는 보편타당한 합리적 인사정책으로 미래를 볼 줄 아는 인물을 중용(重用)해야 한다. 개인이 살아가는데도 미래를 관조하는 능력이 없는 사람은 자주 좋지 못한 일들이 일어나지만 미래에 일어날 일들을 미리 생각하고 그에 대처하는 사람은 근심이나 걱정거리가 별로 없게 되는 것이 당연한 이치이다. "사람이 멀리 내다보는 생각이 없다면 반드시 가까이에 근심이 있게 된다는 말(인무원려 필유근우, 人無遠慮 必有近憂)"에서도 잘 알 수 있듯이 미래를 염려하는 마음과 그 마음을 관철하려는 의지의 반영이 생활에 안정을 가져와 걱정을 없게 해준다는 의미이다.

사람은 누구나 타고난 복이 있는 것이 아니고 살면서 복을 만들어 가는 삶을 살아가야 한다. 복을 만들어 가는 삶이란 특별한 것이 아니고 평범한 생활 속에서 할 수 있는 일들로, 단지 마음을 어떻게 쓰느냐에 달려있다. 그러나 다음과 같은 몇 가지 원칙은 반드시 따라야 한다. 무엇보다 먼저 자신과 싸워서 이기려면 자기의 마음을 잘 다스려 안정시켜야 한다. 자기의 마음 다스림은 미래에 일어날 일들을 미리 걱정하고 염려하는 것이며, 그 걱정과 염려하는 마음을 없애기 위해서는 계획을 세워서 중단하지 않고 우직하게 앞만 바라보면서 살아가야 한다. 이것이 성공하는 방법이라고 하면 믿어지지 않겠지만, 계획을 세워 계획을 세운 대로 의지에 좌절이나 굴절 없이 실행만 하면 걱정 없이 살 수 있는 편안한 생활이 이루어지게 되는 것은 당연한 이치이다. 따라서 우리는 늘 마음과 현실생활과의 관계성에 대하여 성찰할 수 있는 시간을 많이 가져야 한다.

겉으로 드러나 보이는 형체가 없는 무형(無形)인 의지(意志)의 관철(貫徹)이 진취적이고 희망적인 삶이며, 진취와 희망의 연속은 겉으로 형체가 드러나 보이는 유형(有形)인 성공의 지름길이라고 할 수 있다.

텅 비어 있는 공(空)한 것이 가시적(可視的) 존재물을 만들어 내고, 다시 눈에 보였던 존재물은 없어져 공(空)으로 되는 것이 진리임을 따르고 의지하게 되면 고요하고 편안한 마음상태에 이르게 된다.

이러한 인간의 의지가 모든 생명체의 성장을 좌우하는 에너지원이 되는 것으로 지력을 향상시키는 퇴비에 비유할 수 있으며, 어떤 공익적인 주장이나 일을 끝까지 밀고 나가 끝내 이루어 내는 관철은 풍성한 열매에 비유해 볼 수 있다. 또 이러한 의지를 관철하기까지 부단한 노력은 역시 농부의 열정과 정성어린 노력에 비유하여 생각할 수 있다.

삶의 질을 향상시키는 것은 반드시 인간의 건전한 의지와 노력이 서로 어우러진 조화(調和)에 의해 이루어진 결과물이며, 향상된 인류문화는 의지와 현실생활과의 필연적 관계법칙 내에서 이루어진 것으로 또 다른 가치를 만들어내는 창의적인 에너지원이라는 점을 잊지 않아야 한다. 인간의 의지가 문화생활을 만들어 내는 원천으로써 의지의 작용이 바로 인간생활이자 문화요 역사이다.

3. 최선의 노력과 최상의 행복

최선이란 의미는 우주에 존재하는 만물에게 가장 즐겁고 행복하게 해주는 훌륭한 일을 최선(最善)이라고 한다. 우주에 만물을 행복하게 하기 위해서는 모든 일에 최선을 다하는 것만이 최선의 해결 방법이다. 가장 훌륭하고 행복한 일은 최선의 목표를 향해 최선의 절차와 방법으로 최선의 노력을 통해 최선의 결과를 이끌어 내는 것이 가장 훌륭하고 행복한 일이다.

최선의 절차나 방법은 가치의 권위적 배분을 통해 최선의 결과를 이끌어내기 위하여 절대적으로 필요한 과정적 조치이기도 하다. 최선의 절차와 방법은 일상에서 자주 접하면서도 무덤덤하게 지나쳐 버리게 된다. 대부분의 사람들은 최선의 결과는 기대하면서도 최선의 절차나 방법에 신중에 신중을 기울여야 함에도 대수롭지 않게 여기고 있다. 사실 최선의 노력 포인트는 절차나 과정에 두어야 한다. 우리는 다음과 같은 '절차'에 관한 말을 자주 듣고 있으면서도 절차나 과정에 대한 절실함이나 신중성에 절대적인 비중을 두지 않고 있는 것이 사실이다. 그 예로 법적절차, 정해진 절차와 방법, 합리적 절차, 행정절차, 민사소송법의 하나의 절차인 중재절차(仲裁節次) 그리고 파산자(破産者)의 모든 재산을 모든 채권자에게 공평하게 배당함을 목적으로 하는 민사소송의 절차인 파산절차 등이 있다. 이와 같이 모든 일을 처리하는 데는 반드시 순서와 절차와 방법이 합리적으로 이루어지는 것을 최선의 절차와 최선의 방법이라고 한다.

노력(努力)이란 계획한 일의 목적을 이루기 위하여 있는 힘을 다해 부지런히 애를 쓰는 것을 의미한다. 매사에 뜻하는 바를 이루기 위해서는 노력이 필수적으로 따라야 하며, 큰 뜻을 이루기 위해서는 각고(刻苦)의 노력과 최선의 노력이 있을 때 질적으로 향상된 삶을 보장받게 된다. 각고의 노력은 온갖 고생과 아픔과 고통을 인내로 견뎌 내며 몹시 애를 쓰기에 그 뒤에는 행복이 기다리고 있다는 것을 믿어야 한다. 즉 큰 고통(大痛)을 이기고 극복한 사람은 크게 성공(大成)할 수 있다는 말이나, 쓴 것이 다하면 단 것이 온다는 뜻으로, 고생 끝에 즐거움이 온다는 고진감래(苦盡甘來)라는 말을 믿고 따르며 실행하면 영광과 행복이 어찌 오지 않겠는가. 조국의 숙원인 통일을 위해서도 최선의 노력과 인내가 필요하며, 난관에 부딪혀 길이 막혔을 때도 새로운 길을 개척하기 위해서는 자기의 노력과 인내에 달려 있으며, 취업에 길이 막힌 사람들에게도 취업을 향해 부단하게 최선의 노력을 하게 되면 굳게 닫힌 문이 열리게 되는 것이 당연한 순리이다.

인간의 의지(意志)는 내재되어 있어 모양이나 형태가 없는 것으로 모든 일의 시초(始初)로 1차적이며, 사람의 노력(努力)은 활동하는 모습을 볼 수 있는 모든 일의 과정으로 2차적이라고 할 수 있으며, 행복한 삶은 가시적(可視的)인 세계로 의지와 노력이 만들어 낸 마지막의 단계로 3차적이라 할 수 있다. 나의 행복한 삶은 제1차적인 나의 의지가 제2차적인 최선의 노력을 통하여 마지막 단계에 반드시 오게 되는 것을 공식과 같이 믿고 따라야 한다.

행복한 생활을 하는 사람들은 의지의 관철을 위해 노력과 온갖 정성(精誠)을 다 해온 사람들로 그들은 일관되게 힘을 다하려는 진실 되고 성실한 마음으로 최선의 노력을 해온 사람들이라고 할 수 있다. 온갖 정성과 노력으로 공들여 쌓아 올린 공들인 탑은 천 년을 지나도 무너지지 않는 법이기에, 자신의 의지를 실현하기 위해서는 공을 들인다는 자세로 정성과 노력을 많이 하는 것은 당연한 일이다.

자신의 의지실현이 최선의 행복으로 이어지기 위해서는 최선의 노력과 방법인 절차와 과정이 합리적으로 이루어져야 한다. 모든 일의 절차나 과정에서 유념해야 할 사항은 다음과 같다.

■ 최선의 방법으로 절차나 과정상에 유의해야 할 점

① 어떤 일의 목표를 설정할 때는 신중한 선택을 해야 한다.
올바른 선택과 잘못된 선택은 인생을 두 갈래의 길로 갈라놓게 된다. 잘못된 선택의 길은 사려가 깊지 못한 데서 일어나는 일이다. 그러나 신중한 사려는 타당한 목표설정과 목표를 실현하기 위한 노력의 과정에서 철저한 계획에 따라 정확하게 그 절차를 지켜가는 것을 의미한다.

② 자기의 능력과 자기의 처지(處地)를 정확하게 판단하여 매사에 임해야 한다. 모든 일에는 반드시 순서가 있어야 하고 순서의 첫 번째로 고려해야 할 대상은 자기의 능력과 처지를 정확하게 판단하는 일이 선행되어야 한다.

③ 정확한 계획서를 작성하여 계획대로 순서에 따라 진행한다. 모든 일의 성패는 정확한 계획서 작성 및 순서의 실천유무에 달려있다.

④ 시기의 선택에 신중을 기해야 한다.
시기의 타당성은 면밀하면서도 정확한 분석적인 방법과 예측하기 어려운 변수까지를 감안하여 시기를 결정해야 한다. 수험생의 경우를 한 예로 들어 설명하면 시험 볼 시기를 면밀하면서도 정확한 분석 없이 응시했을 경우와 예상응시자 수를 파악하고 그 예상수험생의 실력이 상위권의 몇%, 중위권의 몇%, 하위권의 몇%의 수험생이 응시할 것이라는 분석을 하고 난 후에 자기의 실력등급과 비교하여 그 시기를 정해야 한다.

물론 수험생들의 등급을 파악하기가 쉬운 일은 아니지만, 고등학교 3학년 때 치른 순응시험의 등급을 분석기준으로 삼는 것도 한 방편이 될 수 있다. 그러나 여기서 예상하기 어려운 변수는 바로 상위권 예상응시자 수를 알아내기란 정말 어려운 일이다. 선배나 후배 또는 사법고시나 행정고시 그리고 7급 시험을 준비하는 사람들 가운데 몇%가 하향지원 하는지를 파악하는 일이 무엇보다 어려운 일이기에 이것을 변수라고 한 것이다.

⑤ 장소는 신중에게 선택해야 한다.

어떤 일이든 그 일을 해야 할 장소나 직장 또는 일자리를 결정하는 것은 직업의 선택만큼이나 중요한 일이다.

장사할 가게를 마련하려고 할 때 가장 중요한 제일의 조건은 장소의 선택이다. 상점의 위치가 어디에 있느냐에 따라 그 가게의 흥망이 달려있기 때문에, 가게의 신중한 선택을 위해서는 먼저 장소 선택기준을 마련해야 한다. 선택기준은 계량적인 조사방법을 택하여 사전 조사기간으로 최소한 1주일 정도 현장에 나가 각종 조사를 통해서 자기가 구상하고 있는 일과의 적합성을 따져보는 것이 장소선택을 하는 절차이다. 장소를 선택하는데도 최선의 절차나 과정이 필요하며, 그 절차나 과정의 조사기준은 자기 스스로 마련해야 한다.

⑥ 전문인이나 현명한 사람의 지혜를 빌려야 한다.

사람의 선택은 무엇보다도 신중해야 한다. 자기의 의지를 실현하기 위해서는 노력은 당연하게 해야 하지만 노력하는 과정에서 타인의 도움 없이는 소기의 목적을 이루기란 어려운 일이다. 사람의 선택은 다음과 같은 사람을 택하는 것이 현명하다.

최선의 절차나 과정을 위해 선택해야 할 사람으로는 현명한 사람, 전문성이 있는 사람, 예의범절이 분명한 사람, 공익에 앞장서는 정의로운 사람, 자타불이(自他不二)의 가치관을 가진 사람을 택해야 한다.

영원한 인간관계

인간관계를 떠나서 인생을 논하는 것은 생각조차 할 수 없는 일이기에 사람의 선택과 사귐은 대단히 중요한 일이 아닐 수 없다. 따라서 훌륭한 사람과 삶을 같이 하면 마치 복주머니를 항상 몸에 지니고 사는 것과 같은 삶을 살게 되는 것이니 인간의 만남이 어찌 소중하지 않겠다고 하겠는가.

이와 같이 최선(最善)의 노력은 일을 하는 과정에서 최선의 절차(節次)을 통한 정성과 노력이 함께 이루어져야 한다. 목표의 신중한 선택, 자기능력의 정확한 판단, 정확한 계획서와 실천, 시기선택의 신중함, 신중한 장소선택, 현명한 사람의 지혜를 빌리는 것과 같은 절차가 포함되어 있는 노력이 최선의 노력이라고 할 수 있다. 아무리 노력을 많이 한다고 하더라도 위에서 언급한 여섯 가지 유의사항을 고려하지 않는다면 그 노력은 물거품이 되어버릴 수도 있다. 위의 6개 사항이 서로 조화를 이루는 것이 절차나 과정에서 작동되어야 한다. 인간생활에서 필수적인 가치관으로 조화를 들지 않을 수 없다. 인간생활의 지침서라고 할 수 있는 사서육경의 구성에서도 조화의 진리가 들어 있다.

노자의 『도가사상』에 의하면 사서육경(四書六經)에서 6경은 「시경」, 「서경」, 「예기」, 「악공」, 「주역」, 「춘추」를 아울러 이르는 말이다. 이 육경(六經)의 구성내용을 간략하게 요약하면 다음과 같다.

시경(詩經)은 춘추시대 민요중심의 시가로 중국 최초의 시가총집으로써, "인간의 의지(志)를 서술한 것이고, 서경(書經)은 일(事)를 서술한 것이고, 예기(禮記)는 행실(行)을 서술한 것이고, 악경(樂經)은 조화(和)를 서술한 것이고, 주역(周易)은 음양(陰陽)을 서술한 것이고, 춘추(春秋)는 명분(名分)을 서술한 것이다."라고 하였다.

6경의 구성내용에서 확인할 수 있듯이 인간의 의지(意志), 일(事), 행실(行), 일의 조화(調和), 음양의 이치(陰陽), 특히 군신, 부자, 부부가 서로 지켜야 하는 도덕상의 일의 가르침인 명분(名分)으로 구성되어 있는 것을 놓고 볼 때, 사서육경은 인간생활에서 필수적인 요소를 집대성한 조화의 합작품이라고 할 수 있다.

최선의 노력도 인본주의나 공익에 유익한 최선의 절차가 이루어지려면 6가지 유의사항이 서로 조화를 이루면서 뒷받침 되어야 한다. 만약 절차상 6가지 유의사항 중 어느 하나라도 간과하거나 무시해버리면 거기에서 일어나는 문제는 회귀불능 상태까지 될 수 있음을 알아야 한다. 이러한 우(愚)를 저지르지 않기 위해서는 샤뮤엘 스마일즈의 다음과 같은 가르침에 귀를 기우려야 한다.

그는『인생을 최고로 사는 지혜』에서 "작은 일들이 위대함의 씨앗이다." 그리고 "무시해도 될 만큼 사소한 일이란 없다."라고 하였다. 행복한 미래의 삶을 위해서는 목표의 설정, 자기능력 정도의 정확한 판단과 평가, 정확한 계획수립과 진행, 시기와 장소의 선택, 전문인과 현명한 사람의 지혜를 빌려 활용하는 것들이 미래에 위대함의 씨앗이 된다는 사실을 생활의 지혜로 삼아야 한다.

최선의 노력은 모든 일을 수행하는 과정에서 일어나는 일로 공익에 저해되거나 반사회적이어서는 안 되며, 오직 공익과 공존적 가치에 합당한 일이어야만 한다. 합리적인 최선의 절차를 위한 6가지 유의사항을 강조한 것도 사회적 공리(公理)를 따라야 하기 때문이다. 사회적 공익과 공리를 따르는 이유는 바로 공익을 행하는 데서 진정한 의미의 행복을 찾을 수 있기 때문이다.

훌륭한 사람이 되려면 불행과 고난과 역경을 당연하게 받아들이고 당당하게 밟고 올라가는 사다리로 여기면서 살아가야 한다. 고난과 역경을 딛고 일어서려면 항상 매사에 성실·근면한 자세로 살아가야 하며, 그러한 사람은 극기(克己)하는 사람이기에 자기에게 닥치는 어떤 난관과 곤경도 이겨낼 줄 아는 사람이다. 그래서 나폴레옹은 "성실한 사람일수록 자신을 이기려고 애쓴다."라고 하였으며, 베토벤도 "훌륭한 인간의 두드러진 특징은 쓰라린 환경을 이겨낸 사람이다."라고 하였다. 덕을 갖춘 훌륭한 인간이 되려면 반드시 시련과 고난의 역경을 딛고 일어선 사람에게만 가능한 일이다. 이 말은 고난을 당하지 않은 대부분 사람은 인생의 참맛을 알지 못하기 때문에 훌륭한 인물이 되지 못한다는 뜻이다. 고난과 역경을 딛고 일어선 사람만이 덕을 펼칠 수 있어 최상의 행복을 누리게 되는 것은 의심할 여지가 없으니 믿고 행하여야 한다. 덕과 행복과 불행은 사람이 만들어가는 작품임이 분명하다는 것을 믿고 따라야 한다. 우리가 누리고자 하는 복(福)은 검소함에서 생겨나고 덕(德)은 겸손에서 생기나며, 지혜(智慧)는 고요한 데서 생겨나는 반면에 근심은 탐욕과 게으름을 피우는데서 생겨나고, 재앙(災殃)은 탐(貪)하는 마음이 많거나, 경솔하고 교만한 데서 생겨난다고 하니 이 모든 희로애락이 자신의 마음씀씀이와 행동에서 생겨남을 마음 깊이 새겨야 한다.

그러면 어떤 것을 행복(幸福)이라고 하는지 살펴보도록 하자. 행복이란 일상생활에서 기쁨과 만족감을 느끼며 흐뭇한 마음으로 살아가는 것을 말한다. 흐뭇한 마음의 상태로 살아가기 위해서는 어떤 일이든 기쁘고 즐거운 마음으로 해야 하며, 그 일의 결과에 만족감을 느껴야 한다. 그러한 마음의 자세로 살아가는 사람이 바로 긍정적 사고를 가진 사람이다. 매사를 긍정적인 사고로 사는 사람은 보통 사람들의 생각이나 태도와는 달리 상대방의 말이나 자기에게 처한 어떠한 상황이나 환경을 긍정적인 너그러운 마음으로 수용(受容)하여 자기 것으로 만들어 버린다. 따라서 인생의 행복과 불행은 자기가 판단하기 나름이며, 그 판단의 기준과 설정은 자기 마음먹기에 달려있음이 분명하다. 그러나 개인위주의 행복의 개념과 최상의 행복이라는 개념과는 서로 구별하여 설명해야 한다. 특히 여기서 언급하려고 하는 것은 최상의 행복에 관한 이야기이다. 행복의 개념을 다음과 같이 구분하여 설명해 보려고 한다. 행복은 개인위주의 소승적(小乘的)인 시각에서 보는 행복과 공익위주의 대승적(大乘的)인 입장에서 보는 행복으로 구분하여 생각해볼 수 있다. 여기서 개인위주의 소승적인 행복이나 공익위주의 대승적인 행복의 좋고 나쁨을 말하기보다는 공익위주의 최상의 행복을 강조하기 위한 과정에서 나온 말이다. 물론 양자가 모두 다함께 병존(竝存)해야 하는 것은 너무나 당연한 일이다. 마치 양자관계를 그릇에 비유하면 용량이 적은 그릇이면 개인위주의 소승적인 행복에 만족할 것이고, 용량이 큰 그릇이면 공익위주의 대승적인 행복으로 채우려고 할 것이다.

이 세상에서 가장 이상적인 행복인 최상의 행복은 인류의 공익에 직간접적으로 도움이 되는 일이어야 한다. 인류사회에 가장 이상적인 행복의 바탕은 자유와 평화에 있는 것이다. 자유와 평화가 없는 사회는 사랑과 인정이 메마른 불행한 사회이다.

개인위주의 소승적인 차원의 행복은 자기수신(自己修身)을 통해서 안락과 행복을 찾는다.

『아함경(阿含經)』에 이르기를 최상의 행복을 다음 4가지가 제1이라고 규정하고 있다.

영원한 인간관계

① 제1의 부자는 모든 일에 만족할 줄 아는 사람이다(知足 第一富).

② 제1로 이익이 되는 일은 병이 없는 사람이다(無病 第一利).

③ 착한 친구와 가장 친하게 지내는 것이 제일의 행복이다(善友 第一親).

④ 어떤 일에도 동요됨이 없이 마음에 평정을 잃지 않고 사는 것이 제1의
  즐거움이다(寂靜 第一樂).

제일의 부자는 자기에게 주어진 환경과 처지를 긍정적으로 수용하며 스스로 만족할 줄 아는 사람이며, 병 없이 건강하게 사는 사람이 제일 이익을 보는 사람이며, 제일 친하게 지낼 수 있는 착한 친구가 있어야 하고, 제일의 즐거움은 항상 마음이 편안하고 고요한 상태로 사는 것이라고 하였다.

위에서 언급한 행복의 4가지 요건은 자기 자신이 스스로 혼자서 만들어 낸다는 점에 주목해야 할 일이다. 모든 인간이 행복하게 살려면 경제적인 문제, 건강문제, 친구와의 관계, 마음의 갈등과 불안을 해소해야만 한다. 인간사회에서 가장 많은 문제를 안고있는 것은 바로 경제적인 문제이다. 경제문제는 제도적 측면에서 볼 때 권위적인 분배가 이루어지지 않는 데 문제가 있다. 고금(古今)을 막론하고 물질의 분배 문제는 끝이 보이지 않는다고 해도 과언이 아니다. 이러한 어려운 문제를 만들어 낸 것도 사람이요, 난제를 풀어야 할 주체도 사람이다. 제도개선에 칼 자리를 쥐고 있는 정치지도자들은 서로 책임 떠넘기기에 급급하고만 있으니, 그 아픔과 고통은 국민의 몫으로 남게 된다. 이러한 현실상황을 극복하기 위해서는 개인 차원의 노력이 불가피할 수밖에 없다.

어떤 일의 결과에 대해 그것이 정신적이든 물질적이든 간에 자신의

처지나 입장에서 만족할 줄 아는 사람이 제1의 부자이니 그런 사람이 최상의 행복을 누릴 수 있다. 몸에 병이 생기면 재산은 물론이고 자칫 잘못하면 건강까지 잃게 된다. 그래서 이 세상에서 가장 큰 재산은 건강재산이요, 제일의 복은 건강 복을 타고나야 한다고 하는 것도 바로 병이 없으면 재산상 제일 큰 이익을 보기 때문이다. 아무리 재산이 많고 착한 친구가 있다고 하더라도 몸에 병이 있으면 마음에 고요와 적정을 찾을 수 없는 것이니 무병이 제일의 이익이라고 한 것이다.

부유하고 병 없이 건강하며 생활에 고요와 적정을 함께 하는 데는 선한 친구가 있어야 제일 행복한 일이다. 선한 친구는 자기생활에 원동력이 되는 에너지로 마음에 쉼터요, 허물없는 벗이요, 길라잡이요, 스승이요, 동고동락하는 동반자(同伴者)이니 이런 친구와 제일 친하게 지내는 것이 최상의 행복이라고 할 수 있다.

마지막으로 모든 일을 고요히 생각하여 행동하며 결코 서두르지 않는 태도로 살아가는 적정(寂靜)의 삶을 사는 것이 제일 즐거운 일이라고 하였다.

그러면 최상의 행복을 실현하기 위한 보다 구체적인 일들이 무엇인가에 대하여 살펴보고자 한다. 앞에서 언급한 최상의 행복요건으로 『아함경(阿含經)』에서는 자족(自足), 무병(無病), 선우(善友), 적정(寂靜)의 4가지가 제1이라고 하였지만, 여기서는 어떤 마음가짐과 어떤 행동거지와 처신을 했을 때 가장 행복한 생활을 할 수 있는지 대하여 살펴보도록 한다.

다음은 팔만대장경에 나오는 『최상행복경(最上幸福經)』이라는 불서(佛書)에 나오는 내용을 인용하려고 한다. 최상행복경은 팔만대장경에서는 "마하 만가라 수다라경(摩訶漫伽羅修多羅經)"이라고 한다. 마하는

영원한 인간관계

최상의 뜻이요, 만가라는 행복의 의미이며, 수다라는 경문이라는 말로 번역하였다. 최상의 행복경문의 전문을 번역하면 아래와 같다.

석가세존께서 사위국(舍衛國)이라는 나라의 기원정사(祇園精舍)에 계시던 때였다. 하루는 이른 아침에 의복이 찬란하고 얼굴이 예쁜 천녀(天女) 한 사람이 세존 앞에 나타나서 합장예배하고서 아래와 같이 말하였다. "세존이시여, 모든 사람들이 다 여러 가지로 행복을 구하고 있으나 어떤 것이 최상의 행복인지를 모르고 있습니다. 그런즉 저희들에게 최상의 행복을 말씀해 주시옵소서." 천녀가 이렇게 묻자 세존이 다음 열 가지 수칙을 말하였다.

■ 최상의 행복경문 10가지 수칙

① 우악(遇惡)한 무리를 가까이 하지 말고, 지혜 있는 사람들을 친절히 하며, 존경할만한 자를 존경하라. 그것이 최상의 행복이니라.
② 좋은 환경을 얻기 위하여 현세에서 선량한 행동을 행하여 올바른 길을 밟아 나가라. 그것이 최상의 행복이니라.
③ 학문을 연구하고 기술을 배우며 항상 정직한 언어(言語)를 사용하라. 그것이 최상의 행복이니라.

학문을 연구하고 기술을 배워 연마하는 것은 자신은 물론이고 사회의 공익을 위하는 일이며, 항상 정직한 언어의 사용은 자신의 존엄과 타인의 존경을 통해 사회질서를 바로 세우려는 것으로 이해할 수 있다. 만약 한 국가가 학문과 기술면에서 전문성이 뛰어난 사람들이 다른 국가에 비해 월등히 많이 있을 때 그 국가가 발전하고 인류사회에 크게 공헌하는 것은 너무나 당연한 일이지 않겠는가. 또한 인간생활에 필수적인 말(言)은 개인의 인격이나 품위를 나타내며, 국민이 일 상적으로 사용하는 언어는 문화국민의 척도가 되는 기준이기도 한다. 언어의 구사력이나 언어사용에 대한 국민적인 소양(素養)을 갖추는 것 은 바로 선진문화국민이 되는 지름길이기도 하다. 정직한 말은 항상 입을 조심하여 실없는 말이나 빈말을 하지 않고 착한 말이나 부드럽 고 고운 말을 사용하여야 한다.

④ 위로는 부모님에게 효성을 다하고 아래로는 처자를 잘 부양(扶養)하며 다른 사람에게 방해되지 않는 직업에 종사하라. 그것이 최상의 행복이 니라.

⑤ 이기적(利己的) 정신과 고결(高潔)한 생활로 가족에 대한 책임을 완수 하고 모든 일에 있어서 자기의 임무를 다하라. 그것이 최상의 행복이 니라.

⑥ 우악한 행동을 하지 말고 술을 먹지 말고 품행을 항상 고결(高潔)하게 가지라. 그것이 최상의 행복이니라.

⑦ 경건(敬虔)과 겸양(謙讓)과 만족과 감사보은(感謝報恩)의 정신으로써 위 대한 인격자들의 말씀을 배우고 그들을 항상 따르라. 그것이 최상의 행복이니라.

⑧ 모든 일에 참아 나가는 인내심과 은근한 태도와 청정한 정신으로 위 대한 인격자들을 가까이 하라. 그것이 최상의 행복이니라.

모든 생명체들은 환경의 영향이나 지배를 받지 않고 살 수 없듯이, 인간 도 자연환경이나 생활환경의 지배나 영향을 받지 않을 수 없다. 따라서 훌륭한 스승이나 인격을 갖춘 사람들과 가까이서 생활하는 것은 그들 을 닮아가기 때문에 행복한 생활을 할 수 있다는 말이다.

⑨ 절제와 양심적인 생활로서 항상 열반낙(涅槃樂)을 구하라. 그것이 최상 의 행복이니라.

열반이란 타오르는 번뇌의 불꽃을 지혜로 꺼서 모든 번뇌나 고뇌가 소 멸된 상태를 말하며, 불가(佛家)에서 흔히 수행에 의해 진리를 체득하여

마음이 흐려지거나 무엇에 홀린 것 같이 정신이 헷갈려서 헤매는 미혹
(迷惑)과 집착(執着)을 끊고 일체의 속박에서 해탈(解脫)한 최고의 경지
를 이르는 말이다. 일반사회에서 열반낙의 의미는 절제된 생활과 양심적
으로 생활하는 것을 즐거움으로 알고 사는 것이 최상의 행복이라는 뜻
으로 이해할 수 있다.

⑩ 모든 세상일에 자제하며 순경(順境)과 역경(逆境)에 동하지 말고 항상
냉정하며 마음에 불안이 없게 하라. 그것이 최상의 행복이니라.
사실상 세상에 일어나는 좋은 일이나 나쁜 일을 보고도 자기 마음을
스스로 다스리는 일이 썩 쉬운 일만이 아니기 때문에, 모든 일이 뜻대
로 잘 되어가는 경우나, 일이 순조롭게 되지 않는 불행한 경우와 같은
환경에 처하더라도 민감한 반응을 보이지 말고 여유를 가지고 대응하라
는 의미이다.

이렇게 행하는 사람은 어떤 장소에 있어도 그곳이 곧 천상세계(天上
世界)나 극락세계(極樂世界)가 되느니라. 그것이 최상의 행복이니라.

이상에서 말한 것이 세존(世尊)이 천녀(天女)에게 말한 최상행복경(最
上幸福經)의 전문을 부분적으로 인용하였다.

위에서 말한 최상의 행복경문 10가지 수칙 가운데 열 번째 내용
의 가르침과 같이 세상일에 자제하며 순경(順境)과 역경(逆境)에 동하
지 않고 의연하게 살아온 이와테현의 대참사를 극복해온 일본인들
과 역사의 소용돌이 속에서 위업을 남긴 다산에 대한 생각이 머리
를 스쳐 간다.

일본인들은 2011년 3월 11일 이와테현의 지진으로 인명피해자만
총 1만 9,305명(사망자 1만 6천여 명, 행방불명자 3,305명)과 총 피해액이
25조 엔(345조 7천억 원)에 이르는 대재앙의 역경을 당하면서도 흐트러

짐이 없는 일본인의 질서의식은 세계인들을 다시 한 번 놀라게 하였다. 일본인들의 위기 대응의식은 이성을 잃지 않고 불안했던 상황 속에서도 전혀 동요됨을 보이지 않았던 것이 그 험난한 역경을 극복했던 좋은 사례이다.

또한, 인생역경을 극복했던 다산 정약용 선생이 귀양살이 18년 동안 그의 마음속에 쌓인 불평과 불만과 억울함이 너무나도 많았겠지만, 전혀 그런 내색도 보이지 않고 집필에만 열중했다는 것은 바로 당신에게 처한 역경에 동하지 않고 새로운 세상을 만들어보고 싶어 하는 의지가 강했기 때문이다. 그가 유배생활 동안 500여 권의 집필에 전념만 하였다고 하니 상상만으로도 놀라지 않을 수 없다.

다산 정약용은 자신의 인생에서 두 번의 통곡과 삶의 의욕을 잃은 적이 한 번 있었다고 한다. 그의 18년의 귀양살이는 의연하게 보냈지만, 그의 충격적인 일 세 가지를 들면, 첫째는 귀양지에서 어린 막내아들의 죽음을 듣고 한없이 눈물을 흘리며 목메어 울었던 일이며, 두 번째는 자신보다 더 훌륭한 학식과 인품을 지니고도 더 외롭고 쓸쓸하게 유배생활을 하다 세상을 떠난 둘째형 정약전의 부음에 통곡했던 일이며, 세 번째는 병들어 굶어 죽어가는 백성들의 참담한 모습을 보고 삶의 의욕마저 잃었던 일을 들 수가 있다. 그는 자식과 형제애에 대한 사랑과 굶어 죽어가는 백성들의 참담한 모습을 보고 삶의 의욕을 잃었던 것은 뜨거운 인간애를 지닌 사람이었음을 다시 확인할 수 있는 대목이라고 할 수 있다. 다산은 백성들이 굶어 죽어가는 참담(慘澹)한 현실 앞에서 그 당시 그들이 처한 난관(難關)과 역경을 극복하기 위한 대안을 마련하여 고급관료로 있는 친구에게 편지를 보내 시정을 부탁했으며, 그 후에 그 내용을 목민심서에 남기게 되었다. 그것은 바

영원한 인간관계

로 오늘날까지 문제가 되는 불균형과 불평등에 관한 대안을 마련하였
다고 한다.

다산 정약용 선생은 『목민심서』의 「원정(原政)」에서 정치에 관하여
다음과 같이 당시 상황을 적나라하게 지적하였다. 그는 18~19세기
백성들이 굶어 죽어가는 참담한 모습을 보고 이러한 사회현상은 제도
적인 불평등에 있으며, 그 불평등이 지역공동체의 단결과 유대감을 깨
뜨리는 중요한 요인으로 보고 그 문제점으로 다음 5가지를 들고 있다.

첫째는 토지소유의 불균형문제이다. 그 낭시 대부분 백성들의 생업
기반은 토지에 의존하면서 살수 밖에 없었다. 토지소유의 불균형이
삶의 의욕을 상실하게 하였을 뿐 아니라 인생을 포기하거나 굶어 죽
는 참담한 상황까지 일어나게 만든 것으로 보고, 소유의 격차가 심하
여 균형이 깨어지면 백성들에게 토지를 고르게 나누어주어 바로잡는
것이 정치라고 하였다. 정치는 백성들을 배부르고 편안하게 해주는 것
이 본래 해야 할 일인데, 그것을 모르는 위정자들에게 토지의 권위적
인 분배를 촉구하였다.

둘째는 지역에 따라 생산되는 산물의 불균형 문제를 지적하였다.
농수산물의 생산량이 지역에 따라 차이가 심하면 지역 간에 불균형
이 생겨 생활에 불편과 불만으로 이어진다고 지적하고, 유통을 원활
하게 바로 잡아주는 것이 정치가 해야 할 일이라고 지적하였다. 중간
상인들의 농간(弄奸)으로 정당한 유통구조를 파괴하여 폭리를 취하지
못하도록 하거나, 과잉생산으로 가격의 폭락을 예방하는 것도 정치가
해야 할 일이라고 하였다. 지역산물의 불균형을 바로잡아주는 과제는
지역 간에 생활필수품이나 산물의 원활하고 정당한 유통구조가 실현
되어야 한다. 다산 선생이 지역에 따라 생산되는 산물의 불균형문제

를 지적한 것은 오늘날의 실정으로 말하면 도시와 농촌 간에 합리적이면서 원활한 유통구조가 이루어지게 하는 문제를 지적한 것과 같다고 할 수 있다.

셋째는 폭력으로 약탈이 일어나는 힘의 불균형문제를 지적하였다. 정치가 약육강식의 논리에 대한 강자위주의 논리를 발붙일 수 없도록 하기 위해서는 난폭한 세력이 힘만으로 약자의 것을 빼앗는 폭력은 합법적 수단인 무력을 동원해서 약자를 보호하여 폭력적인 약탈을 막아주는 것이 정치라고 하였다. 힘이나 불법적인 무력을 휘두르는 세력들을 방치하는 것은 사회적 일체감이나 균형과 유대감을 파괴하는 사회적 질병을 오히려 조장하는 결과를 초래하게 됨으로, 정치가 이런 일을 맡아 해결해야 한다고 하였다.

넷째는 사회기강의 붕괴에 따른 불균형의 문제를 들고 있다. 활력이 있는 사회는 그 사회를 지탱하는 원동력이 되는 법도와 질서가 바로 서 있을 때 사회질서가 유지되는 것이다. 다산은 사회질서와 법도가 바로 서지 않는 이유로 형평성의 붕괴와 일관성이 결여된 법집행에 있다고 보았다. 그는 당시 힘이 있거나 난폭한 자들이 득세하여 사회를 혼탁하게 하였거나 무질서하게 하여 선량한 사람들이 고통을 받는 어려운 처지를 바로 잡아주는 일은 바로 정치가 해야 한다고 지적했다. 다산은 사회악의 원인을 불균형문제로 보았으며, 그 불균형은 사회기강(社會紀綱)을 파괴시키는 난폭자들의 득세에 있다고 지적하면서, 이러한 법질서의 붕괴를 바로 잡아주는 일은 정치권력이 당연히 맡아 해결해야 한다고 하였다.

이러한 현상은 우리들이 경험한바 있거나 현실에서 얼마든지 찾아볼 수 있는 일들임을 지적하지 않을 수 없다. 온 나라를 떠들썩하게 했던 대재벌 CEO들의 수억대의 금융비리(金融非理)나, 최고통치권을 가진 대통령의 친인척들이 권력을 이용한 거액의 비리는 경하게 처리되거나 은근슬쩍 넘어가고, 단 10만 원의 부정한 돈을 받고 직장을 그만두었던 사례에 비추어 볼 때, '유전무죄, 무전유죄'(有錢無罪, 無錢有罪)의 현상이 아직도 통하는 세상이라면, 모든 국민이 법 앞에 어떻게 평등하다고 말할 수 있으며, 다산이 고뇌했던 18세기 정치와 어떤 차이가 있단 말인가. 10만 원의 뇌물을 받고 직장을 잃어 분통을 터트리며 억울함을 호소하는 힘없는 서민들이 대형 경제사범들을 보면서 절규하는 소리를 들을 수 있는 정치신념을 가진 정치 지도자들이 몇이나 되는지 묻고 싶으며, 이렇게 하고도 정치지도자들은 국민 앞에 떳떳하다고 할 수 있겠는가. 이와 같이 대형경제사범이나 권력자들의 친인척 부정비리는 경하게 다루려는 경향에 비해 힘없는 국민의 사소한 과오는 엄중한 처벌을 받게 된다면 어떻게 법 앞에서 평등한 국민이라 말할 수 있으며, 누가 그 법질서에 승복할 수 있단 말인가. 모든 국민이 사회기강을 해치는 자가 누구인가를 묻고 있다는 사실에 정치지도자들은 귀를 기울여야 한다.

　다섯째는 인사의 공정성을 잃은 불균형의 문제를 들고 있다. 가치분배의 불균형은 질서를 파괴하여 혼란과 무질서를 일으키는 씨앗이다. 공공조직체의 구조와 조직과 기능은 인체와 비슷해서 건강한 생활을 위해서는 신체의 각 부위의 기능을 골고루 단련시켜야 하듯이, 국가기관이나 공공기관에서 가장 중요한 업무가 인사권과 재정권이라고 할 수 있다. 인사가 만사라고 할 만큼 중요한 비중을 차지하고 있는 것이 바로 공정한 인사이다. 다산은 인사의 불공정함으로 일어나는 폐해(弊害)를 바로잡아 주는 일도 정치가 책임져야 한다고 하였다.

능력과 업적이나 실적에 따른 인사가 아니고 매관매직의 인사, 가문이나 혈연중심의 인사, 학연과 지연위주의 인사와 같은 연고주의 인사가 이루어지고 있어 비리와 부정으로 먹이사슬을 만들어 가고 있다고 보았다. 우리 사회는 아직도 인사비리와 부정이 꼬리에 꼬리를 물고 일어나 끝날 줄을 모르고 있으니 개탄스러울 뿐이다. 공공 기관의 요직이 특정 학교 출신에 의해 독차지되거나, 줄을 잘 서야 승진도 하고 권력자의 측근이라야 이권과 관계되는 요직들을 차지하고 있으니 인사의 비리와 부정을 척결하지 않고 어떻게 공정한 사회가 이루어지겠는가. 다산은 파벌과 연고주의를 없애고 공정한 원칙을 세워서 인재를 등용하여 불균형을 잡아주는 것이 정치라고 하였다. 그러나 오늘날의 현실은 공정한 원칙을 세워 인재를 등용해야 할 주체가 관리감독을 등한시했거나 묵인했다는 비판의 소리가 나오고 있으니, 공정한 인사에 대하여 충언을 누구에게 전달해야 하며, 누구와 타협하고 상의해야 하는지 국민에게 묻고 싶은 심정이다. 마치 고양이에게 생선을 맡겨 놓은 꼴이 되었으니 한심한 노릇이 아닌가. 정치인에 대한 불신이 사라지지 않는 한 인사의 공정성은 기대하기 어려운 일이다. 민주주의 지름길은 신뢰사회가 되어야 하며, 신뢰사회로 가는 지름길은 공정한 인사가 이루어져 불균형이 해소되고 부정과 비리가 척결되는 사회가 되지 않겠는가.

다산 정약용 선생은 굶어 죽어가는 백성들의 참담한 상황을 보고 해결방안을 모색해낸 것이 다섯 가지 불균형의 문제를 지적하고 정치가 이를 바로잡아야 한다고 강조하였다. 우리 국민이 서로 신뢰할 때 유대감이 생겨나고, 신뢰사회가 이루어질 때 국민의 일체감이 생겨 애민 애국의 정신이 생겨나게 된다. 신뢰의 바탕을 마련하기 위해서는 우리 사회 구석구석에 파고들어 있는 불균형과 불평등의 온갖 격차를 해소하는 일들이 제도적으로 선행되어 이루어져야 한다. 다산 정약용 선생은 천주학(天主學)쟁이라는 이유로 정치적 박해(迫害)가 시작되면서부터 그의 삶은 속박으로 자유를 가질 수 없는 상태가 되었음에도 그러한 정치적 탄압과 박해에도 연연하거나 동요(動搖)되지 않고 긴 세월을 잘 활용하였기 때문에, 위대한 업적을 남길 수 있게 되었다. 만약 그가 세류(世流)에 따라 부화뇌동(附和雷同) 하였거나 질곡 된 삶을 이기지 못하고 정치적 탄압에 불안을 느끼고 흔들리는 삶을 살았더라면, 선생의 위업인 한강에 배다리 건설과 거중기를 발명한 것이며, 수원성을 축성하는 일 외에도 실학의 집대성이나 국가경영에 관한 모든 제도와 법규를 기술한『경세유표(經世遺表)』와 지방관이 백성을 다스리는 요령과 귀감으로 삼아야할 일에 관한 규정을 정리한『목민심서(牧民心書)』나 죄인의 처벌에 관한 규정을 정한 형법연구서이자 살인사건의 실무지침서인『흠흠심서(欽欽新書)』등 500여 권의 저술을 어떻게 할 수 있었겠는가. 그에게 전라남도 강진에서 유배생활 18년은 마치 새장 안에서 18년 동안 갇힌 새의 신세와 다를 바 없었음에도 불구하고, 개인에게 닥쳐온 고통과 탄압을 마음에 두지 않고 오직 백성들의 원성과 고통과 기아에서 해방시키는데 일생을 바치게 되었으니 어찌 행복하다고 하지 않을 수 있겠는가.

불리한 환경과 역경에 처해 있을 때, 그 역경에 동하거나 반응을 보이지 않으면서 그 에너지를 공익에 도움이 되는 일에 매진하는 마음의 전환이 우리 민족에게는 최상의 행복과 영광을 안겨 준 결정적 계기가 되었다.

그래서 석가모니 부처님은 "모든 세상일에 자제하며 순경(順境)과 역경(逆境)에 동하지 말고 항상 냉정하며 마음에 불안을 없게 하라. 그것이 최상의 행복이니라.”라는 가르침을 실행한 훌륭한 사례라고 할 수 있다. 바로 다산 정약용 선생이 정치적 역경에 동하지 않고 당시 백성들의 요구에 부응(副應)하고 민족의 장래에 가능성과 희망을 심어 준 최선의 노력으로 실학사상(實學思想)을 펼쳤으니 최상의 행복한 삶을 살았던 대표적인 인물이라고 할 수 있다. 다산은 소승적(小乘的) 차원에서 최상의 행복을 누린 것이 아니고 대승적(大乘的) 차원에서 최상의 행복을 누린 실학사상의 대가이다. 이와 같이 백성들을 위한 다산의 각고(刻苦)의 노력결실은 밝은 등불이 되어 영원토록 우리 민족의 길라잡이가 될 것으로 확신한다. 바로 다산은 죽었으되 살아 있음과 같으니 용무생사(用無生死)의 삶을 살아가고 있는 셈이다.

이와 같이 인간의 삶에 대한 평가는 삶의 질을 높여 문화를 향상시키는 기여도에 두고 있으며, 그 과정에서 최선의 방법과 최선의 노력에 의한 공익성에 있다고 해야 한다. 공익을 위해 최선의 방법과 절차로 최선의 노력을 다한 일은 인간생활에 최상의 행복을 안겨준다는 것에 확신을 가져야 한다. 그러한 확신을 믿고 행하는 것이 인본주의를 실현하는 선행(善行)이며, 그 선행이 가장 아름다운 최상의 행복이다.

人間關係

4장_환경과 인간생활과의 관계

5장

이성의 발견과 인간생활

이성의 발견과 인간생활

1. 진리와 성현(聖賢)들의 삶

인간이 왜 진리에 의존하면서 살아야 하는 이유가 무엇이며, 만물의 영장으로 지구를 관리하고 만물을 다스려야 하는 연유를 먼저 생각해보기로 하자.

진리라 함은 이 우주와 우주 안에 존재하는 만물의 존재가치나 생존법칙에 일치된 불변하는 가치라고 할 수 있다. 진리는 인간의 삶과 인간이 누리는 영역에만 국한되는 것이 아닌 모든 존재물과 눈에 보이지 않는 비가시적 원리나 원칙까지를 포함하고 있다. 사실상 진리는 가시적 존재물을 움직이어 주게 하는 원인이 되는 합리적인 무형의 원리를 발견하여 인간생활에 접목시키려는데 그 의의를 두고 있다. 진리를 백과사전에서는 다음과 같이 정의하고 있다.

"진리(眞理)란, 사실이 분명하게 맞아 떨어지는 명제, 또는 시간과 공간을 초월하여 누구나 인정할 수 있는 보편적이고 불변적인 사실 혹은 참된 이치나 법칙을 뜻한다."라고 하였으며, 진리(眞理)란 참된 이치 또는 우주의 근원적 원리라고 말하고 있다. 진리는 모든 현상들의 원인과 결과를 나타내는 인과법칙으로 사물과 사물 사이에 내재하는 보편적이며 필연적인 규칙을 지니고 있으며, 사물이나 대상이 운영되고 지배되는 질서나 힘을 가지고 있는 만고불변의 법칙이다.

진리는 참(眞)이나 진실과 같은 의미로 사용되는 경우가 있지만 그렇지 않은 경우도 있다. 참이나 진실이 누구나 인정하고 보편적인 것이라 해도 시공에 제약이나 한계가 있어서 변화가능성이 있지만, 진리는 시공을 초월한 불변의 법칙성을 가지고 있다는데 서로 차이가 있다. 예를 들면 2700년 전의 사람들은 지구가 평평하여 바다 끝에 가면 절벽이 있는 것으로 믿고 있었으며, 조선왕조 500년 동안에 조선의 백성들은 이 씨만이 임금이 되는 것을 참으로 알고 살아왔었지만, 지금은 진실이 아님이 밝혀졌으니 진실도 아니요 진리도 아니다. 물론 그 당시 그 공간 내에 있는 모든 사람들이 누구나 인정하고 보편적인 가치로 믿고 따랐지만 일정한 세월이 지나면서 그 진실은 허구성을 들어내어 진리가 아님이 밝혀지게 되었다. 그러나 진리는 행복한 인간생활을 추구하기 위하여 성현(聖現)들이 만들어낸 위대한 작품이라고 할 수 있다. 이러한 만고불변의 법칙인 진리를 탐구하여 그 진리에 따라 삶을 살아왔거나 진리의 필요성을 강조해온 성현이나 학자들이 주장했던 내용을 살펴보고자 한다.

인간은 왜 진리의 필요성을 느끼게 되었으며 그 진리를 존중하고 따라야 했는지에 대한 답을 요약하여 정리해 보면 다음과 같다.

첫째, 인간욕망의 문제와 허구성에 대한 제약규정의 필요성에 공감하고
그 대처방안을 모색하지 않으면 안 되었다.
둘째, 질서 있는 인간생활을 위해서는 제약규정의 합리성에 동의했다는
점을 들 수 있다. 제약규정인 계약내용이 자연의 이치나 우주의 원
리와 일치한다는 데 공감과 동의를 했다는 점이다.
셋째, 사회구성원들의 동의에 따른 제약규정인 사회계약이 사회질서를 확
보할 수 있으며, 그러한 터전 위에서 인간 존엄과 박애(博愛)정신을
발휘하여 행복한 인간생활이 가능하다는 것을 알게 된다.

이러한 진리의 필요성은 결과적으로 보면 인간의 삶을 가장 복되게
하는 최고의 가치라고 볼 수 있다. 그러면 덕과 지혜가 뛰어나고 사리
에 정통한 성인(聖人)들이 창의적으로 탐구해낸 주요한 진리와 가르침
들을 살펴보고자 한다.

위대한 성현들은 대부분 철학자였으며 특히 서양철학에 거목이라고
할 수 있는 소크라테스나 플라톤과 아리스토텔레스 등이 주창한 가
르침을 들지 않을 수 없다.

서양철학의 대동맥이라고 할 수 있는 것은 두 가지로 나누어 설명하
면 그 하나는 그리스 고전기 철학이요, 다른 하나는 헬레니즘 시대의
철학으로 나누어 볼 수 있다. 다시 그리스 고전기 철학은 소크라테스
이전 철학과 아테네 철학으로 구분된다.

소크라테스 이전의 철학자들은 공통적으로 자연만물을 설명하는
원리를 추구하는 경향이 있었다고 한다. 밀레투스학파였던 탈레스,
아낙시만드로스, 아낙시메네스와 같은 철학자들은 비가시적 세계인
자연의 근원과 원리가 무엇인지를 탐구했고, 피타고라스학파는 존재
를 설명하는 근거를 수(數)로 보았다. 그때부터 철인들은 자연물의 근

영원한 인간관계

원을 연구하여 그 원리를 찾으려고 했었다. 아리스토텔레스는 이러한 연구들을 놓고 이들을 자연학자로 불렀다고 한다.

진리는 철학에서 주요 연구대상이 되었으며, 특히 서양 철학에서 매우 중요하게 여겨왔다. 소크라테스, 플라톤, 아리스토텔레스와 같은 고대 철학자부터 현대에 이르기까지 서양 철학에서는 진리에 대한 개념을 명확하게 규정하였다.

민주주의 발상지라고 할 수 있는 그리스에서 수사학, 변론, 웅변을 가르치던 소피스트(sophist)들이 민주주의 토대가 되는 진리를 그들의 가르침에 의해 만들게 되었다.

기원전 450년경 아테네를 중심으로 소피스트의 활동이 시작된 뒤, 그리스 철학은 소크라테스, 플라톤, 아리스토텔레스 시대로 넘어가면서 새로운 국면으로 전환하게 된다. 그리스철학이 반석 위에 오르게 되었던 것은 이들 세 철인들에 의해서 이루어졌으며, 철학의 초석은 소크라테스에 의해 마련되었고, 플라톤에 이르러 절정에 달한 그리스 철학은 아리스토텔레스에 의해 종합되어 명실상부한 진리로써 더욱 보편적인 학문체계를 갖추게 되었다.

이들 철인들의 가르침을 거론하려는 의도는 이들이 인류에게 공헌한 가르침이 무엇이며, 그들이 주창한 정의와 진리가 어떤 논리적인 체계를 가지고 있으며, 그 정의와 진리의 구성요소의 결합과정이나 조화원리(調和原理)를 이해하고 정의로운 삶을 살아 주었으면 하는 바람에 있다.

■ **소크라테스**(Sokrates, BC 470~399년경)

소크라테스의 사상에 핵심이 되는 가르침으로 그가 명제로 삼았던 "자신의 내면적 혼속에 있는 신적 요소를 발견하라."라는 내용을 중심으로 한 그의 철학세계를 살펴보고자 한다. 그리스철학의 고전시대가 시작되면서, 소크라테스는 자율적인 철학적 윤리학의 창시자로 인정받게 된다. 그의 제자인 플라톤이 쓴 대화편에서 소크라테스가 지칠 줄 모르는 대화로 시민들을 시험하며 시민들이 정의로운 생활을 영위하도록 경고하는데 힘썼음을 보여주었다고 하였다. 그가 아테네 시민들에게 경고한 내용은 "시민들이 정의로운 생활을 영위하도록" 하는 것이었다. 그는 합리적인 공동체가 무엇인가에 대한 참된 지식을 대화를 통해 깨닫게 되었다고 한다. 소크라테스가 찾아낸 참된 지식은 선악을 인식하는 것과 비판적인 자기시험을 통해 신념과 행실이 확고해지고, 실천면에서 목표를 향해 정의롭게 실행하는 '실천적인 지식'을 찾아내게 되었다.

소크라테스는 아테네 시민을 대상으로 한 학습내용에서 공동체 내에서 선과 덕을 행하기 위한 실천적 지식에 관한 것으로 전해오고 있다. 소크라테스 철학의 중심이 되었던 물음은 바로 선(agathon, good)과 덕(arete, virtue)에 대한 물음이었다. 플라톤의 대화편 『변명(Apologie)』에 의하면, 소크라테스는 선과 덕에 대한 물음을 탐구하도록 자신을 미는 추동력은 "너 자신을 알라."라는 글귀로 신전에 새겨져 있었다고 한다. 그는 이 델피 신전의 격률(格率)인 인간의 행위규범이나 윤리원칙을 따라 인간의 지식을 시험하고 평가하여 인간에 내재하는 선을

영원한 인간관계

규정하라는 진리의 가르침으로 생각하였다. 소크라테스는 인간의 덕을 유추하기 위하여 사물의 성질과 비교하여 설명하고 있다. 사물의 덕(arete)은 본질적으로 이루어진 것으로 본래 생성할 때부터 지니고 있는 사물의 성향(aptitude)이다. 인간에게도 사물의 덕과 같은 성향이 있고, 이성적이며 신(神)다운 성질을 가진 신적인 부분에, 즉 자기 자신인 영혼에 자리를 차지하고 있다고 하였다. 바로 인간의 덕성이 육체 속에 깃들어 생명을 부여하고 마음을 움직인다고 여겨지는 무형의 실체인 영혼에 자리하고 있다고 하였다. 따라서 인간의 가장 고귀한 의무는 영혼의 특수한 덕성인 선(善)을 인식하고 이에 도달하는 것이라고 하였다.

소크라테스는 동료들과 교제하면서 대부분의 사람들이 피상적(皮相的)으로는 선과 덕이 무엇인가에 대하여 알고 있다고 믿지만, 실제는 로고스(logos: 이성)의 엄격한 시험에 견디지 못하는 표면상의 지식에 갇혀 있다는 것을 알았다는 것이다. 위에서 말한 내용을 두 가지로 나누어 생각하면, 하나는 '실제로 로고스의 엄격한 시험에 견디지 못했다.'라는 점이요, 또 하나는 '표면상의 지식에 갇혀 있다.'라는 점을 지적하였다. 먼저 이성의 엄격한 시험에 견디지 못했다는 말의 의미는 이론적인 이성이라는 가치를 일상에서 실현하지 못한 것을 시험에 견디지 못했다고 표현한 것으로 이해해도 될 것 같다. 이성이란 의미는 철학적인 관점에서 볼 때 진위(眞僞), 선악(善惡)을 구별하여 바르게 판단하는 능력이라는 의미이다. 이러한 이성적 능력을 가지고 있어도 탈법적이고 초법적인 현실생활에 떠밀리게 되는 현상을 보고 이성의 엄격한 시험을 이겨내지 못한 것에 비유하였다. 또 소크라테스가 말한 '표면상의 지식에 갇혔다.'라는 뜻은 '실천적인 지식' 이 아니며, 이성에 근본을 둔 참 지식이 아니라는 것이다. 이와 같은 소크라테스의 실천적인 지식에 관한 이론이 후일 칸트의 실천이성(實踐理性)으로 발전하는데 기여했을 것으로 생각된다. 칸트 철학의 기본 개념이었던 '실천이성'은 도덕적 법칙을 정립하고 자의적 의지 행위를 규정하는 이성, 절대적으로 타당한 도덕의 보편적 법칙에 따르는 능력에 이르는 것이라고 규정하였다. 칸트의 '실천이성'은 바로 소크라테스의 '실천적인 지식'과 일맥상통한 점이라고 할 수 있다.

소크라테스의 사상적 원리를 이해하기 위해서는 덕의 본질을 인식하는데 있으며, 그것은 '영혼에 대한 배려(souci, epimeleia)'를 의미한다. 그는 영혼의 구성은 모든 것에 대해 그리고 모든 사물들에서 배려되는 그 무엇으로 보았기 때문에, 영혼의 완전한 구성으로부터 인간 전체존재의 선함에 부합하는 상태가 나온다고 하였다.

소크라테스의 신앙의 바탕이 되었던 것은 바로 로고스이며, 그에 대한 교육은 귀납적인 방법으로 전해지고 있다. 이 로고스는 정의와 부합되기 때문에 진실한 지성 속에서만 진리 인식이 허용될 수 있다고 한 것으로 볼 때, 진실한 지성의 중요성을 강조하고 있음을 알 수 있다. '진정한 지성'의 의미는 "사물을 개념에 의하여 사고하거나 객관적으로 인식하고 판정하는 오성적(悟性的) 능력이나 그러한 정신의 기능이 거짓이 없이 바르고 참된 것"을 말한다. 따라서 그는 다음과 같이 말하였다. "나는 탐구에서 최선으로 인정되는 이성, 그 이성에 의하지 않고서는 어떤 것에도 설득되지 않을 것이요."라고 하는 말의 배경은 그 시대에도 지성적이라고 하는 사람들이 부와 권력과 명예에 굴종(屈從)당하는 것에 대한 비판과 질책의 우회적(迂回的)인 표현으로 보아야 한다.

영원한 인간관계

소크라테스는 인간의 마음, 정신, 행위를 바른 인식과 이성이 지배할 때, 영혼은 영혼에 알맞은 덕에 도달하지만, 무지가 우세할 때, 영혼은 그 덕에 도달하지 못하고 나쁜 길로 빠진다고 하였으며, 이 영혼으로부터 비로소 인간을 위한, 또한 질서와 조화에 기인하는 인간의 '행복(eudemonie)'을 위한, 모든 다른 선들이 생겨난다고 생각했었다. 그의 사상적 원리에 따르면 "자발적으로 원인을 알고 있으면서 잘못을 행할 사람은 아무도 없다."라고 말한 것은 인간의 나쁜 행위는 선악에 대한 잘못된 인식에서 비롯된 것으로 보았던 반면에, 선악에 올바른 인식을 가진 사람은 선하다고 하였다. 그러나 대부분의 사람들은 삶의 본질적인 면에서 잘못된 인식에 빠져있다고 보고 인간욕망에 문제를 다음과 같이 지적하였다.

그가 말하기를 "가능한 많은 부의 축적과 명예와 권력을 추구하는 너 자신의 관심이 부끄럽지 않는가, 끊임없이 개선해야 할 이성과 진리와 영혼에 관하여, 너는 배려하지 않고 또 걱정하지도 않는가!"라고 하였다. 이 말은 그의 사상의 원리이자 핵심으로 이성과 진리와 영원을 부단하게 개선하여 행복한 삶을 살아가라는 가르침으로 받아들여야 한다.

이와 유사한 내용의 가르침이 불교 교리의 근본이자 핵심이 되는 사상에서도 행복한 삶을 위해 다음과 같이 '실천적 인식'에 관하여 설파하고 있다.

불교의 실천적 인식이 최초로 당면했던 문제는 인생의 고(苦)라는 것이었다. 인간은 어디에 있거나, 또 어떠한 것에 의지하더라도 고통(苦痛)에서 벗어날 수가 없다고 보았으며, 고통(苦痛)이란 자기가 바라는 대로 되지 않는 것을 말한다. 그런데 인간이 경험하는 모든 것이

고통(苦痛)이라고 하는데 그것은 무엇 때문에 생겨나게 될까? 라는 문제에 이르게 되었으며, 모든 고통이 생겨나는 것은 무상(無常)이라는 진리를 깨우치지 못하기 때문이라는 답을 얻게 되었다. 즉 고통의 해소책으로 제행무상(諸行無常)이라는 답을 찾았다는 말이다. 제행무상이란 세상의 일체의 사물(事物)은 여러 가지 인연(因緣)에 의해 만들어지는 것으로서 항상 변화하고 있으며 찰나(刹那)의 한순간도 정지하는 일이 없다는 뜻이다. 그러므로 사람이 영원한 행복을 누리기 위해서는 어느 것이건 내 물건, 나의 소유(所有)라고 하는 집착(執着)에서 벗어나야 한다는 점을 강조하고 있다.

이와 같이 석가모니의 실천적 인식에서 찾아낸 소유의 집착에서 벗어나는 가르침과, 소크라테스의 이성과 진리와 영원을 개선하여 행복한 삶을 살아가라는 실천적인 지식에 관한 이론과 칸트의 실천이성(實踐理性)에 관한 이론은 참된 자아를 발견하는 이성적인 삶을 궁극적으로 강조하고 있다는 점에서 서로 비슷하다고 할 수 있다.

■ 플라톤(BC 429~BC 347)

플라톤이 인간생활에 기여했던 진리의 가르침에 대하여 살펴봄으로써 성현들의 삶을 조명해보려고 한다.

고대 그리스의 철학자였던 플라톤은 사물의 본질이나 존재의 근본원리를 사유(思惟)나 직관(直觀)을 통해 연구하는 형이상학(形而上學)의

수립자로서 소크라테스의 제자이며 아리스토텔레스의 스승으로 그리스 철학의 대가이기도 하다.

플라톤은 그의 스승인 소크라테스와 같이 인간 역시 참된 이데아가 있지만, 그것을 바르게 깨닫지 못하고 현실세계에 얽매여 그것이 참된 실재의 세계로 간주하면서 살고 있다고 하였다. 따라서 철학자들이 이러한 가상(假想)의 세계에서 사는 사람들을 해방시켜 참된 인간으로 인도해 주는 것이 철학자들의 첫 번째 과제라고 말한다. 가상의 세계에서 사람들을 해방시키는 일에 대한 책임을 철학자들이 해결해야 할 과제라고 말한 것은 인류를 위하는 그들의 사명감(使命感)을 천명(闡明)한 것으로 보아야 한다. 그의 철학 탐구는 인간 존재의 참뜻이 될 수 있는 것을 추구하는 데 있다고 보아야 한다. 플라톤 사상의 진수(眞髓)이자 중심내용은 『윤리학』의 '덕(德)'과 『국가론』의 '이상국가'에서 잘 드러나고 있다.

플라톤은 『윤리학』에서 덕이란 옳음에 관하여 앎이라는 것에서 시작되며, 덕은 인간의 영혼에 대한 것과 같다고 보았다. 그는 덕을 지혜의 덕, 용기의 덕, 절제의 덕, 정의의 덕으로 나누어 다음과 같이 정의하고 있다.

그가 말한 덕은 이성을 발휘하게 하는 지혜(智慧)의 덕과, 의지를 발휘하게 하는 용기(勇氣)의 덕, 욕구를 제재하도록 하는 절제(節制)의 덕이 있으며, 이 덕 외에 영혼의 세 부분인 영혼 전체의 관계에 성립하는 정의(正義)의 덕이 있다고 하였다. 이 정의의 덕은 영혼의 세 부분이 각기 자기 위치의 임무를 잘 수행하여 분수에 넘지 않게 함으로써, 근본의 원리인 이성의 아래로 통일 시키게 된다. 덕이란 사물의 이치나 상황을 제대로 깨닫고 그것에 현명하게 대처할 방도를 생각해

내는 정신의 능력인 지혜(智慧), 굳세고 씩씩한 기운 있는 용기(勇氣), 정도를 넘지 않도록 알맞게 조절하거나 제어하는 절제(節制) 그리고 지혜, 용기, 절제의 3덕이 각자의 역할을 제대로 수행할 때 생기는 정의(正義)의 덕을 포함하여 4 덕이라고 하였다.

지혜의 덕은 이성(理性)적이며, 용기의 덕은 어떤 일을 이루려고 하는 적극적인 마음인 의지(意志)요, 절제의 덕은 인간의 욕구(欲求)를 제재하며, 이성과 의지와 욕구가 서로 조화를 이룰 때 정의(正義) 덕이 이루어진다고 하였다.

그는 이 네 가지의 덕 중에서 기본적인 덕은 이성의 힘에 의해 얻어지는 것으로 이것을 지혜라고 하였다. 이 지혜를 얻기 위해서는 인간의 영혼은 영혼의 감옥에서 벗어나야 하며 그러기 위해서는 영혼의 감옥인 육체에서 해탈(解脫)을 해야 하고 이를 위해서는 반드시 금욕(禁慾)이 요구된다고 하였다.

이성의 힘에 의하여 얻어진 덕은 지혜이며, 지혜를 얻기 위해서는 영혼의 감옥인 육체로부터 해탈해야 하고, 영혼의 발목을 잡는 감옥인 육체로부터 탈출을 위해서는 금욕을 강조하고 있다. 육체는 자신의 보존 본능 때문에 많이 먹으려고 하고 많이 가지려고 하며, 많은 힘과 권력과 명예를 탐내며, 자기만 편안하려고 계략(計略)을 하는 지나친 탐욕을 갖고 있다. 바로 이 탐욕이 이성에 의해 얻어진 지혜(智慧)를 망치게 하여 영혼을 감옥에 가두게 하는 주범이라고 한다.

이성의 힘에 의하여 얻어지는 덕은 곧 조화된 영혼의 질서요, 중용(中庸)이다. 인간은 이러한 덕을 갖추게 될 때에 외적 세계인 질서에 일치 한다고 하였다. 이와 같이 플라톤은 그의 『윤리학』에서 인간의 내면세계인 영혼에 문제를 일으키는 것은 외형적 세계인 인간의 탐욕에 기인한다고 지적하고, 이성의 힘으로 얻어진 덕을 갖추고 사는 것이 조화로운 영혼의 질서인 중용적인 삶이라고 하였다. 이러한 이성적인 삶이 가시적인 현실세계의 사회질서에 일치하게 된다고 한 것으로 볼 때, 개인윤리와 사회질서와의 불가분적 작용관계에 있음을 암시해주고 있다.

플라톤은 인간과 영혼에 관하여 다음과 같이 말하고 있다.

그는 "인간의 영혼은 가변적이고 한시적인 육체와는 달리 스스로 움직이는 것으로, 육체는 죽음이 있지만, 영혼은 시작도 끝도 없다고 말하고 영과 육은 일시적인 결합이라고 한다. 결국 영혼은 육체와 분리되고, 선의 이데아에까지 이르는 사람의 영혼은 진리의 세계이자 이데아의 세계인 천상에까지 도달한다."고 하였다. 플라톤은 인간의 행동 근원이 영혼이며, 이 영혼을 사유능력인 이성과 결단능력인 의지와 절제의 능력인 욕구의 세부분으로 나누고, 인간의 영혼을 다시 이성적 부분과 비이성적 부분으로 나누었으며, 비이성적 부분은 이성에 더 가까운 감성적인 기개의 부분과 감각적인 하위의 부분인 욕망의 부분으로 나눈다. 그는 영혼에 내재한 것이 이성적일 수도, 감성적일 수도, 감각적이 될 수도 있다고 하였다. 그래서 인간의 영혼 안에 있는 이성적인 것은 어떤 것을 배우고 느끼며, 감성적인 것은 사고(思考)하고, 감각적인 것은 인간의 욕망으로서 영양의 섭취나 생식에 관련된 쾌락 따위를 갈망한다고 한다.

플라톤은 영혼의 윤회를 주장하는 글에서 인간의 육체가 죽게 될 때 영혼은 육체와 분리된다고 하였다. 그는 인간의 육체가 지상에 있을 때 얼마나 영원한 진리와 이데아를 많이 보았느냐 못 보았느냐에 따라 머무는 곳이 결정된다고 하였으며, 다른 육체에 다시 자리

잡게 될 때 높은 단계에 자리할 수도 있고 동물 등과 같은 낮은 단계에 자리 잡기도 한다. 그러나 가장 고상하고 완전한 영혼들은 지상세계를 떠나 이데아의 세계에 머문다고 한다. 영혼의 불멸과 영혼의 윤회를 말한 것으로 영생(永生)하는 방법을 알려주는 우회적인 표현이기도 하다. 바로 이성적인 삶을 살아가는 것이 영혼의 불멸이라고 한다.

플라톤이 말하는 이성은 지혜의 근원으로 각 부분의 이익과 전체의 이익을 분별하는 지식이고, 감성은 사리를 분별하여 이성이 지지하는 바를 고통과 안락을 막론하고 일관하여 고수하는 근원이 되며, 욕망은 이성적 부분이 지배할 때는 절제의 덕을 가지게 되지만, 그렇지 않을 때는 육체적인 욕망의 지배를 받게 된다고 한다. 또한 그는 영혼의 질적 차이는 이 세 부분의 상호 관계에 의해서 결정되며, 이 세 부분의 질서와 조화를 잘 이루는 사람이 정의로운 사람이듯이, 국가 역시 이 세 부분에서 조화를 잘 이루는 국가가 정의로운 국가가 된다고 한다. 정의국가와 관련하여 그가 구상했던 국가에 대하여 그의『국가론』에서 이상국가의 주요한 내용을 살펴보고자 한다.

플라톤은 국가의 기원을 인간의 필요성과 요구에 의해서 시작되었다고 보았다. 인간이 생존하기 위한 필수적인 요건은 의, 식, 주이며 이 문제로 만족하지 못하고 갈등과 대립과 충돌과 투쟁이 일어나게 됨에 따라 서로의 도움과 협력의 필요성을 갖게 되었다고 한다.

플라톤은 자연적인 인간의 생존본능에 의해 공동체가 형성되었다고 보았으며, 이들은 분업과 교환의 원칙에 입각하여 동반자와 협력자들이 한곳에 모여 경제적 사회가 형성되었을 때 그 주민들의 조직체를 국가라고 하였다. 그러나 국가가 거대해지면 국민의 물질적 욕구와 충족이 비례해짐으로 내적인 불안과 외적인 전쟁 등의 위협으로 해체위기에 처하면서 부정국가가 되기 때문에 이상국가를 생각하게 되었는데, 이것이 그의 대표적 저서인 『국가론』이다.

플라톤은 『이상국가』에서 선과 정의의 이데아를 국가 안에서 실현하는 것이 그의 철학의 궁극적인 목표라고 하였다. 국가 안에서 선과 정의의 이데아를 실현하기 위한 형이상학적 기초는 인간의 영혼 세 부분의 이론에 부합(符合)되고 있음을 알 수 있다. 플라톤은 『국가론』에서 다양성과 통일성의 원리와 조화를 잘 활용하고 있음을 확인할 수 있다. 그는 『국가론』에서 국가의 조직을 기능적으로 나누고 그 기능에 적합한 사람들이 배치되어, 각 기능들이 서로 조화를 이룰 때 정의가 이루어진다고 하였다. 그는 국가의 구성원들을 다음 3계급으로 나누어 세 계급 사이에 조화를 이루는 것이 정의국가라고 하였다.

플라톤의 형이상학적 이상국가 구성의 핵심적(核心的) 요소는 영혼의 지적인 지혜(智慧)의 덕 부분에 해당되는 통치자계급과, 용기(氣槪)의 덕에 속하는 수호자계급, 감각적이고 쾌락적인 절제(節制)의 덕에 해당되는 부분을 생산자계급에 비유하여 세 계급간의 조화를 이루는 것이 정의국가라고 한 것이 핵심요소라고 할 수 있다.

플라톤은 국가의 구성원을 세 직종으로 분류 하는데 통치계급(왕), 수호자계급(군인), 생산자계급(농민, 수공업자, 노동자)이 있고 이들 각각은 각자에 합당한 지혜의 덕과 용기의 덕, 절제의 덕이 있으며, 이 덕목들이 국가 내에서 조화(調和)를 잘 이룰 때 정의로운 이상국가가 된다고 한다. 그가 구상했던 이상국가의 목적은 특정 계급에만 행복하게 하는 것이 아니고 대다수 국민에게 최대한의 행복을 주려고 하는데 그 목적이 있었다고 한다. 따라서 국가는 대다수 국민을 행복하게 하기 위하여 정의의 원칙에 따라 선한 생활을 할 수 있게 하는 것이 국가의 존재가치로 보았다.

플라톤은 통치자와 수호자와 생산자의 자질과 자격요건에 대하여 다음과 같이 언급하였다.

첫째, 통치자(왕)는 깊은 철학적 사색을 통해 얻어지는 지식인 지혜가 필요하다. 이 통치자의 지식은 국가 전체에 관한 철학적 지식이며, 철학적인 최선의 지식은 선의 이데아이고 이것이 바로 통치자가 갖추어야 할 덕목으로 이것이 정의로운 국가의 근본이라고 하였다.

둘째, 수호자(군인)는 국가를 수호하기 위해 용기가 필요하다. 교육을 통해 이루어지는 용기는 어떠한 고통, 쾌락, 욕망, 공포에 굴복함이 없이 두려운 일과 두렵지 않은 일을 식별하는 능력을 갖추기 위하여 합리적인 시각과 견해를 계속해서 잃지 않는 자세를 말한다.

셋째, 생산자 계급은 절제하는 행동이 필요하며, 절제는 질서를 의미하는 것으로 쾌락이나 욕망의 자제와 극복을 말한다.

플라톤의 정의(正義)의 이상국가론(理想國家論)의 요체는 위의 세 계급의 각자가 자기의 천성(天性)에 가장 잘 어울리는 일을 맡아 이에 충실할 때 정의로운 이상국가가 탄생 된다고 보았다. 그가 세 계급의 사람들이 본래부터 가지고 있는 품성인 천성에 가장 잘 어울리는 일을 맡아 충실하게 하는 것이 정의로운 국가를 실현하는 것이라고 하는 말의 가치는 시공을 초월한 불변의 진리이다. 이와 같이 플라톤의 이상국가는 세 계급 간에 조화(調和)가 이루어지는 정의국가를 강조하였다.

플라톤은 정치체제를 아래의 표에서와같이 지배자의 수에 따라 공정국(公正國)과 불공정국(不公正國)으로 구분하고 그 기준은 국법을 준

영원한 인간관계

수하면 공정국가이고 준수하지 않으면 불공정국가로 보았다.

支配者數	公正國	不公正國
支配者 1 人	君主國 Monarchy	僭主國 Tyranny
支配者 少數	貴族國 Aristocracy	寡頭國 Oligarchy
支配者 多數	民主國 Democracy	暴民國 Ochlocracy

플라톤은 위에서 말한 세 개의 공정국이나 다른 세 개의 불공정국의 6개의 정치체제 가운데서 어느 하나의 정치체제가 계속되는 것이 아니고 정부형태는 순환할 가능성이 높다고 보았다.

첫째, 그의 최선의 정부형태는 철학자에 의한 군주제와 귀족제라고 생각하지만 시간이 경과하면 수호자계급의 자손의 질이 저하되어 최선의 정부형태는 붕괴된다고 하였다(최선의 정부형태 붕괴).

둘째, 군주정치나 귀족정치는 질이 저하된 수호자계급의 자손들이 현명치 못하게 됨에 따라 군대의 사기는 높아지고 결국에는 군대가 국가를 지배하면서 야망, 호전, 당쟁 등으로 시민적 갈등을 일으키는 금권정치라는 새로운 국가형태가 생겨난다고 하였다(금권정치의 출현).

셋째, 부유층이 지배하는 금권정치는 사회적으로 힘이 커지게 되면서 정치권력이 없는 빈자계급에게 과두제(寡頭制)라고 하는 정부형태가 출현하게 된다(과두제의 출현).

넷째, 과두제 정부의 결점은 소유권의 집중으로 국민에게 토지소유가 어렵게 되면서, 도시에서 시민계급이 형성되어 국가는 나약해지며 전제 수행능력이 약화되면서 과두제는 소수 부유층에 대한 민중의 분노로 인해 붕괴하게 된다고 한다. 국민의 이러한 노력의 결과에 의해 정부권력을 그들의 수중에 장악하게 되면서 민주주의가 출현하게 된다고 하였다. 그러나 민주주의는 대단히 나약한 정부형태라고 지적하였다(민주제의 출현).

다섯째, 민주주의는 어느 선동가가 일시적으로 시민들의 신임을 얻어 그 자신을 국민의 호위병으로 허락하도록 설득되어질 때 민주주의는 전제주의로 전락하게 된다고 하였다(전제주의의 출현).

이와 같이 플라톤의 정부형태 순환 가능성은 최선의 정부형태인 군주정치와 귀족정치의 혼합정치로 보았으나, 순환의 법칙에 따라 군주정치나 귀족정치도-금권정치로-과두제로-민주제로-전제주의와 같은 형태로 전환이 가능하다고 보았다.

플라톤은 국가를 통치하는 사람은 철인(哲人)이어야 하며, 철인은 일체의 지식을 탐구하며 기꺼이 배우려는 자로, 학문과 지혜를 사랑하는 사람이라고 정의 하였다. 그가 말한 진정한 의미의 지혜와 학문은 바로 이성을 말하며, 이 이성을 최고의 가치로 삼고 다른 정신작용들을 그 하위에 두면서 이성과 현실 사이에서 양자의 조화를 이끌어 내려고 대책과 방법을 모색하는 데서 이성의 의미를 찾으려고 하였다. 통치자는 오직 정의를 통해서만 선의 이데아를 실현시키는 능력을 가진 사람이어야 한다고 하였다.

플라톤은 이데아를 인간이 지향하는 가장 완전한 상태의 것으로 영원한 존재로 보았다. 그래서 그는 이데아를 존재자의 원형을 이루

영원한 인간관계

는 영원불변한 실재(實在)로 생각했다. 그러나 근세로 오면서 이데아의 개념에 대한 해석은 변화양상을 보이고 있다. 근세의 데카르트나 영국의 경험론자들은 이데아를 인간의 주관적인 의식 내용으로 보았으며, 그것은 바로 관념을 뜻한다고 하였던 것으로 볼 때, 플라톤의 개념과는 차이를 보이고 있다.

플라톤은 철인과 일반인을 다음과 같이 비교하여 설명하고 있다. 일반적인 사람은 사물의 외형적인 아름다운 가치만을 볼 수 있는 반면에, 이성적인 철인은 아름다움 자체인 미의 본래의 원형적인 모습인 미의 이데아를 마음의 눈으로 인식할 수 있다는 점에서 비교가 되며, 철인은 이러한 관점에서 통치자가 될 수 있다고 한다. 따라서 철인은 모든 사람들이 사물의 이치나 상황을 제대로 깨닫고 그것에 현명하게 대처할 방도를 생각해 내는 정신능력을 갖기를 바라는 지혜(智慧)로운 사람이어서 사물을 전체적으로 볼 수 있는 사람으로 생각했었다. 그래서 플라톤은 지혜로움을 가진 철인만이 통치자가 되어야 한다고 강조하였다. 플라톤이 말한 철인정치의 보다 중요한 의미는 철인만이 선의 이데아에 대한 지식을 가지고 있기 때문에, 국민과 인류가 선한 생활을 보장받을 수 있다는 데 그 의미가 있다. 플라톤이 강조하는 국가는 사회생활 속에서 내 것이라든가 내 것이 아니라든가 하는 따위의 말이 가장 적게 말해지는 국가가 가장 강하게 단련된 국가라고 강조하였던바, 우리는 이 가르침을 마음에 꼭 새겨 생활에 지침으로 삼아야 한다.

플라톤은 『정치가론』에서 이상국가는 최선의 국가로 이성을 최고의 지위에 두었고, 차선국가는 법률국가로 법률에 최고의 지위를 두었다. 그는 덕에 관하여 그의 이상국가에서 주요 덕은 정의였지만 법률국가에서 주요 덕은 법률이라고 하였다. 이상적인 개념의 정의를 현실에서 구체적 실효성을 갖는 법률로 바뀐 것은 이상을 실제로 구체화하는 것으로써 덕의 본래 취지에는 아무런 변화가 없다고 보아야 한다. 그가 말하는 지혜는 법률 속에 결정(結晶)하고 있으며, 법률국가의 최고 가치이자 최고의 덕은 절제(節制)인 즉 중용(中庸)이다. 플라톤이 가장 이상적으로 생각했던 최선의 정치체제는 철인이 행하는 철인정치를 말한다. 그러나 법률론에서 말한 혼합국가는 군왕 정치적 예지의 원리와 민주 정치적 자유원리 사이의 조절로서의 혼합형태를 말하였다. 플라톤이 법률론에서 강조하는 지혜의 원리와 자유주의 원리의 혼합은 현자의 통치술과 민주적 자유주의 원리와의 혼합으로 시대를 초월한 진리의 가르침이 분명하다.

이상에서 말한 플라톤의 '이상국가'에 대한 이야기나 '정치가론' 이나 '법률론'에서 말한 진리가 현대인들에게 흘러가는 이야기로 들을 것이 아니라, 최상의 철인정치나 차선의 혼합정치를 실현할 수 있다는 가능성에 큰 비중을 두고, 우리도 선진복지국가의 제도를 벤치마킹하면 선진국으로 가는 지름길이 있다는 것을 확신하고 총력을 기울이다 보면 선(善)의 국가를 실현하게 될 것으로 믿는다.

플라톤의 사상에서 주목해야 할 것은 지혜를 가진 통치자 계급과 용기를 가진 수호자계급과 절제를 해야 하는 생산자 계급의 세 계급이 조화가 이루어질 때 정의국가가 이루어진다고 하였으며, 개인의 품위나 인격도 지혜, 용기, 절제가 서로 조화를 이룰 때 정의로운 인격체가 될 수 있다고 하였다. 정의라는 진리는 다양성을 가지고 있는 개체들의 성질을 조화롭게 통일시키는 합리적 조화에서 그 의의를 찾아야 한다.

■ 아리스토텔레스(BC 384~BC 322)

아리스토텔레스는 플라톤의 가르침을 받은 고대 그리스의 철학자로, 그가 학도들과 산책하면서 강의하고 논의한 페리파토스(산책길)에서 유래된 페리파토스학파를 창시하였다. 고대에 있어서 최대의 학문적 체계를 세웠으며, 중세의 스콜라 철학을 비롯하여 윤리학, 형이상학, 시학, 논리학, 정치학, 생물학 등 후세의 여러 학문에 큰 영향을 주었던 정치학의 시조이기도 하다.

20세기 전반 독일의 베르너 예거는 아리스토텔레스의 사상에 대하여 다음과 같이 말하였다. 그는 영혼불멸과 같은 주제에 대한 선호, 물질세계에 대한 경멸, 이데아의 '상기(想起)이론', 지혜의 우위, 금욕주의, 신의 존재 인정과 같은 아리스토텔레스의 초기사상은 플라톤적이었으나, 그 뒤에 그는 점차 플라톤의 견해와 멀어져 관념론을 버리고 경험주의로 나아갔다고 한다.

아리스토텔레스는 개인들의 가능태를 바탕으로 삼아 도덕문제를 다루었지만, 이 가능태를 현실화하고 실천하는 능력은 정치상황에 의존한다고 생각했다는 점을 놓고 볼 때, 윤리와 정치상황과의 불가분성을 보여주고 있다.

아리스토텔레스의 사상의 기본은 목적론적 윤리설, 중용(中庸), 행동, 행복으로 구성되어 있다. 그가 말하는 이 4가지를 결합하는 방법은 다음과 같다. 인간의 최종목적은 행복이며 모든 사고와 철학은 이 행복이라는 목적을 위해 사용돼야 하고, 행복이라는 목적을 달성하기 위한 방법적(方法的) 측면이 중용이라고 하였다. 중용은 개인적인 중용과 사회적인 중용이 있는데 개인적인 중용의 확장이 정치학이라고 하였으며, 개인적인 중용의 형태로는 '관조(觀照)'나 '행동(行動)'으로 나누었다. 그러나 그는 중용의 형태로 두 가지가 다 중요 하지만 관조보다 행동에 더 많은 비중을 두는 것이 더 효과적인 형태로 보았다.

아리스토텔레스는 여기서 인간의 최종목적인 행복을 실현하기 위해서는 목적론적 윤리, 중용, 행동, 행복의 네 가지가 상호보완적으로 조화를 이룰 때 행복해질 수 있다는 것이다. 인간이 행복하기 위해서는 윤리생활을 떠나서 한순간도 인간관계나 사회질서를 유지할 수 없으며, 너무 지나치거나 부족함이 없이 떳떳하며 한쪽으로 치우침이 없는 중용적인 삶을 살아야 행복해질 수 있다고 하였다. 또한 중용적인 삶으로 행복하기 위해서는 고요한 마음으로 사물이나 현상을 관찰하는 관조가 반드시 필요할 것으로 보았으며, 이 모든 것을 몸소 행하는 행동이 필수적인 요건이라고 할 수 있다. 그는 행복을 덕과 일치하는 영혼의 활동이라고 정의한다. 그는 도덕적 덕과 지적 덕으로 구분하고 각각은 영혼의 비합리적 힘과 합리적 힘에 의해 규정된다고 주장한다. 그러나 인간은 태어날 때부터 이 덕을 가지고 있는 것이 아니라 살아가면서 덕을 개발할 능력이나 성향을 가지게 되는 것이라고 한다. 그의 이러한 주장은 인간의 본래 심성에는 덕을 개발하여 행복할 수 있다는 잠재력을 누구나 가지고 있다는 것을 의미한다.

아리스토텔레스는 덕을 중용으로 보았으며, 최고의 선은 최고의 덕으로, 이것은 이성적 활동에 따른 삶이라고 하였다.

이와 같이 개인의 최고의 선이 개인의 인격과 인품을 가늠하는 최고의 덕행임으로, 이러한 덕성스러운 삶을 위해서는 일상생활에서 합리적이고 이성적인 활동으로 살아가야 한다고 하였다.

아리스토텔레스는 『정치학』에서 인간의 행동과 공동체의 문제를 다루고 있으며, 특히 국가의 정치체제인 국제(國制)에 관한 이론을 정립하고, 정치적 불안정과 혁명의 원인 그리고 체제의 변혁에 다양한 유형의 법제도를 체계화하였다. 그는 정치체제를 다음과 같이 분류하고 체제의 변환이 반드시 일어난다고 보았다. 정치체제가 법치의 원칙에 따르는 정부를 군주정치(君主政治), 귀족정치(貴族政治), 민주정치(民主政治)로 나누며, 법치를 위반하는 정부를 폭군정치(暴君政治), 과두정치(寡頭政治), 중우정치(衆愚政治)로 분류하였다. 국법에 따라 1인이 통치하는 군주정치가 법을 어기어 타락하면 폭군정치가 되며, 국법에 따라 귀족들이 다스리는 귀족정치가 법을 어기고 타락하게 되면 소수의 몇몇 사람이 국가의 최고 기관을 다스린 과두정치로 변하고, 국법에 따라 다스리는 민주정치가 법을 어기면 이성보다 일시적 충동에 의하여 좌우되는 중우정치로 변한다고 하였다.

아리스토텔레스의 정치사상에서 일관되게 주장해오고 있는 중용은 개인의 평화로운 생활을 보장하는 규범인 동시에 국가 수준의 정치체제 구상에서는 폴리티(polity)의 형태로 나타났다. 이 폴리티는 실현 가능한 최선의 정치체제로서 과두제와 민주제를 결합한 혼합체제로 중용원리를 제도화에 적용한 정치체제라고 할 수 있다. 아리스토텔레스의 폴리티는 양극단의 단일체제를 지양하고 공익을 위한 다수의 지배라는 관점에서 고대의 정치체제 가운데 오늘날의 민주주의 체제와 가장 가까운 정치체제이다. 근대 이래로 평화의 조건으로 이해되어온 공화제와 민주정이 고대의 혼합정체의 전통을 이어받게 된다고 하였다.

아리스토텔레스의 정치학에서 공헌은 중용원리를 혼합정치체제라는 제도화로 변화시켜, 근대 이래로 평화의 조건으로 이해되어온 공화제와 민주제가 고대 혼합정체의 전통을 계승하였다는 점을 들 수 있다. 그 혼합정체는 중용원리에 기초한 평화사상을 실현하기 위한 것으로 중용이론의 제도화를 성공시키게 되었다. 그는 양 극단에 치우치지 않으면서 양자의 장점을 수용하여 새로운 가치를 찾아 정치제도에 접목시키는 쾌거를 올리게 되었다.

아리스토텔레스 사상의 핵심적인 내용을 요약하여 정리해 보면 다음과 같다.

그는 니코마코스 윤리학에서 이 연구는 "정치학적 연구"라고 하고 "정치의 궁극 목적은 인간적인 선"이라고 하였다. 그의 정치사상적 주요 핵심은 정치와 실천적 윤리의 결합이라고 할 수 있다.

인간의 정치적 성격과 개인의 이성적 양심이 불가분의 관계라고 하는 것은 그가 말한 인간이 정치적 동물이라고 하는 말과 일맥상통하고 있다.

아리스토텔레스는 인간의 이성적 활동을 관조와 실천의 영역으로 나누고 관조는 사물을 관찰하고 거기에 내재한 원리를 통찰하는 것이며, 실천은 관조와는 달리 의지의 선택을 통하여 미래 삶의 방향을 결정하는 실천학에 속하는 것으로 그것이 정치학이라고 하였다. 따라서 정치학은 실천적인 학문인 반면에 자연학은 관조의 영역 즉 이론학에 속한다고 하였다. 아리스토텔레스에 의하면 선량한 의지의 선택은 진정한 이성과 바른 욕구에 의해 성립한다며, 즉 이성의 긍정과 바른 욕구추구는 일치한다고 하였다(이성의 긍정=바른 욕구추구).

그는 중용과 이성에 대하여 중용은 정당한 이성에 따라 구할 수 있는 초과와 부족 간의 중간이며, 이성은 자연의 법도인 조화와 상생의

영원한 인간관계

원리에서 발견한 참다운 인간의 삶을 위한 최고 가치라고 하였으며, 이성은 우주의 법도에서 이끌어낸 객관적인 질서로 인간 개개인의 자의적 행태를 통제하여 과불급이 없는 중용상태로 나아가게 한다고 하였다.

그는 인간의 사려와 관련하여 사려(思慮)의 대상은 목적이 아닌 수단이며, 목적의 이성에 대한 수단의 이성이 인간의 실천 활동에서 전개되며 여기서 실천적 사려가 생기는 것이다. 사려는 학문이나 기술이 아니며, 기술이 제작에 관련된다면 사려는 행위에 관련된다고 한다. 그리고 실천이 없는 사려는 삶의 목적까지도 상실하게 된다며, 사려는 언제나 궁극적인 선(善)에 걸맞은 행위를 선택해서 실천하는 능력이라고 하였다. 그래서 실천적 사려는 개인 윤리적 측면의 공공선 및 정치질서를 유지시킨다고 하였다. 칸트도 사려와 덕에 관하여 이와 유사한 말을 남겼다. 그는 사려 없는 덕은 공허하고 덕이 없는 사려는 맹목이라고 하였다. 사려와 덕의 결합은 전체의 행복을 위한 두뇌 활동과 공공선을 위한 실천적 행동의 합작물이라고 할 수 있다고 말한 것을 놓고 볼 때, 두 사람이 '사려'를 실천적 덕행으로 보았다는 점에서 견해가 일치한다는 것을 알 수 있다.

아리스토텔레스는 개인의 사려는 본질적으로 정치적 사려를 떠나 따로 생각할 수 없는 일이기에 정치적 사려의 밑바탕이 되는 윤리적 덕이 바로 중용이라고 하였다.

아리스토텔레스는 실천적 학문인 정치학의 목적이 실천행위에 있으며 관상적(觀想的)·이론적 학문의 목적은 현실행동이 아닌 인식, 즉 지(知)에 있다고 한다. 그래서 그는 실천행동과 이론적 토양이 되는 지식과의 조화를 끌어내기 위하여 지행합일(知行合一)을 구상하였던 것으로 볼 수 있다.

이와 같이 아리스토텔레스는 개인의 사려는 정치적 사려와 밀접하며, 정치적 사려의 근본이 되는 윤리적 덕이 중용이라고 하여 중용의 덕을 가장 중요하게 다루었다. 그가 정치학을 실천학문으로 규정하고 정치학 목적이 실천행위에 있다고 한 것은 이론적인 것에 목적을 두는 것이 아니고 윤리적 덕인 중용의 실천행위에 있음을 의미한다.

이러한 아리스토텔레스의 중용이론은 플라톤의 정의론과도 밀접한 관계를 갖고 있다. 플라톤의 정치사상 핵심개념이었던 정의는 그의 국가론의 중심 테마였으며, 아리스토텔레스의 정치사상 중심개념은 중용(中庸)이었다. 그런데 중용은 플라톤의 법률론에서 단편적으로 논의되다가 아리스토텔레스에 의해 체계적으로 계승발전되었다. 플라톤도 교육의 목적이 바로 중용의 실현에 있다고 보고 이 중용을 지키지 못하면 모든 일이 무질서와 불의에 빠진다고 하였으며, 중용을 지키는 인간이 평화와 번영을 얻을 수 있다고 하였다.

아리스토텔레스는 인간의 최종목적을 행복이라고 하였으며, 중용은 행복이라는 목적달성을 위한 방법적인 것이라고 하였다. 인간의 사려나 철학과 정치는 이 행복이라는 목적을 위해 사용되어져야 한다고 하면서, 최선의 정치형태로 실현 가능한 과두제와 민주제를 결합한 혼합적 정치체제를 주장하였다. 이 과두제와 민주제의 혼합은 중용원리를 제도화에 적용한 것으로 양 제도의 단점을 보완한 합리적 제도라고 할 수 있다. 이와 같은 혼합체제는 정치제도 발전사에 크게 기여하게 되었다고 한다.

우리는 인간의 행복한 삶을 위하여 진리만을 연구하며 평생을 몸바쳐온 위대한 철인 아리스토텔레스의 가르침과 진리에 따라 살아가는 것이 현명한 길임이 분명하다.

도산 안창호 선생은 우리 민족에게 고하는 글에서 다음과 같이 말한다. 그는 "나라가 없고서 한 집과 한 몸이 있을 수 없고, 민족이 천대받을 때 혼자만이 영광을 누릴 수 없다. 나 하나를 건전한 인격으로 만드는 것이 우리 민족을 건전하게 만드는 유일한 길이다. 진리는 반드시 따르는 자가 있고, 정의는 반드시 이루는 날이 있다."라고 하였다. 도산은 개인과 가정과 국가와 민족을 동일 선상에 놓고, 나와 가정과 국가와 민족이 잘살고 행복한 생활을 위해서는 나의 건전한 인격을 만들기 위해 진리에 따라 정의롭게 살아가기를 우리 민족에게 당부하는 내용의 글이었다. 안창호 선생이 우리 민족에게 당부한 진리와 정의는 아리스토텔레스의 가르침을 다시 되돌아보게 한다.

아리스토텔레스의 고대 혼합정치체제는 윤리적인 덕이라고 할 수 있는 중용원리의 제도화를 가져왔으며, 합체제와 중용원리에 힘입어 근대의 공화제와 민주제로 발전하게 된다. 아리스토텔레스의 정치사상의 핵심은 정치와 실천윤리의 결합이라고 하였으며, 인간의 최종 목적인 행복의 실현을 위해서는 목적론적 윤리, 중용, 행복, 행동의 보완적인 조화에서 찾아야 한다고 하였다. 그의 중용적 가치도 양 극단이 아닌 서로 다른 가치의 결합과 조화에서 찾아야 한다.

소크라테스, 플라톤, 아리스토텔레스의 위대한 민주주의 정치사상이 탄생하는데 토양이 되었던 것은 고대의 종교개혁이라고 불리는 그리스의 고대 신화에서 사상적 원류를 찾아보는 것이 바람직하며, 특히 정의와 민주주의를 이해하는 데 도움이 된다.

고대 그리스에서 전해 내려오는 고대 종교개혁이라고 하는 신화에는 제우스 신화, 아폴로 신화, 디오니소스 신화가 있다.

첫째, 고대 그리스 제우스(Zeous)신화는 귀족적 상층계급을 옹호하고 대변하면서 경제적 특권화와 정치적 보수주의를 수용하는 계층이었다. 제우스 신화의 사상적 원리는 강자는 귀하고 약자는 천하다는 강귀약천(强貴弱賤)의 이론을 주장하였으며, 이 신화는 중세 서양의 가톨릭주의의 사상적 원형이 되기도 하였다.

둘째, 고대 그리스의 아폴로(Apollo) 신화는 상공업계층을 옹호하고 대변하는 계층으로 경제적 자유주의와 정치적 자유주의를 표방하였으며, 아폴로 신화의 사상적 원리는 약한 자는 강한 자에게 지배를 당하고 살아야 한다는 약육강식(弱肉强食)의 이론을 주장하였고, 이 신화는 근세 서양의 칼빈주의의 원형이기도 하다.

셋째, 고대 그리스의 디오니소스(Dionysos) 신화는 농민과 서민 대중 계층을 옹호하고 대변하면서 경제적 민주화와 정치적 민주주의를 주창하였고, 디오니소스 신화의 사상적 원리는 잘사는 사람을 억제하여 못사는 사람을 돕자는 의미의 억강부약(抑强扶弱)의 이론을 주장하여, 근세 서양의 루터주의의 원형이 되었다.

고대 종교개혁이라고 불리는 그리스의 고대 신화는 정치적, 경제적, 원리적 측면에서 각 계층을 대변하는 그룹으로 나누어졌으며, 이 신화의 영향을 받아 근대 서양의 가톨릭주의와 칼빈주의 그리고 루터주의의 사상적 원류가 되어 민주주의 발전에 크게 기여하였다. 바로 루터 종교개혁의 사상적 원동력은 디오니소스 신화에 의한 것이며, 소크라테스 역시 이 신화를 계승한 오르페우스(Orpheus)교 계통이었으니, 그의 제자인 플라톤과 플라톤의 제자였던 아리스토텔레스가 바로 디오니소스신화를 계승 발전시켜 민주주의 씨를 뿌렸던 철인들이라고 할 수 있다.

영원한 인간관계

■ 공자(孔子, BC 551~BC 479)

공자는 중국의 춘추시대의 노(魯)나라 출신으로 육경(六經)을 정리하고 인(仁), 예(禮), 효제(孝悌), 충서(忠恕) 등 윤리 도덕을 가르쳤던 사상가이자 학자로 유교의 개조(開祖)로 불린다. 그 당시 공자의 가르침이나, 공자와 제자들과의 대화, 일반 사람들과의 대화, 제자들의 말, 제자들 간의 대화 등으로 구성되어 있는 사서오경(四書五經)의 하나인 『논어(論語)』는 유교의 경전으로 우리들의 생활 속 진리의 가르침을 담고 있는 책으로 널리 알려져 있다.

공자는 인간의 지나친 탐욕으로 전쟁의 소용돌이 속에서 갈등, 불안, 공포, 착취에 떨며 살아가는 것을 보면서, 인간다운 사회 즉 일반 민중이 중심이 되는 사회를 갈망했던 것이다. 그는 당시 사회의 병리현상의 한 요인으로 인간 우위에 신을 숭상하는 사조(思潮)에 대한 것을 문제로 삼고, 미신적 요소를 배제하고 인간이 중심이 된 사회를 만들려고 했다. 공자는 인간이 중심이 되는 사회를 만들기 위해서 상고의 고대문화를 정리하여 인(仁)과 의(義)를 사상의 배경으로 삼고, 인(仁)이란 사람(人)이 둘이(二) 결합하여 사람끼리 관계를 갖는다는 의미라고 하였다. 공자가 등장하기 이전에 일반적인 통념은 사람과 신과의 관계가 중요한 관심사였기 때문에 사람과 신과의 관계에서 벗어나 인간관계를 중요하게 다루었던 사상이 바로 인(仁) 사상이다. 그래서 공자의 인 사상의 출발은 인간 사이에 관한 사상이요, 서로 사랑해야 하고 평등해야 한다는 데서 시작되었다. 그의 사상의 출발이 아주 소박하고 평범한 데서 출발했지만 소박함과 평범함 속에 진리가 있다는 교훈을 깊이 생각해야 한다.

공자의 인(仁)은 두 사람이 서로 너를 사랑하라는 뜻으로 내면세계의 도덕성을 의미한다. 남을 사랑하게 되면 인간 간의 관계가 사랑으로 서로 돈독해지면서 삶의 의욕과 보람을 찾게 되는 점을 들고 있다. 공자가 말한 효·제·인·의(孝悌仁義)는 자기 자신과 가정과의 관계나 개인과 사회와의 관계가 인으로 이루어지면, 바로 그것이 몸과 마음을 닦아 수양하고 집안을 돌보는 수신제가(修身齊家)이며, 나라를 잘 다스리고 온 세상을 평안하게 하는 치국평천하(治國平天下)가 이루어진다고 하였다. 그는 바른 사회질서와 정의로운 사회를 만들기 위해서는 질서를 바로잡을 필요가 있다고 믿고, 바른 질서를 잡기 위한 것도 역시 사랑이라고 하면서 인(仁)의 실천방법으로 충서(忠恕)에 관한 가르침을 다음과 같이 말하였다.

그는 인의 실천방법으로 자기 자신에게 충실해야 한다는 '충(忠)'과 주변 사람에게 관심을 갖는다는 '서(恕)'를 들었다. 그는 충(忠)은 적극적인 방법이고, 서(恕)는 소극적인 방법으로 이 두 방법은 아주 소박하다. 인에 대한 소박한 그의 실천방법은 소박해서 실천하기가 쉬우면서도 깊은 의미를 지니고 있다고 볼 수 있다. 충(忠)은 자기 자신의 내면에 충실해야 한다는 뜻으로 혼자 있을 때에는 어떤 일에도 동요됨이 없어야 하고, 자기 자신이 자기를 감시하고 채찍질하여 내면의 자기 자신을 항상 바르게 하는 행동이며, 대인관계(對人關係)에서는 좋은 것은 남에게 양보해야 한다는 의미를 지니고 있다. 또 서(恕)의 의미는 내 마음은 다른 사람의 마음과 같기 때문에 내가 하기 싫은 것을 남에게 해서는 안 되며, 나쁜 것이 있으면 자기가 먼저 감수해라는 뜻이라고 한다. 이와 같이 충(忠)과 서(恕)는 소박한 내용이지만 이 두

영원한 인간관계

가지가 실천된다면 세상은 아름다워질 것이라고 하였다. 따라서 인은 멀리 있는 것이 아니고 충(忠)과 서(恕)의 실천만으로 가능하다. 공자의 현실적이며 상식적이고 보편적인 인(仁)사상은 사람을 사랑하는 인(仁)을 출발점으로 하여, 사상의 근본이었던 인간다움을 나타내는 덕(德)을 실현하려고 했다. 인(仁)의 출발점은 효제(孝悌)의 실천에 두었으며, 인(仁)의 실천을 위한 형식은 예(禮)를 통해서 가능하며, 인의 실천적 예(禮)는 내 맘을 미루어 남을 헤아리고 인간관계에서 성실과 신뢰를 위주로 하는 행태(行態)라고 한다. 인(仁)의 실현은 예(禮)를 통해 외형적으로 나타나야 한다고 하였다.

공자는 정치와 관련하여 덕(德)을 바탕으로 한 도덕정치(德治)를 역설하고 이에 대한 실천을 강조하였으며, 정치사상적으로는 각자의 지위와 신분에 맞는 역할을 다 해내야 한다는 정명론(正名論)을 주장하였으며, 이러한 공자의 정명론은 맹자(孟子)의 혁명론(革命論)으로 까지 이어진다. 공자의 정명론은 명분론(名分論)과 같은 의미로 쓰이고 있다. 정명론(正名論)은 인간이 각각의 지위에 따른 의무와 규범을 충실히 지키는 것을 도덕적 당위 규범으로 내세우고, 도덕적 당위규범을 통해 사회질서를 바로잡고자 하는 정치사상이다. 정명론에 대한 명분(名分)은 사회질서와 연관되는 인간의 직분(職分)이나 행위의 규범으로 제시되었다. 공자가 살던 춘추전국시대의 사회적 혼란은 끊기질 않고 계속되었기 때문에, 춘추 말기의 사회적 혼란이 명(名)과 실(實)의 붕괴에서 야기되었다고 보았으며, 이러한 혼란은 인간이 각각의 지위에 따른 의무와 규범을 제대로 지키지 않는데 문제가 있다고 보았으며, 특히 빈번히 일어나는 하극상(下剋上)이 그 대표적인 사례라고 하였다. 따라서 공자는 이러한 사회적 무질서를 바로잡기 위한 명분의 필요성을 강조한 것이 바로 그의 정명론이다. 정명이라는 용어에 대한 설명은『논어』의 자로(子路)편에서 그의 제자와의 대화에서도 나온다. 자로가 공자에게 묻기를 정치하신다면 무슨 일을 먼저 하시겠습니까? 라고 했을 때, 공자가 말하기를 "반드시 명(名)을 바로잡겠다."고 하였다. 여기서 명은 정명(正名)이요 정명은 명분을 말한 것으로 명분을 바로잡는다는 말이다. 명분(名分)이란 의미는 신분이나 이름에 걸맞게 지켜야 할 도리를 말하며, 특히 군신, 부자, 부부가 서로 지켜야 하는 도덕상의 일을 뜻한다. 정치는 각각의 직분에서 어긋나는 명분이 없는 일을 바로잡는 일부터 해야 한다. 공자는 정명을 강조하는 내용으로 "정자정야(政者正也)"라는 말을 하였는데, 그의 정명의 구체적인 내용으로 "임금은 임금답고 신하는 신하답고 아버지는 아버지답고 자식은 자식다운 것"이라고 설명하였다. 공자는 군신, 부자, 부부, 친구를 비롯한 모든 인간관계에서 명분에 따라 사는 것이 덕행을 하는 것으로 보았으며, 그렇게 함으로써 바른 사회질서가 이루어진다고 하였다. 그러면 그가 가장 중요하게 생각했던 핵심사상을 요약 해보면 다음과 같다.

첫째, 공자는 법만을 만능으로 보지 않고 덕으로 감화를 통해서 자발적으로 좋은 사회를 만들어야 한다고 하는 인치(仁治)를 주장했던 덕치주의자이다. 그는 악법도 많을뿐더러 법으로 사람을 강제하고 지배한다는 것에 대한 한계와 문제점을 들어 덕치의 우위를 강조하였다.

둘째, 그가 나라를 잘 다스려서 세상을 평안하게 해야 한다는 치국평천하(治國平天下)의 발상은 집안을 잘 다스려야 한다는 제가(齊家)를 확장하는 대 가족주의로 나라를 다스려야 한다. 공자는 법대로 살아

영원한 인간관계

야 한다는 것은 명분일 뿐이며, 현실적으로 약육강식의 불평등을 염려하고, 마치 부모가 자식을 차별하지 않은 것처럼 국가도 빈민과 약자와 서민 대중에 대한 불평등을 덕치로 다스려 주는 문제를 주장했다. 이상적인 사회구현을 위한 덕치의 근거가 되는 요인은 바로 가족에서 시작되었다.

셋째, 공자는 자본주의를 비판하고 경계해야 한다고 했었다. 자본주의에 대한 우려는 사익추구나 이기주의가 불평등을 조장하는 요인으로 인(仁)의 사상에 배치된다는 점을 들 수 있다. 그래서 그는 공화와 공생을 주장하는 사회주의의 원조라고도 볼 수 있다. 공자의 가르침에 "적은 것을 걱정하지 말고 균등하지 않은 것을 걱정하라."라고 하는 이 말은 분명히 모두가 평등하면서도 바르게 잘살자고 하는 공화주의자이며 공생주의자임이 분명하게 잘 드러나고 있다.

넷째, 공자가 약자와 기층 민중을 위하는 민주주의를 강조했다. 인(仁)의 사상은 부자나 강자를 위한 것이 아니고 약자와 기층 민중을 위하는 사상이라는 점에서도 민주주의 사상이다. 또 공자는 민중을 "내 가족처럼만 사랑하라."라고 하는 말에서도 인본주의자이며 민주주의자임이 분명히 들어나고 있다.

이와 같은 공자의 모든 진리의 교훈은 인간생활 전반에 미치지 않는 곳이 없을 만큼 생활의 지혜를 일깨워준 인류의 스승이다. 공자의 개인적인 삶은 어린 시절부터 많은 곤경과 역경을 겪으면서 불운을 딛고 살아온 인간승리자에 불과하지만, 인류의 차원에서 바라보는 그의 삶은 인류의 선각자요 구도자인 우리의 영원한 스승이다. 만일 공자가 자신의 영달과 이익을 위한 삶을 살았다면 그에 가르침이 온 인류에게 빛과 소금이 되는 것은 생각조차 할 수 없었을 것이다. 남을 위하는 인의 정신이 공자의 인생 전부라는 사실을 우리는 명심하면서 지혜롭게 살아가야 한다. 위대한 철학자나 성인들의 삶의 면면들이 그들 자신의 희생과 역경을 감수하면서 남과 사회와 국가와 인류를 위하는 일관된 의지의 관철이 인류에게 기쁨·희망·영광 그리고 행복을 안겨주는 토양이 된다.

2. 이성과 실정법

인간세계는 자연의 산물로 인간의 혼이 내재한 합리적인 존재물이다. 인간이 이성적인 정치적 동물이라고 말한 것도 자연의 법칙에 따라 세계를 주도해가고 있기 때문이다. 이 세상에 존재하는 동물들 가운데 이성대로 살아가려고 노력하는 존재는 인간밖에 없으며, 다른 동물에 비해 월등한 존재임이 분명하다. 그래서 인류세계는 합리적인 이성에 따라 살아가려고 하는 것을 원칙으로 생각하며 이성을 모든 법제(法制)의 원리로 삼고 있다.

초기 스토아 사상가들이 이성을 갖추고 있는 실재인 우주(宇宙)를 하나의 도시국가인 폴리스(polis)로 보거나 세계국가(kosmopolis)로 보았던 것도 우연한 것이 아닌 고대부터 내려오는 전통에 근거한 것으로 보아야 한다. 스토아 사상가들은 우주 만물이 질서와 원칙에 따라 운행되는 모습은 흡사 잘 이루어진 국가공동체와 같다는 생각을 갖게 되었다. 이러한 견해를 갖고 있던 그리스의 철학자이자 수학자로 유명한 변증법의 발명자라고 불리는 제논(BC 495경~430경)은 "세계 원리인 불로부터 유래하는 법에 의해서 온 세계가 기이하게 통치되는 품이 마치 올바르고 정의로운 국가 공동체와 흡사하다."라고 하였다. 우주운행의 원리에 의해 이루어진 지구상에 있는 모든 나라가 정의로운 국가공동체와 비슷하다고 한 것은 바로 국가는 이성으로 조직된 공동체라는 것을 의미한다. 국가의 성립이 우주의 운행법칙이나 원리에 따른 이성적인 산물이라면, 국가의 현실적인 경영도 이성에 일치된 실정법에 따라야 하는 것은 당연한 일이라고 할 수 있다. 이성에 합치되는 실정법에 따라 사는 것이 우주의 질서에 맞게 사는 것이며, 인간답게 사는 길이라는 것은 너무나 당연한 일이다.

그러나 아리스토텔레스는 '자연의 정의'와 '법의 정의'가 언제나 일치하지는 않는다고 주장했다. 그의 주장에 따르면, 자연의 정의는 어느 곳에서나 똑같은 원리나 원칙과 효력을 갖고서 존재하는 것이며, 사람들이 어떻게 생각하느냐에 따라 존재하는 것이 아니라고 하였다. 그는 이 말에서 '자연의 정의'인 자연법(自然法)이 인간이 정한 '법의 정의'인 인정법(人定法)의 상위개념이라는 것을 인정하고 있는 것으로 다음의 말에서도 잘 보여주고 있다. 아리스토텔레스는 실정법에 불만이 있으면 자연법에 호소할 수 있다고 하였다. 그러면서도 자연의 정의인 자연법인 이성과 인간의 정의인 실정법과 차이를 두려는 논리는 당시 노예제도가 합법화 되어 있던 그리스의 시대적 상황과 제도적인 한계를 극복하지 못한 것으로 지적하지 않을 수 없다. 그가 말한 '자연의 정의'와 '법의 정의'가 언제나 일치하지 않는다고 하는 그의 주장은 그리스 도시국가들의 불평등한 당시 상황을 잘 나타내주고 있다. 그 당시 그리스의 제도의 실제(實際)는 여성이 남성에게, 노예가 시민에게, 이방인이 그리스인에게 복종해야 하는 불평등의 제도나 노예제도가 합법화되어 있었기 때문이다.

우주의 법도는 조화(調和)와 상생(相生)이라고 한다. 우주의 법도(法道)란 우주 공간에 있는 삼라만상(森羅萬象)을 존재하게 하는 근본원리이며, 이 원리의 움직임이 불변하는 길이 법도이다. 우주의 원리나 우주의 법도나 자연법이나 이성법이나 인정법이나 실정법은 그 본질에서 같은 의미이다. 우주 공간에 존재하는 모든 존재물들은 서로가

영원한 인간관계

서로의 존재를 인정하면서 공존하며, 서로 상생하기 위해서 조화를 이루고 있다. 이러한 자연의 원리나 움직임을 이성(理性)이라고 하며, 이 이성을 자연법이라고 하였으며, 자연법은 인간의 필요에 의해 인정법(人定法)으로 만들어지게 되었다. 그렇다면 실정법은 마땅히 자연법과 일치되는 이성법이라야 한다. 아리스토텔레스가 말한 '자연의 정의'와 '법의 정의'가 항상 같지 않다는 것은 자연법 원리에 대한 오해의 소지가 있을 수 있으며, 실정법 모순을 인정하는 결과이기도 하다. 그러면 철학자들은 이성의 모태인 자연법의 개념에 대한 정의를 어떻게 내리고 있는지를 살펴보고자 한다.

스토아학파가 생각했던 자연법은 인간의 정신 속에 있는 '올바른 이성' 또는 모든 사물의 존재를 규정하는 보편적 원리인 로고스(logos)에 따르는 완전히 평등한 법이라고 하였으며, 키케로도 '진정한 법은 모든 인간 안에 편재한 영원불멸의 올바른 이성'이라고 말했다. 로마의 종교가이며 교부철학자인 아우구스티누스(354~430)는 자연법에 대하여 인간이 타락하여 죄와 실정법에 얽매이기 전까지는 자연법에 따라 자유롭게 살았다는 생각을 펼쳤다. 성 토마스 아퀴나스는 자연법에 대하여 '영원한 법이 이성적인 피조물에 관여한 것'이므로, 자신의 선한 면을 보존하고 자연이 모든 동물에게 가르쳐준 욕구를 채우며 신에 관한 지식을 추구하는 등 인간이 분명하게 정립할 수 있는 교훈들로 이루어져 있다고 하면서 인간의 법은 자연법의 특수한 응용이어야 한다는 것을 강조하고 있다.

토머스 홉스(Hobbes, Thomas)는 자연권(jus naturale)과 자연법에 대하여 이렇게 말한다. "인간이 자기 본성과 생명을 지키기 위해 자신의 힘을 사용할 수 있는 자유라고 인식하고, 자연법(lex naturalis)을 인간이 자기 생명을 파괴하지 못하도록 이성을 통해 발견하는 일반규범의 가르침"이라고 정의하고 있다.

위의 철학자들의 주장을 요약해보면, 자연법은 영원불멸의 진리로 자기 스스로를 지키며 생명을 파괴하지 못하게 하는 이성의 총체로 보아야 한다.

그러면 법의 의미와 실정법과 인간생활이 어떻게 상호작용하고 있는지 알아보기로 한다. 법(法)의 의미는 먼저 법이라는 글자의 고어(古語)에서 사용하던 한자체(漢字體)를 살펴보면, 법자(法字)는 '수(水)', '치(廌)', '거(去)'의 3자가 합쳐진 것이 '법(法)'이었다고 전해지고 있다. 수(水)가 지닌 의미는 수면과 같이 공평함을 뜻하고, 치(廌)는 시비(是非)나 선악(善惡)을 판단하여 안다는 상상의 동물로 정의의 실현을 의미하며, 거(去)는 공평하고 정의롭게 가야한다는 뜻이다. 해태(海駝) 또는 해치(獬豸)라고 하는 돌사자인 상상의 이 동물은 불을 삼키는 위력을 가지고 있어서 사리분별력을 잃고 싸우는 분쟁도 해결한다는 상징성을 가지고 있으며, 거(去)는 물이 위력으로 악을 제거해버린다는 강제적인 구속력을 갖고 있다.

법은 인간생활에서 생명과 재산과 자유와 행복을 지켜준다는 국민의 동의결과에 따라서 만들어진 것이 바로 헌법이다. 헌법(憲法)은 한 나라 최고의 상위법이며 모법(母法)으로 각종 법률·부령·시행령·규칙 등의 하위법에 근거가 되며, 헌법에 반하는 어떤 법률제정도 용인되지 않는 것이 원칙이다. 이와 같이 헌법은 우주의 법도인 조화와 상생의 원리인 이성법을 그대로 원용(援用)하여 각종 법률에 반영하고 있다. 따라서 이성의 총합체(總合體)인 자연법은 인정법(人定法)을 낳게 한 것이며, 인정법이 헌법이며, 헌법은 실정법인 각종 법률과 일맥상통하게 된다. 실정법은 자연법에 대응(對應)되는 말로 사용되어 왔으며, 일정한 시대나 사회에서 효력을 가진 것으로 실증적으로 파악될 수 있고, 현상적으로 나타나는 각종 제정법이나 관습법과 판례법을 포함하고 있다. 우리 생활과 밀접한 관계를 갖고 있는 실정법은 다음과 같이 구분하여 볼 수 있다.

실정법은 공법과 사법, 시민법과 사회법, 실체법과 절차법, 사법법과 행정법, 민사법과 형사법, 국내법과 국제법, 강행법과 임의법 등으로 구별할 수 있다. 그러면 이러한 실정법과 이성과의 관계나 실정법과 인간생활과 상호관계를 살펴보도록 한다.

이성과 실정법과의 관계는 불가분성의 관계로 두 단어의 의미만으로는 차이가 있으나, 내용이나 본질 면에서는 밀접한 상관성을 갖고 있다. 자연법에 근원을 두고 있는 이성이 상주(常住)해야 할 가장 적합한 곳은 인간세계이기 때문에, 이성의 원리가 바로 생활규범(生活規範)과 규범윤리(規範倫理)를 포괄하여 규정하고 규제하는 것이 실정법(實定法)이다. 실정법의 근원은 이성에 있으며, 이성적인 삶은 바로 실정법을 따라 행하면 된다. 인간이 이성과 관련하여 꼭 기억해야 할 일은 자기 자신을 지켜보며 감시하고 감독하는 영혼의 이성이 있다는 것을 항상 생각하면서, 그 영혼의 이성을 존중하고 따라야 한다.

여기서 영혼의 이성은 자기 자신을 통제하는 힘을 가지고 있으며 세상 어느 것에도 때 묻지 않게 해주는 감시자와 같은 역할을 한다. 만약 자신의 마음가짐과 행동거지를 감시하고 감독하는 영혼의 이성을 따르지 않고, 감정대로 처리하거나 이를 무시하는 사람은 어느 것 하나 이루어낼 수 없는 것이 살아가는 이치이다. 그래서 영혼의 이성에 따라 살아왔던 대성현들은 어두운 밤이나 아무도 없는 곳에서 혼자 있을 때도 밝은 대낮이나 사람들이 많이 있는 곳에서와 똑같은 마음과 행동을 한다고 한다. 이 영혼의 이성은 영적이어서 생멸(生滅)이나 생사(生死)를 초월한 영원성을 지니고 있다. 영혼의 이성적인 삶을 사는 사람은 남을 의식하여 행동하는 것이 아니고 이성적인 사려로 길들여진 덕성(德性)으로 자신을 스스로 다스리며 지키면서 살아가는 사람을 말한다.

만약 우리가 잘 아는 사람이 넉넉한 가정에서 태어나 부모의 과보호를 받으며 청소년 시절부터 중년까지 큰 불편 없이 지내며 무위도식(無爲徒食)하는 사람이, 중년 이후부터 가정경제가 파탄지경이 되면서 건강까지 나빠져 병원 신세를 지며 재기불능의 곤경에 처해 있는 사람이 있다고 가정해보자. 이 사람이 호의호식했던 중년 이전의 생활이 중년 이후의 곤경과 생활파탄을 가져오게 된 것은 인과(因果)의 당연한 법칙이다. 반대로 그가 젊은 시절에 선행(善行)과 이성(理性)의 씨를 뿌리는 원인행위가 있었다면, 중년 이후에 얻은 결과는 풍요와 안정이 보장되는 행복한 생활을 하게 되는 법이다. 젊은 날에 무절제한 생활과 분별력이 없는 비이성적 삶이 만들어낸 중년 이후에 상처를 다시 극복하는 것은 시간적으로 되돌릴 수 없는 상황으로 빠져 들어가게 된다. 자기 자신의 마음이 흔들리지 않는 충(忠)의 마음가짐으로 사는 사람은 이성적으로 사려하고 행동하는 사람으로 그의 영혼의 이성은 시공을 초월하여 존재한다. 그래서 우리는 이성적인 삶을 살기 위하여 이성법의 근본정신을 실정법에 반영시켜 바른 생활을 해보려고 애를 쓰지만, 실제생활은 원리와 원칙대로 이행되지 않아 늘 불평과 불만이 떠나지 않고 있다. 그러나 모든 일은 반드시 바른길로 돌아가게 된다는 사필귀정(事必歸正)이라는 말처럼 젊어서 굴절(屈折)되고

영원한 인간관계

왜곡(歪曲)된 무절제했던 비이성적인 삶이 계속되는 것이 아니고 반드시 바른길로 돌아온다고 믿어야 한다.

이와 같은 이성과 실정법과 관계는 마치 만물생성의 근원이 되는 다섯 개의 원기(元氣)인 목(木), 화(火), 토(土), 금(金), 수(水)의 상생(相生)의 작용관계를 인간생활의 현상을 해석하는 이론인 오행설(五行說)에 적용하는 것과 유사하다고 볼 수 있다. 이 오행설에 따르면, 오행을 천오행(天五行), 지오행(地五行), 인오행(人五行)으로 나누고 인간이 해야 할 당위규범의 근거를 천오행과 지오행의 원리에 두고 있다. 하늘에 오행(天五行)은 우주를 움직이게 하는 물리학의 측면에서 화성(火星), 수성(水星), 목성(木星), 금성(金星), 토성(土星)의 상호 역학관계를 의미하며, 땅의 오행(地五行)은 목(木), 화(火), 토(土), 금(金), 수(水)의 다섯 가지 원소를 만물의 근원으로 보면서 만물은 윤회전생(輪廻轉生)으로 생겼다가 없어지는 생멸법(生滅法)에 의해 진행된다고 하며, 인간의 오행(人五行)은 천오행과 지오행의 영향으로 윤리 도덕을 실천학으로 부자유친, 군신유의, 부부유별, 장유유서, 붕우유신의 오륜(五倫)을 실천행으로 삼고 있다. 우주의 이치를 인간생활에 일치시키려는 노력은 노자의 사상에서 잘 드러나고 있다.

노자(老子)는 "자연(自然)이 곧 도(道)이다."라고 하였다. 이 말에서 자연은 인간이 살아가는 길이라는 뜻으로 사람은 땅을 본받고 살아야 하며, 땅은 하늘을 본받고 살아야 하고, 하늘은 도(道)를 본받고 살아야 하며, 도는 자연을 본받고 살아야 하므로 자연(自然)이 곧 도(道)라고 하였다(人法地, 地法天, 天法道, 道法自然).

이와 같이 사람과 땅과 하늘의 삼자가 밀접한 불가분의 관계에 있기 때문에 인간은 하늘과 땅의 작용원리에 따라 살아야 한다는 의미이다. 노자의 말을 이해하기 쉽게 말한다면 노자가 말한 ‘자연’은 이성으로 생각할 수 있으며, ‘도’는 현실생활에 적용되는 실정법으로 생각해도 무방하다. 그래서 노자는 ‘무위자연(無爲自然)’이라는 유명한 말을 남겼다. 무위(無爲)의 상대적 개념으로 사용되는 용어는 유위(有爲)이다. 무위는 인위(人爲)가 없는 것으로 초세속적(超世俗的)이고 절대적 가치가 있는 반면에, 유위는 인위적이며 세속적(世俗的)이고 상대적 가치가 있는 것으로 서로 상반되는 개념을 지니고 있다.

‘무위(無爲)의 진인(眞人)’이라고 하는 사람으로 절대 주체를 세우고 도(道)를 확립했던 마조도일선사(馬祖道一禪師: 707~786)는 노자(老子)의 무위자연(無爲自然)에 대하여 다음과 같이 언급한바가 있다. “지혜 있는 사람은 무위(無爲)와 유위(有爲)를 병행하여 조화로운 생활을 하는 사람이어서 유위를 없애지도 않고 무위에 머물지도 않는다.”고 하였다. 이 말의 의미는 무위와 유위가 서로 다른 평행선을 가는 것이 아니고, 하나의 인격 속에서 융합될 수 있는 말로 무위와 유위가 대립하지 않고 하나로 통일될 수 있음을 보여주는 말이다. 대적선사(마조도일)는 또 노자의 “무위자연”에 대하여 아주 명쾌한 말을 하였다. 그는 ‘존재(存在)’와 ‘당위(當爲)’가 완전히 통일된 활동을 무위자연이라고 표현하고 무위자연을 도(道)라고도 한다. 대적선사가 해석하는 노자의 ‘무위자연’은 본(本)과 말(末), 당위(當爲)와 존재(存在), 형이상학(形而上學)과 형이하학(形而下學), 고행주의(苦行主義)와 쾌락주의(快樂主義), 절대적 가치와 상대적 가치, 탈세속적(脫世俗的)인 것과 세속적(世俗的)인 것들의 서로 상반된 가치들을 조화(調和)시켜 완전한 통일을 이루는 것이라고 하였다. 대적선사는 노자의 “무위자연”이 절대적 가치와 상대적 가치가 서로 조화를 이루고, 탈세속적인 것과 세속적인

영원한 인간관계

것이 적절하게 통일이 되고, 고행주의(苦行主義)와 쾌락주의(快樂主義)가 조화를 이루는 것이라고 하는 것으로 보면, 무위자연(無爲自然)이 바로 이성(理性)을 의미한다.

이성의 발견에 대한 위대한 철인들의 노력은 사회의 각종 제도와 법(法)을 제정하게 되는 원천이 되었다는 점에서 이성과 실정법이 불가분(不可分)의 관계임을 각인시킴으로써 현상세계를 다스리는 것이 무형의 이성이고 이성의 실천은 영혼의 이성이 주체가 된다는 것을 알게 된다. 영혼의 이성을 알지 못하거나 알고도 활용하지 않는 사람은 실정법에 제약을 받아야 한다. 이성에 의해 태동된법(실정법)은 인간의 생명, 재산, 자유와 사회질서를 지키고 보호하는 국민들의 동의를 얻은 사회계약이기 때문에 실정법에 따라 사는 삶이 질서를 유지하는 길이고 사회정의를 실현하는 이성의 실천자이기도 하다.

이러한 이성의 발견이 실정법의 근원이 되고, 합리적으로 제정된 법질서가 요구한 대로 따라 살면 행복한 생활을 보장받게 된다. 이성과 법과 인간생활과 불가분적인 작용관계, 즉 이성, 법, 인간생활의 3자에 대한 보이지 않은 관계성과 관계법칙을 이해함으로써 허공(空)의 세계를 볼 수 있는 마음의 눈인 심안(心眼)을 통해서 우주를 자유롭게 혼자 힘으로 걸어 다닐 수 있게 된다(乾坤獨步). 이러한 관계개념(關係概念)에 대한 인식의 변화를 요구하는 이유는 인간생활에서 일어나는 생활규범이 어떻게 해서 생겨났는지 눈에 보이지 않는 동인(動因)이 되는 불변의 원리를 마음의 눈으로 관조하게 되면 이성의 위력에 빠져들게 된다는 데서 그 이유를 찾아야 한다. 즉 모든 현상과 그것을 일어나게 하는 원인의 양자관계개념에 대한 인식의 전환은 현실에서 볼 수 있는 인간생활이 눈에 보이지 않는 불변의 법칙이 작용하고 있다는 작용인(作用因)에 초점을 맞추는 생각에 길들이기를 해야 한다. 작용의 원인에 초점을 맞추는 생각에 길들이는 사고의 전환은 일상생활에서 일어나는 모든 문제를 분석할 수 있는 분석능력을 더욱 향상시켜 주게 된다. 관념으로의 이성은 실천적 행위가 따라주지 못할 때 관념에 불과하며 이성의 본래의 취지를 상실하게 된다. 따라서 이론과 실제도 용어의 의미로는 서로 독립적인 것 같지만, 양자 사이에 상호 조화가 이루어지면 이론에 대한 가치가 현실화 되는 것을 알 수 있다.

서로 상반되는 가치인 절대적 가치와 상대적 가치의 양 극단을 피하고 양자가 조화를 통해서 통일될 수 있는 가치를 이끌어 낼 수 있듯이, 이상적인 이성법(理性法)을 현실의 실정법(實定法)에 통일시키어 실천하는 삶을 사는 것은 이성의 영혼의 이성이 지배하는 삶이라고 할 수 있다.

영원한 인간관계

3. 실천하는 양심(良心)

양심(良心)이란 어떤 행위에 대하여 옳고 그름을 판단하고, 선과 악을 구별하는 도덕적인 의식이나 마음씨를 의미한다. 또 양심을 『브리태니커백과사전』에서는 개인이 자기 자신의 행위, 의도, 성격의 도덕적 의미를 올바르고 착해야 한다는 의무감과 관련지어 파악하는 도덕의식이라고 말하고 있다. 양심은 정의(正義)와 불의(不義), 선악(善惡)을 구별하는 도덕적 의식이나 마음씨이다.

양심이란 용어는 정신과 마음에 내재한 사유적(思惟的)인 내면적 가치이지만, 양심이 실천단계를 거쳐 외부로 표출되었을 때 그 가치에 대한 효율성은 밝고 명랑한 사회를 만드는 토양이 된다. 양심은 교육, 문화, 유전적인 인자와 같은 외부적인 영향에 의해 생기지만, 양심을 쓰는 결정권은 자신의 도덕적 의식에 따라 선과 정의를 택할 수 있게 된다. 대부분 문화와 교육에 의해 주입된 내면적 양심은 어떤 행동에 대한 도덕성의 가치기준을 자신의 직관(直觀)을 통해 권위 있는 판단을 내리는 것으로 이해할 수 있다. 직관적인 판단에 의해 내려진 양심은 인류 역사상 대부분 그 존재를 인정하고 있음을 알 수 있다. 고대 이집트인들이 양심의 명령을 어기지 말라고 한 것도 "양심의 인도에서 벗어나면 반드시 두려움을 느끼게 되기 때문이다."라고 하는 것만 보아도 양심의 존재를 인정했음을 알 수 있다. 이 외에도 힌두교 신도들은 양심을 우리 내부에 살고 있는 보이지 않는 신으로까지 여겼으며, 서구의 퀘이커교도들은 "신의 내적인 빛"으로 표현하였다. 이들 종교인들은 양심이 내부에 살고 있는 신이요, 신의 내적인 빛이라고 말한 것은 바른 양심적인 마음 씀씀이를 통해서 진정한 의미의 행복한 삶을 살아가야 한다는 의미를 갖고 있다.

철학자나 사회학자들은 양심의 문제를 직관주의와 경험주의로 나누어 설명하고 있다. 직관주의자(直觀主義者)들은 양심을 옳고 그름에 대한 지각을 결정하는 타고난 직관력이라고 보는 견해를 갖고 있는 반면에, 경험주의자(經驗主義者)들은 양심을 미래 행위를 유발하는 과거의 경험으로부터 누적된 주관적 추론(推論)이라고 말한다. 그런가 하면 행동주의 학자들은 양심을 사회적 자극을 통해 학습된 반응으로 보기도 한다. 그들은 사회 환경에서 학습한 반응이 양심으로 나타난다고 한다. 프로이트는 인간의 성격을 3가지로 나누고 초자아(超自我), 이드(id), 자아(自我)로 분류하고 있다. 그가 말한 초자아는 이드(id)나 자아보다 늦게 발달한다고 하며 보통 '양심'으로 알려진 초자아는 "금지·비난·억제의 체계와 '자아이상'으로 알려진 일련의 관념을 포함한다."고 하였다. 그래서 초자아의 형성은 생후 5년 동안에 부모나 보호자에게서 생기며, 부모의 기준과 권위가 내면화되어 있음을 나타낸다고 하였다.

프로이트는 선악을 판단하고 양심의 기능을 영위하는 부분인 초자아(超自我)나 자아(自我)가 이드(id)에서 오는 본능적 충동이나 자신의 욕구 따위의 작용을 통제한다고 한다. 그는 도덕성·양심이라는 초자아가 개인의 무의식 속에 선천적이며 본능적 에너지의 원천인 이드(id)를 억제시킨다고 하였다. 그에 의하면 초자아(超自我)의 일부분인 양심은 부모의 인정(人情)과 처벌을 통해 도덕적 가치를 결합시킴에 따라 형성된다고 한다. 양심은 부모의 높은 정신적 도덕적 가치관이 바로

영원한 인간관계

자신의 양심을 배태시키는 요인으로 작용한다고 하였다. 이러한 초아적인 양심은 가족과 주변사회의 전통이나 관습을 내면화하여 사회질서를 위협하는 성충동과 공격충동을 억제하고 통제하는 데 주로 이바지하고 있다고 한다. 프로이트에 따르면 3가지 정신영역 중에서 가장 문제가 되는 것은 원시적인 육체적 본능인 이드(id)이다. 이드는 초자아의 일부분인 양심을 염두에 두는 것을 잊고 외부세계를 망각한 채 선악을 구별하지 못하고 성욕 및 공격 욕에 빠져들게 한다. 도덕성과 양심을 저버리고 쾌락과 고통의 원리에 따라 기능하는 이드는 외부세계를 의식하지 못하고 쉽게 망각하며 시간의 흐름도 인식하지 못하며, 논리적인 체계나 이성을 모르기 때문에 상호 모순되는 충동을 동시에 가질 수 있다고 한다.

그러면 우리는 외부세계를 망각하지 않고 모든 사회구성원이 공유하는 가치인 양심에 따라 살기 위해서 어떠한 마음가짐과 생활태도로 사는 것이 바람직 하는가에 대해 생각해보기로 하자.

양심을 잃지 않고 사는 최선의 길은 자신의 내면에 있는 이성적 영혼에 몰두하고 그 영혼을 사랑하고 존중하며, 불변하는 이성적 영혼을 불태워야 하며, 이성적 영혼이 불타오르는 소리를 스스로 체감할 수 있어야 하고, 타인들이 그 소리를 듣고 감화되었을 때 양심적인 삶을 살았다고 하지 않겠는가. 인간을 이성적으로 감화(感化)시킬 수 있고 천지를 감동시킬 수 있는 힘은 오직 영혼에서 나오는 것이며, 영혼의 위대한 힘은 영혼의 근본이 우주의 본성과 일치하는 힘을 가지고 있기 때문이다. 이러한 삶을 위해서는 양심을 영혼의 이성으로 끌어올려 일치시키고 몸과 마음을 닦는 수양(修養)의 길을 찾아 실행해야 한다.

양심(良心)을 바로잡고 바로 지키기 위해서는 생리적 욕구를 자제하고 정신과 육체를 닦음으로써, 정신의 정화(淨化)를 거쳐 덕인(德人)이 되려는 수행(修行)이 반드시 이루어져야 한다. 다음은 양심을 수행하는 길로 세심(洗心)하는데 필요한 사항을 들어 보자.

첫째, 선악을 인식하고 구분하는 양심과 정신능력을 자신이 스스로 시험하고 확인한다.

우주의 질서나 현상은 자연 스스로 정화하는 자정능력(自淨能力)을 갖고 있듯이, 인간의 본성도 선(善)과 정의(正義)를 지키려는 이성적 영혼이 작용하게 되어 있다. 그러나 영혼의 이성 힘이 약해지거나 혼미한 상태에 빠지게 되면 바로 양심은 무너지고 만다. 영혼의 이성이 약해지거나 혼미상태에 빠지지 않기 위해서는 사리판단(事理判斷)의 기준으로 선, 사랑, 정의, 공존의 가치를 측정의 잣대로 사용해야 하며, 특히 사리판단의 기본적인 기준은 선과 악을 구분하는 정신능력을 스스로 배양해야 한다.

일정한 논리나 기준에 따라 사물의 가치를 결정하는 판단력의 기준은 선(善)에 두어야 하며, 모든 일의 시작에서부터 끝까지 선에 일치되는지를 확인하는 마음의 훈련을 스스로 했을 때 양심을 지키게 된다.

둘째, 어떤 유혹에도 흔들리지 않는 양심은 비판적인 자기 시험을 통해서 수련하는 양심이어야 한다.

대부분의 사람들은 환경적 요인에 의해서 마음이 흐트러지거나 혼란해짐에 따라 정신이 혼미(昏迷)해지는 것이 문제이다. 그렇게 되면 물질적 가치나 이기적인 것에 눈이 쏠려 양심을 팔게 된다. 이러한 양심의 굴절을 막기 위해서는 자신을 비판하고 평가하는 자기가 만든 시험을 통해 수련해가는 양심이어야 한다. 자기가 출제하고 자

신이 치르는 시험문제는 최소한 다음과 같은 방식을 통해서 양심을
지켜야 한다.

① 선에 배치되는 마음을 가지고 있는가?
② 공익이 아닌 사익에 흔들리고 있는가?
③ 선행을 행하고 있는가?
④ 증오하는 마음을 갖지 안했는가?

이런 유형의 문제여야 하며, 만약 잘못이 있을 때 냉정한 평가와 반
성이 계속적으로 반복되어야 한다.

셋째, 양심의 가책(呵責)을 막기 위해서는 신념과 행실이 확고해지는
도덕성을 지닌 마음가짐과 행실(行實)이 일치하는지 스스로 판단하고
확인하여 한다.

자신의 양심에 대한 신념이 하나의 신념으로 머무르는 것이 아니고
행실로 현실생활에 반영시키어야 한다. 즉 양심에 대한 신념과 양심적
인 행실이 서로 일치해야 한다는 확고한 믿음을 의미한다. 만약 자신
의 양심에 대한 불확실성이 내재해 있다면 그것이 바로 양심의 가책
이다. 양심에 대한 불확실성은 가치관의 혼돈이며 자기정체성의 상실
이기도 하다.

넷째, 이성적 영혼이 내재된 양심은 일정한 목표를 향해 정의롭게
실행하는 마음씨를 말한다.

목표를 달성하는 과정상 유의해야 할 점은 일정한 목표를 향해 가
는 과정에서 정의로운 실천방법으로 행하는 양심을 말한다. 목표만을
이루기 위하여 절차상에 문제를 고려하지 않는 것이 아니고 절차나

과정에서 정의로운 행실을 보여주는 마음인 실행하는 양심을 말한다.

다섯째, 양심을 지키는 일은 자기 혼자 있을 때 합리적인 마음과 행동을 하는지 스스로 살펴서 지켜가는 자제력을 키워가야 한다. 자기가 자신을 어떻게 관리하고 있는지 스스로 확인하는 방법은 혼자 있으면서도 선하고 인자한 마음과 행실을 하고 있는지, 자연환경에 대해 한 치의 부끄러운 마음가짐이나 행동을 안 했는지, 반공익적인 마음이나 그런 일을 하지 않았는지를 스스로 확인하고 고쳐가야 한다.

양심의 생명력은 그것에 부합된 행동에 있으며, 양심과 행동은 합목적(合目的)적이어야 하고 공익적이어야 한다. 양심과 실천하는 행동과 관계는 분리될 수 없는 것으로 실행하는 양심을 말한다. 양심을 버린 행동은 사리의 분별력이 없어 지탄(指彈)의 대상으로 머무를 곳이나 의지할 곳이 없지만, 양심적인 행동은 사리(事理)에 합당한 공익에 도움을 주는 것으로 모든 사람들을 감동시켜 그들의 마음에 항상 머무르게 되는 법이다.

행동하는 양심은 선악을 구분할 줄 아는 양심이며, 비판적인 자기시험을 통해 갈고 닦는 양심이며, 양심에 대한 신념과 행실이 확고해지는 양심을 말하며, 목표를 향해 갈 때 정의롭게 실행하는 양심을 말한다. 양심과 실천하는 행동과의 관계는 마치 남녀가 합하여 한 가정을 이루고 부부가 선한 마음으로 의기투합(意氣投合)되었을 때 행복한 가정을 이루는 것과 같은 이치이다. 모든 일이 양심만으로 해결되는 것이 아니고 행동하는 양심이어야 하며, 양심을 져버린 행동은 사회의 비난거리에 지나지 않는다.

영원한 인간관계

6장

허욕(虛慾)과 수행(修行)

허욕(虛慾)과 수행(修行)

1. 인욕(忍辱)의 수행

인간생활은 다른 생명체들과 다르게 각자 가지고 있는 욕망 때문에 갈등과 고통을 자신이 스스로 만들어 내면서도 그 책임과 원망을 타인이나 외부환경에 돌리면서 살아가는 것을 예사로 여기며 살고 있다. 일이 잘 풀리지 않을 때 시련과 인내로써 자기변화의 노력이나 마음의 그릇을 크게 넓힐 생각은 하지 않고 지나친 허영과 허욕으로써 자멸한다. 외부의 환경에 적응하고 그 환경을 개선하기 위한 원동력은 자신의 마음가짐에 달렸다. 그래서 마음을 담는 용기(容器)에 따라 아무리 큰 행운을 주어도 실감하지 못하는 마음 그릇을 가진 사람이 있는가 하면, 마음 그릇이 큰 사람은 사소한 기쁨이나 행운에도 진심으로 감사하는 마음을 가지게 된다. 마음의 용기는 폭이 넓고 두텁고 크게 만들어야 외부환경을 수용하여 용해해내는 힘을 기르게 된다. 똑같은 외부환경에서도 어떤 사람은 행복하다고 생각하면서 사는 사람이 있는가 하면, 불평불만으로 가득 차 있으면서 불행한 생활을 하는 사람이 있다면 그 원인을 자신의 마음에서 찾아야 하는 것이 당연하지 않겠는가. 행복과 불행을 결정하는 결정적인 요인은 외부환경이 아니고 자신의 마음과 태도에 달려있음을 항상 잊지 않아야 한다. 문제는 환경을 바꾸느냐 아니면 자기 자신이 변화하느냐를 놓고 어느 하나를 선택하는 일이다.

대부분의 정치인들은 선거 때만 되면 공약 사항으로 썩어빠진 정치 풍토를 바로 고쳐서 건전한 정치문화를 만들어 놓지 않겠다는 정치인은 하나도 없었다. 그러나 그들의 약속대로 정치 환경을 바꿔 놓은 사람이 얼마나 있는지 반문하지 않을 수 없는 것이 현실이지 않는가. 어느 한 개인이 외부환경을 바꾼다는 것은 정말 쉬운 일이 아니다. 그렇다면 그 정답은 자기 자신이 변해야 하고 자신의 생각과 마음을 바꾸는 것이 가장 현명한 일이다. 내가 변한다는 것은 내 생각이 긍정적으로 변화한다는 것을 의미하고, 그것은 행동의 변화를 의미하며, 행동이 달라지면 그에 대한 세상 사람들의 반응도 달라지는 것이 당연한 이치이다. 자기 자신의 긍정적인 변화는 자신의 생각과 마음이 변해야 하고, 마음의 변화는 행동의 변화이고, 그 행동은 세상 사람들에게 영향을 미쳐 밝고 명랑한 사회로 변화하는데 긍정적인 효과를 기대할 수 있다.

우리들은 흔히 마음을 비워야 한다는 말은 자주 하면서도 괴로움과 고통이 밀려오면 감당하기 어려운 것이 사실이다. 그렇지만 삶이란 것은 일상생활 속에서 일어나는 현상들을 접하면서 당면한 어떠한 일도 극복해 나가지 않으면 안 되는 것이 바로 인생살이다. 당면한 그 현실을 극복하는데 결정적인 요소는 마음의 역할이다. 즉 현상계에서 일어나는 일들을 무형이라는 마음의 작용에 의해 극복해야 하는데, 그것은 인본주의에 대한 확실한 믿음이 있어야 한다. 일상생활에서 일어나는 문제는 대부분 물질적 문제나 권력과 관계되는 일이나 남녀 간의 애정문제와 같은 일들로 보아야 한다. 문제의 대상인 물질, 권력, 애정으로 인해 인간을 멸시하거나 사회질서가 파괴되어 인간을 불행하게 해서는 안 된다는 사실을 대부분의 사람들은 알고 있으면서도 한순간을 참지 못한 데서 마음에 중심이 흔들리게 된다. 그러나 이러한 욕망의 끈을 자르지 않거나 모욕과 박해를 받고도 참고 견디지 못하는 것은 자기와의 싸움에서 패배(敗北)를 스스로 인정하는 것과 다르지 않다. 그 이유는 자신의 마음을 다스리지 못한 데 있으며, 특히 인격적으로 무시당하는 모욕적인 것이나, 불타오르는 애욕과 성욕을 참고 견디지 못한 데 있는 것이다. 인간이 살면서 모욕적인 일이나 억울한 일을 당하면서 이를 극복하는 것은 인욕행(忍辱行)에 대한 학습과 수행이 따라야 한다. 인욕공부는 세상에 다시없는 억울한 일이라도 잘 참고 세상에서 그 어떤 일에도 비할 수 없는 큰 피해를 받더라도 잘 참는 것이 인욕공부이며, 그 인욕공부의 결과는 필경에 이르러 큰 깨우침에 이르게 되는 법이다. 인욕의 수행을 하는 사람은 인도(人道)를 알고 행하는 사람으로 창공을 나는 새와 같이 이 우주를 혼자서 자유롭게 살아가는 사람이다.

다음은 열악한 환경을 인욕으로 살아온 한 여인에 관한 이야기를 소개하려고 한다.

2차 세계대전 중에 남편을 따라 캘리포니아주 모하비(Mojave) 사막에 있는 육군 훈련소에서 있었던 한 부인의 이야기를 소개한다. 톰슨이라고 부르는 이 부인은 남편이 훈련에 나가면 섭씨 46도를 오르내리는 지독한 무더위와 바람에 날리는 모래가 음식에 섞이기 일쑤였던 통나무집에서 그리고 이웃과 언어소통이 전혀 불가능한 환경에서 혼자 남아 지내야 했다고 한다. 그녀는 이곳에서 도저히 살 수 없다며, 차라리 교도소가 낫겠다고 친정아버지께 편지를 써 그 딱한 사정을 알렸었다. 그러나 친정아버지의 답장에는 예상과는 달리 다음과 같은 내용이 달랑 두 줄만 적혀 있어 순간 이상한 생각이 들었다고 한다.

"감옥문 창살 사이로 내다보는 두 사람, 한 사람은 흙탕을 보고 다른 한 사람은 별을 본다." 톰슨 부인은 이 편지내용에 충격을 받고 이 두 줄의 글이 그녀의 인생을 바꾸어 놓았다고 한다. 그녀는 곧 그곳의 낯선 이웃들과 친구가 됨은 물론 최악의 열악한 환경을 극복하고 대자연을 깊이 관찰하고 연구한 끝에 『빛나는 성벽』이라는 책을 출판하기까지 했다고 전해지고 있다. 톰슨 부인이 생각을 바꾼 것이 바로 불행의 포로에서 베스트셀러 작가로 변신할 수 있었으며 이것이 계기가 되어 새로운 인생을 살아가게 되었다고 한다. 흙탕을 보고 절망하며 살 것인가, 아니면 별을 바라보며 희망 속에서 살 것인가? 이것은 자기 자신의 마음으로 결정해야 할 선택의 문제이다. 교도소에 비교했던 열악한 환경을 극복해낸 톰슨 부인의 선택은 그녀의 인욕(忍辱)이 만들어낸 결과이다.

불교에서는 인생을 불에 타고 있는 집이라는 뜻으로 화택(火宅)이라고 하는데, 이 말은 번뇌와 고통이 가득한 속세를 비유적으로 표현하는 말이다. 번뇌와 고통의 도가니 속에서 사는 인생을 현명하게 사는 방법은 열악한 환경을 참고 이겨내는 인욕의 수행이 제일의 처방이라고 생각한다. 또 『법화경』에서는 인생살이를 천계(天界), 지계(地界), 인계(人界)인 삼계(三界)의 번뇌가 마치 불타는 집 속에 사는 것과 같다는 뜻의 말로 삼계화택(三界火宅)에 비유하기도 한다. 인생을 삼계의 번뇌가 마치 불타는 집 속에 사는 것과 같다는 비유는 항상 걱정, 고민과 고통, 절망이 혼재되어 있는 곳에서 살고 있다는 의미의 말이다. 불이 나면 불을 꺼야 하고 싸움을 하면 못하게 말려야 하듯이, 괴로움이나 고통과 같은 번뇌(煩惱)가 일어나면 이것을 달래고 치유하는 정신적인 장치가 있어야 번뇌의 불에 타지 않고 살아갈 수 있지 않겠는가. 보통 사람도 많은 수행을 통해서 마치 타고있는 불을 바람이 불어와 꺼 버리듯이, 타오르는 번뇌의 불꽃을 지혜로 꺼서 일체의 번뇌와 고뇌를 소멸시킬 수 있다는 확신을 가져야 한다. 이런 것을 열반(涅槃)이라고 하는데 열반을 쉽게 풀어보면 번뇌의 불을 끄고 선(善)한 일 하면서 사는 것이 열반에 이른것이라고 생각해도 괜찮을 듯하다. 불교교리에 중생을 교화하려는 사람을 보살(菩薩)이라고 하는데, 보살이 깨우침에 이르기 위해서는 육바라밀(六波羅蜜)이라고 하는 보시, 지계, 인욕, 정진, 선정, 지혜의 여섯 가지의 수행을 통해서 번뇌의 불을 끌 수 있으며 마음이 고요한 상태에 이른다고 한다. 물론 보살이 열반에 이르기 위해서는 육바라밀(六波羅蜜)인 자비심으로 남에게 재물이나 불법을 베풀어 주는 보시(布施), 계율(戒律)을 어기지 않고 잘 지키는 지계(持戒), 치욕스러운 일이나 모든 모욕과 박해를 받고도 참고 견디며 화를 내거나 한탄하지도 않는다는 인욕(忍辱), 정성을 다하여 노력해 가며 잡념을 버리고 불법(佛法)의 진리를 깨우치기 위해 수행에 힘쓰는 정진(精進), 참선하여 마음의 내면을 닦아 삼매경(三昧境)에 이른다는 선정(禪定) 그리고 사물의 이치나 상황을 제대로 깨닫고 그것

영원한 인간관계

에 현명하게 대처할 방도를 생각해 내는 정신능력인 지혜(智慧)의 수행(修行)이 필수적이라고 생각한다. 이와 같은 육바라밀의 여섯 개의 덕목이 다 중요하지만, 특히 그중에서도 인욕(忍辱)의 수행은 다른 다섯 덕목을 수행하는데 필수적 요소라고 생각한다. 인욕(忍辱)은 보시(布施)를 할 때도, 계율을 지키고 따르는 지계(持戒)를 할 때도, 불법을 수행하는 정진(精進) 과정에서도, 마음의 내면을 닦는 선정(禪定)에 임할 때도, 그리고 사물의 이치나 상황을 제대로 깨닫는 지혜(智慧)를 갈고 닦는 수행(修行)과정에서도 이 인욕은 필수적 덕목이다. 인욕은 자연의 섭리이자 진리라는 사실을 확신해야 한다. 자연의 섭리(攝理)를 따라 사는 것이 원칙이요, 섭리를 거역하는 것은 법을 어기는 것과 다르지 않으며, 법을 따르지 않는 것은 질서를 파괴할 뿐만 아니라 생명을 빼앗아가기도 한다.

자연의 섭리를 거역해서 나비의 생명을 잃게 했던 한 여인의 이야기를 소개하려고 한다. 이 이야기는 카프만 부인이 쓴 『광야의 샘』이라는 책에서 인용한 내용이다.

어떤 여인의 책상 위에 누에고치가 여러 개 놓여 있었는데, 그 가운데는 누에나방이 나온 것도 있고 그렇지 못한 고치도 있었다. 그런데 이 누에고치들을 보고 있다가 이상한 점을 발견하게 되었다고 한다. 그것은 누에나방이 나온 고치에는 신기할 정도로 작은 구멍이 뚫어져 있었다. 그 여인은 아무리 봐도 그 작은 구멍으로 도저히 누에나방이 나온다는 것이 믿어지지가 않았다. 그런데 어느 날 한 마리의 누에나방이 작은 구멍을 만들어 나오고 있었다. 그 여인은 구멍이 너무 작아서 도저히 나올 것 같지 않은데 누에나방이 긴 시간을 통해 갖은 몸부림을 치며 용케도 나오고 있는 것을 보고 가엾은 생각이 들었다고 한다. 그래서 그 여인은 다른 누에나방이 세상에 편하게 나오도록 도와주기 위해 가위로 누에고치의 구멍을 크게 만들어 주었다. 그러자, 다른 누에나방은 날개가 찢기는 등 갖은 고통을 당하며 누에고치에서 겨우 빠져나오는 데 반해, 가위로 크게 구멍을 내준 고치에서 나온 나방은 아무런 상처 없이 쉽게 나와 아름다운 날개를 펄럭였다고 한다. 그것을 보고 있던 여인은 자기가 한 일을 스스로 잘했다고 생각했었다. 그런데 이게 어떻게 된 일인가! 잠시 뒤에 벌어진 상황은 예상과는 전혀 다른 대조적인 모습이었다. 작은 구멍을 통해 힘들게 비집고 겨우 세상으로 나온 나방은 한 마리 한 마리씩 날개를 치며 공중으로 훨훨 날아오르는데, 가위로 구멍을 뚫어준 고치에서 쉽게 나온 나방은 날개를 푸드덕거리다가 날지 못하고 그만 비실비실 책상 위를 돌더니 지쳐서 잠잠해져 버리는 것이 아닌가. 이 과정을 끝까지 지켜본 여인은 누에나방이 작은 구멍으로 나오며 애쓰는 동안 힘이 길러지고 물기가 알맞게 마르기 때문에 자연스럽게 날게 되지만, 그 과정을 겪지 않고 쉽게 나온 나방은 순간적으로 편하게 나오긴 했지만, 날을 수가 없다는 이치를 크게 깨달았다고 한다.

바로 그 여인은 인욕(忍辱)의 진리가 자연계를 지배하고 있는 원리이자 법칙인 자연의 섭리(攝理)라는 것을 미처 생각하지 못하고 그때야 깨우치게 되었다고 한다. 우리들의 삶도 스스로 애써 힘들게 작은 구멍을 빠져나와 훨훨 날아가는 나비처럼 고난과 고통과 역경을 스스로 딛고 일어서는 인욕 할 줄 아는 사람은 장래가 보장되지만, 그렇지 않고 온실 속에서 자란 화초같이 어려움이 없이 크고 부족함이 없이 살아온 인욕을 모르고 자란 사람은 난관에 처하면 쉽게 포기하거나 좌절하는 것이 세상의 이치라는 것을 명심해야 한다.

영원한 인간관계

산전수전(山戰水戰)의 어려운 고비를 겪으며 살아온 사람은 어떠한 고난과 역경과 치욕에도 굴하지 않고 꿋꿋이 살아갈 수 있으며, 이러한 사람은 바로 인욕(忍辱)하는 지혜로운 마음을 견지(堅持)해온 훌륭한 삶을 사는 사람으로, 진리만을 의지하며 믿고 따라 행하는 행동하는 양심을 가진 사람이기도 하다.

카프만 부인이 쓴 위의 글에서 받아드려야 할 또 다른 교훈은 우리 주변의 사람들이 어려움에 처해 있을 때, 생각을 해주고 고통과 어려움을 덜어주고 도움을 준다는 것이 오히려 그 사람의 장래를 망치게 할 수 있다는 것을 깨우치게 해주는 교훈이기도 하다. 그런다고 해서 어려움과 역경에 처해 있을 때 전혀 도움을 주지 말라는 뜻이 아니고 살아가면서 겪게 되는 각종 고통과 좌절, 역경과 온갖 슬픔들이 오히려 희망과 용기를 갖게 하여 단단한 삶의 터전을 마련하는 초석이 될 수 있다는 말이다. 만약 꼭 도움을 줘야 할 필요가 있을 때는 반드시 상대방이 어떠한 모욕과 박해를 받고도 참고 견디며 화를 내거나 한탄하지 않는 사람인가를 확인하고 도와줘야 한다. 바로 그런 사람은 치욕스러운 일을 참고 견디면서 육체적, 물질적 욕망이 없는 인욕행(忍辱行)을 하면서 살아갈 수 있기 때문이다.

인간의 본성에는 자기보존본능이 본래부터 자리하고 있다. 대부분의 사람들은 본능에 따라 어떠한 위험에 처하게 되면 그 위험을 피하려는 어떤 방도를 찾게 되듯이, 분노, 슬픔, 고통, 난관과 같은 번뇌로 시달림을 당하게 되면 반대급부(反對給付)를 찾게 되는 것이 생존본능이다. 그래서 공자는 "무례한 사람의 행위는 내 행실을 바로잡게 해주는 스승이다."라고 한 것도 같은 맥락으로 이해할 수 있다. 범인(凡人)들은 무례한 버릇없는 행위를 보거나 자기가 그런 일을 당하면 속이

뒤틀리고 안색이 달라지며 역정이 나는 것을 당연하게 생각하겠지만, 비범(非凡)한 사람은 그 무례한 행위를 한 그 사람을 스승으로 생각하는 사고의 전환을 통해서 상반(相反)된 가치를 찾는 지혜를 발휘한다. 바로 그 지혜는 수치(羞恥)나 모욕을 당하더라도 조금도 그에 동요하지 않고 불편한 처지를 인욕으로 극복하며 반대급부의 새로운 가치를 찾아내는 것이 지혜로운 삶이다. 그러면 인욕에 대하여 보다 구체적으로 생각해보기로 하자.

인욕(忍辱)은 법인과 생인으로 나누며, 진실 된 실상(實相)을 얻는다는 의미의 법인(法忍)과 삼계(三界:욕계, 색계, 무색계)의 중생들이 생과 멸(生滅)의 두 가지 소견에 집착하는데 이것이 거짓이라는 것을 알고 탐욕, 성냄, 어리석음, 의심, 교만을 끊어버린다는 생인(生忍)의 두 가지가 있다.

만약 보통 사람이 탐욕, 성냄, 어리석음, 의심, 교만을 끊고 사는 생인(生忍)을 한다면 한량없는 복덕(福德)을 얻게 될 것이며, 진실 된 실상을 얻는다는 법인(法忍)을 행하면 지혜를 얻게 된다고 한다. 그러면 인욕과 관련하여 『불교와 선 그늘 속 이야기』 쓴 전윤 스님의 글을 인용해 보려고 한다. "만일 나쁜 말로 꾸짖음을 당하거나 몽둥이로 때림을 당하더라도 죄와 복의 인연을 알고, 모든 법의 안팎이 끝내 공(空)하여 '나'와 '내것'이 없음을 생각하여 세 가지 법인(三法印: 無常印, 無我印, 涅槃印)으로 모든 법을 대조하기 때문에 힘으로는 능히 당할 수 있으나 나쁜 마음과 나쁜 말을 일으키지 않습니다."라고 하였다. 그는 인욕에 관하여 다음과 같은 세 가지 의문과 그에 대한 답을 이렇게 말하고 있다.

그의 첫째 물음은 "왜 공경과 공양을 참아야 하는 것이겠습니까?"

이 말은 다른 사람이 나를 정신적으로나 물질적으로 섬기는 고마움에 대하여 참아야 한다는 의미이다. 그는 참아야 하는 이유를 두 가지 번뇌가 일어나기 때문이라고 하였다. "첫째는 사랑에 속하는 매듭이요, 둘째는 성냄에 속하는 매듭입니다. 공경과 공양에 대하여 화를 내지는 않지만, 마음으로 애착케 하나니, 이를 부드러운 도적(軟賊)이라 합니다. 그러므로 여기에 잘 참아서 스스로 집착하지 말고 사랑하지 말아야 합니다."라는 말은 보통 사람이 하기에 쉽지 않은 일을 참고 극복하라는 것이다. 정신적 물질적인 유혹을 끊는 데는 번뇌를 일으키는 원인이 되는 싹을 사전에 잘라내야 하고, 그러기 위해서는 미리 악의 결과를 내다보는 혜안을 갖고 우선 공경과 공양을 받는 것을 참고 견디는 인욕으로 이겨내야 한다는 말이다.

둘째 물음은 "성내는 사람에게는 어떻게 하여야 참을 수 있겠습니까?"라는 물음에 "모든 중생은 죄지은 인연이 있어서 서로 침해한다. 나 또한 지금 시달림을 받는 것도 전생의 인연일 것이다. 비록 금생에 지은 것은 아니지만 전생에 내가 저지른 나쁜 갚음을 이제 받는 것이니, 응당 달게 받아야 한다."라고 하는 말은 인과응보의 인연법(因緣法)이라는 진리를 인욕으로 극복해야 한다는 의미로 생각된다.

셋째 물음은 보살은 어떤 중생이 와서 괴롭히거든 스스로 생각하기를 "이는 나의 친구이며, 스승이다."라고 생각하며 더욱 친절하게 공경하는 마음으로 대해야 합니다. "그 이유는 무엇입니까?"라고 물으면서 이렇게 답하고 있다. "그가 온갖 고통으로 나를 괴롭히지 않는다면 나는 인욕의 행을 이룰 수 없다. 그러므로 말하되 그는 나의 친한 친구이며, 또 나의 스승이라 하노라." 바로 이 말에는 오묘한 불교의 가장 본질적인 중요한 부분을 설명한 것으로 볼 수 있다. 바로 인욕수행의 절실함은 세속을 떠나 깊은 산중에 있는 사찰에서 보다도 혼탁한 사회에서 더욱 필요함을 느끼게 한다. 보살이라는 말이 불교에서 사용되는 용어이지만, 일반 사회에서는 사회지도자의 개념으로 해석해도 무방할 것이다.

석가모니 부처님은 인욕에 대하여 게송으로 다음과 같은 말씀을 하였다고 한다.

성냄을 죽이면 평온하며, 성냄을 죽이면 후회가 없으며, 성냄이 독의 근본이어서 모든 선근(善根)을 멸해 버린다. 성냄을 죽이면 부처님(본불)이 칭찬하고, 성냄을 죽이면 근심이 없다.

또 무엇을 법인(法忍)이라 하는 것입니까라는 물음에 답하기를 “공경하고 공양하는 모든 중생과 온갖 화내고 괴롭히고 음욕(淫慾)스러운 사람에 대하여 잘 참는 것을 생인(生忍)이라 하고, 공경, 공양하는 법과 성내고 음욕스러운 법을 잘 참는 것을 법인(法忍)이라 합니다. 또 법인이라 함은 안의 여섯 개인 안, 이, 비, 설, 신, 의(眼, 耳, 鼻, 舌, 身, 意)의 감정에 집착(執着)하지 않고, 밖의 여섯 티끌 색, 성, 향, 미, 촉, 법(色, 聲, 香, 味, 觸, 法)을 받아들이지 않고, 이 두 가지에 분별을 내지도 않으니, 안 모양이 바깥과 같고 바깥 모양이 안과 같아서 두 모습을 모두 얻을 수 없기 때문이며, 한 모습 때문이며, 인연으로 화합되었기 때문이며, 그 실체가 공(空)하기 때문이며, 모든 법의 모습이 항상 청정(淸淨)하기 때문이다.”라고 하였다.

인욕은 안의 여섯 감정(눈, 귀, 코, 혀, 몸, 뜻)에 집착하지 않고, 밖의 여섯 티끌(물질, 소리, 향기, 맛, 감각, 법)을 받아들이지도 않고, 이 두 가지를 나누려고 하지 않는 것은 그 실체가 텅 비어 있는 공(空)이기 때문에 모든 것을 인욕으로 극복해야 한다고 하였다. 불법의 가르침에 의하

영원한 인간관계

면 법(法)에는 마음의 법인 심법(心法)과 마음이 아닌 현상계의 법인 색법(色法)으로 나누고, 마음 안의 것으로 목마름, 늙음, 앓음, 죽음 등이 있으며, 밖의 것으로는 비, 바람, 추위, 더위 등이 있다고 한다. 특히 불교에서 강조하는 것은 마음의 법인 심법을 두 가지로 나누고 있는데, 하나는 성냄, 근심, 의심 등이며 다른 하나는 음욕(貪), 교만(慢) 등이 있어 이 두 가지를 마음의 법이라고 한다. 이 마음의 법을 인욕으로 다스리는 사람에게는 세상을 경영할 수 있는 자질을 갖춘 자이지만, 자신의 마음을 다스리지 못하는 사람은 자기 몸과 가정을 이끌어 가기도 어려운 것이 당연한 이치임을 깨달아야 한다.

전윤 스님은 "부귀한 사람은 항상 걱정과 근심으로 재물을 지키나니, 마치 살찐 염소는 일찌감치 푸줏간 말뚝으로 끌려가고, 고기를 문 새는 뭇 새에게 쫓기는 것과 같기 때문이다." 이 말은 유효소비의 한계를 벗어나 많은 재물을 갖는 것은 생명을 단축시키거나 많은 사람으로 하여금 비난과 공격의 대상에서 자유롭지 못한 것이니, 인욕으로 유혹과 탐욕을 미리 예방하라는 것에 비유하는 말이다. 또 부처님께서는 "가난한 사람은 굶주리고 추운 고통이 있고, 집을 떠난 사람은 금생에는 비록 괴로우나 나중에는 복을 받고 도(道)를 얻을 것이요, 집에 있는 사람은 금생에는 즐거우나 나중에는 괴로움을 받고, 어리석은 사람은 먼저 이 세상의 즐거움을 구하거니와 무상(無常)이 이르면 나중에는 고통을 받고, 지혜로운 사람은 무상의 고통을 생각하다가 나중에는 즐거움을 받고 도를 얻게 되니, 이렇듯 몸을 받은 이는 괴롭지 않는 것이 없다. 그러므로 보살은 인욕을 닦아야 한다."고 하였다. 이 말은 인생은 본래 괴로운 것이니 모든 현상이 계속하여 생겨나고 없어지고 변하여 그대로인 것이 없다는 무상(無常)을 인욕하는 마음으로 항상 생각하다 보면 나중에는 즐거움과 도를 얻게 된다는 말이다. 따라서 부처님께서는 "불법(佛法)의 진실한 모습은 받아들이지도 않고 집착하지도 않는 것이거늘 삿된 소견을 가진 자는 있음도 없음도 아니라 함은 받아들임이요, 집착입니다. 이것이 진짜 어리석음입니다. 집착을 내지 않으면 무너뜨릴 수도 없고, 깨뜨릴 수도 없습니다."라고 하였다. 인간이 집착을 갖지 않는다는 것은 쉬운 일이 아니며, 집착을 하지 않으면 당장 손해를 본다는 짧은 생각이 들기 때문에 결국 손해를 보고 난 후에 후회하는 우를 범하게 된다. 대부분의 사람들은 사람에 대한 집착, 사랑에 대한 집착, 물질에 대한 집착, 생각에 대한 집착, 종교에 대한 집착, 나에 대한 집착, 생명에 대한 집착, 돈과 명예, 권력, 지위 등에 대한 집착 등 다양한 생각에 빠져 희비와 고락이 교차하는 생활을 한다. 그렇지만 이러한 집착의 대상들이 집착할 만한 것이 아니라는 사실을 이해하기 위해서 모든 것들의 공통적인 특징을 살펴보고 그 방안이 무엇인가를 알아보도록 한다.

이 모든 것들의 첫 번째 공통적인 특성은 그 모든 것들은 변한다라는 '제행무상(諸行無常)'을 들 수 있다. 제행(諸行)이란 몸의 행위, 입의 행위, 뜻의 행위(身, 口, 意)를 말하며, 무상(無常)이란 영원함이 없다는 뜻으로 모든 것이 다 변한다는 의미이다. 그렇다면 사랑이 변하지 않을 수 없고, 사람도 변하지 않을 수 없으며, 돈도 명예도 권력도 변하지 않을 수 없으며, 재산도 항상 그대로 있을 수 없으며, 생각, 종교, 사상, 등 모든 것들이 변하지 않은 것이 없다는 무상(無常)의 진리를 특징으로 들고 있다. 우리가 무상의 대상이 실체가 아니기 때문에 인연이 다하면 사라지게 되는 것들을 붙잡아 두려고 그것에 집착하는 것은 논리의 모순일 뿐만 아니라 제행무상의 진리에 배치되는 일이다.

우리가 집착하는 모든 것이 변하기 때문에 무언인가에 집착한다는 것은 바로 허망함과 공허함을 느끼게 될 뿐만 아니라, 믿고 있던 것들이 실제가 아니고 가상(假像)이었다는 것이 밝혀지면 괴로움과 고통에서 벗어나기 어려운 것이다. 따라서 집착은 반드시 괴로움을 몰고 오는 것이 영원한 진리임을 재인식해야 한다.

두 번째 집착의 대상이 되는 것들의 공통적인 특성은 고정된 참다운 자아의 실체가 존재하지 않는다고 하는 '제법무아(諸法無我)'를 들 수 있다. 권력이나 높은 명예나 지위에 집착하고 있는 것은 자기와 지위를 동일하게 생각하는 잘못된 인식에서 비롯된 것이다. 그 잘못된 인식은 지위라는 정체성이 나를 존경의 대상으로 여길 것으로 생각하면서 보다 많은 사회적 영향력과 물질적 욕구가 충족될 것이라는 착각에 빠지게 한다. 나의 직위나 재력에 집착하는 것은 마치 꿈속에서 호화스러운 생활을 실제인양 착각하는 것과 다르지 않다. 이 세상에 존재하는 모든 사물은 인연에 의해서 생기는 법이며, 인간 역시 영원하고 불변하는 본성(本性)인 나는 존재하지 않는다는 진리가 제법무아(諸法無我)라는 것을 망각하고 집착의 고리를 끊지 못하게 되면 노후에야 인생의 무상함을 알게 된다. 진짜 나는 상이 없다고 한다(眞我無相). 사실 이 말은 일찍이 남명이라는 노승이 필자에게 내려 준 휘호(揮毫)에 담긴 글이라서 소중하게 간직하며 내가 '참 내가 아니다.'라는 이 말을 귀감으로 여기고 살아오고 있다. 이러한 진리의 가르침을 실행하는 데는 말로 표현하기 어려운 비장한 각오와 인내와 역경이 따르게 되며, 이것이 바로 아상(我相)의 집착에서 벗어나기 위한 인욕행(忍辱行)이다. 그러면 인욕행의 수행방법으로 다음 세 가지가 있다.

① '나는 진짜 내가(眞我)가 아니다.'는 말을 하는 것을 습관화 한다. 나는 '진아무상(眞我無相)'이라는 이 말을 아침 잠자리에서 일어날 때, 정오에, 저녁 잠자리에 들기 전에 꼭 이 말을 하는 습관을 생활의 한 부분으로 여기고 실행한다.

② 집착의 요인이 되는 물질, 부, 권력, 명예, 사랑, 공경과 공양, 시기(猜忌), 모함(謀陷), 잘난 체, 똑똑한 체, 아는 체, 있는 체하는 등의 것들은 모두가 실체(實體)가 아니고 주관으로 그렇게 보일 뿐 실제로는 존재하지 않는 거짓 형상인 가상(假像)이요 환영(幻影)이라는 것을 내면화해야 한다. 나는 물욕, 권력욕, 명예욕, 애욕이 가상(假像)이요 환영(幻影)이라는 것을 확신하고 어떠한 유혹에도 인욕으로 이를 극복해야 한다. 이것도 ①의 경우와 똑같은 방법으로 실행한다.

③ 인류의 평화나 공익과 공영을 위해 학문의 연구와 진리를 탐구하는 과정에서 일어나는 여러 가지 헛된 탐욕(貪慾), 분노·노여움인 진에(瞋恚), 어리석음인 우치(愚癡)와 같은 '탐·진·치'를 인욕으로 극복해내야 한다. 내가 가는 길에 절대적인 마군(魔軍)은 바로 세 가지 독(毒)인 '탐·진·치'라고 소리 내어 말한다. 이것 역시 위의 방법과 동일하게 행해야 한다. 사실상 인욕의 주체도 수행의 대상도 나 자신이기에 자기 스스로 갈고 닦아야 한다. 인욕은 타인이 시켜서 하는 일이 아니고 스스로 결정하고 스스로 혼자서 갈고 닦아야 하는 외로운 수행의 길이다.

인욕행(忍辱行)에 대하여 세 가지 수행방법을 제시한 것은 생각하는 훈련을 통해서 마음에 확신을 갖게 되면, 행동에 변화를 일으켜 세상을 밝게 해주고 따뜻하게 해주는 빛과 소금과 같은 역할을 하게 될 것이라는 믿음에서 비롯된 것이다.

인욕(忍辱)의 수행은 보살이 닦아야 함은 물론이고 불교신도가 아니더라도 사회지도자 입장에 있거나 장래에 원대한 꿈을 가진 사람이라면 누구나 새겨듣고 실천해야 할 진리의 가르침이다. 인간이 살다보면 생사가 달린 큰 사고(事故)나, 불의에 사고로 인해 직장을 잃게 되는 경우와 같은 최악의 일이 발생할 경우에 몰아닥치는 예상치 못한 아픔과 비애와 고통이 삶의 의욕을 상실하게 하는 경우가 있을 수 있다. 이러한 경우에 대비해서 인욕의 마음훈련을 해야 한다. 최악의 가상적 상황이 일어났다는 가정에서, 대처능력을 기르는 안목을 가지고 사는 지혜는 우선 인욕으로 최악의 상황을 수용하고 여유를 잃지 않는 안정된 마음으로 체계적인 대안을 마련하고 절차상에 문제까지를 고려하는 접근법을 늘 염두에 두어야 한다.

　인욕의 수행은 모든 현상을 보는 사고(思考)의 틀을 확고하게 만들어 놓고 그 틀 안에서 추리(推理)하는 것이 인욕의 수행에 도움이 될 것으로 안다. 사고(思考)의 틀은 사고할 때 일정한 원칙을 만들어 놓고 적용시키는 사고방식이라고 말할 수 있다. 인욕수행에 탄력(彈力)을 주기 위해서는 첫째 인욕의 필요성이나 원인(因)을 생각하고, 둘째 어떤 인욕의 결과(果)가 나타날 것인가를 생각하며, 셋째 그 결과는 누구에게 어떻게 영향(報)을 미치게 되는가 하는 인과응보(因果應報)의 법칙에 따른 생각하는 마음의 작용을 뜻한다. 이러한 인과응보의 법칙을 적용하는 사고방식은 인욕수행(忍辱修行)을 하는데 크게 도움이 된다.

2. 12인연법(因緣法)의 지혜(智慧)

본 절에서는 불교의 핵심이 되는 연기법에 대한 가르침을 인용하여 지혜로운 삶을 사는 근본원리인 진리를 깨우쳐 실행하도록 하는데 그 의미를 두고 있다. 따라서 특정 종교에 대한 편애가 있지 않느냐는 우려가 없기를 바라며, 오직 진리의 측면만을 생각했다는 점에 대하여 양해를 바랍니다.

『법구경』에는 다음과 같은 말이 있다. "마음이 원래부터 없는 이는 바보이고, 가진 마음을 버리는 이는 성인이다. 비뚤어진 마음을 바로잡는 이는 똑똑한 사람이고, 비뚤어진 마음을 그대로 간직하고 있는 이는 어리석은 사람이다."라고 하였다. 12인연법을 배우려고 하는 목적이 바로 비뚤어진 마음을 버리고 바른 마음으로 살아가려는데 있다.

12인연법인 연기설(緣起說)은 인간의 내면에 가지고 있는 전세(前世)부터의 길들어진 습성(習性)이라고 하는 숙습(宿習)에 영향을 받으면서 살다가 그 습성을 버리지 못하고 늙어 죽음에 이르게 되는 과정을 과학적이고 체계적으로 설명해주고 있다. 전생의 업이 생겨나는 원인과 업이 미치는 영향과 결과가 진행되는 과정을 체계화한 이론이자 진리의 가르침이다. 전생의 숙습(宿習)이나 업(業)은 현세(現世)의 삶에 절대적인 영향을 미치고 있다고 한다. 업(業)이라 함은 몸과 입과 마음으로 짓는 선악의 소행으로, 좋은 결과를 가져오는 원인이 되는 착한 일인 선업(善業)과 나쁜 결과의 원인이 되는 전생(前生)의 나쁜 행위인 악업(惡業)으로 구분할 수 있다. 주로 문제가 되는 것은 악업이며, 이것이 바른 삶을 살지 못하게 하는 방해꾼으로 보아야 한다. 우리가 흔히 하는 말로 몸에 밴 습관은 고치기 어렵다고 하는 숙습난방(熟習難防)이라는 말에서도 알 수 있듯이, 더구나 전생에서부터 물려받은 습관인 숙습(宿習)을 바로잡기란 정말 힘든 일이 아닐 수 없다. 이와 같은 전생에서 물려받은 숙습과 내가 지은 잘못된 습관을 고치기 위해서는 그것이 어떻게 생겨나서, 어떻게 영향을 미치는지를 알아야 한다. 탐욕, 증오심, 어리석음과 같은 일체의 번뇌를 끊어버리기 위해서는 먼저 업(業)이 일어나는 원인에서부터 죽음에 이르기까지 전 과정을 체계화 해놓은 12인연법의 가르침부터 이해하여야 한다.

■ 십이인연(十二因緣): 외연기(外緣起)

부처님께서 인연법을 아주 중요한 가르침으로 여기는 이유는 중생들을 고통으로부터 벗어나게 하기 위해서 고통을 일으키는 원인이 되는 것을 알아야 한다는데 초점을 둔 것이 바로 12인연법이다. 부처님은 모든 만물이 변화하는 자연의 법칙을 깨달으시고 그 변화법칙을 설파한 것이 인연법이며, 모든 중생들에게 이 12가지 인연법에 대한 가르침을 통해서 중생들을 바른 길로 인도하려고 하였다.

부처님께서는 '장아함경(長阿含經)'에서도 아난존자에게 십이인연법을 다음과 같이 밝히셨다. '인간의 육체형성에 있어서도 십이인연법이 있으며, 마음의 변화에도 십이인연법이 있다는 가르침'을 말하였다. 즉 외연기는 범부의 육체가 어떻게 생겨서 어떤 과정으로 살아가다가 어떻게 늙어 죽음에 이르는가를 인연법으로 삼세(과거, 현재, 미래)에 걸쳐 설한 후에, 인간의 마음이 변화하는 인연법인 내연기도 설하였다.

부처님께서 인연법을 설하신 것은 중생들로 하여금 미혹을 없애는 근본적인 방법을 설하시어, 청정한 본래의 마음을 일으키게 하려고 한 것이다.

다음과 같이 십이인연의 12단계를 인간의 육체와 관련하여 설명하고 있다.

12단계는 ① 무명(無明), ② 행(行), ③식(識), ④ 명색(名色), ⑤ 육입(六入: 六處 또는 六根이라고도 함) ⑥ 촉(觸), ⑦ 수(受), ⑧ 애(愛), ⑨ 취(取), ⑩ 유(有), ⑪ 생(生), ⑫ 노사(老死),의 단계로 되어 있다.

12인연법에 대한 내용을 요약하면 다음과 같다.

① 무명(無明)이란 밝지 않고 어둡다는 뜻으로, 여기서는 무지(無智)라고 해야 한다. 내가 인간으로 태어나기 전 세상, 즉 나의 과거 세상에서 쌓아온 업(業)은 윤회에 윤회를 거듭 해온 것으로 현세 나의 생활에 영향을 주고 있다. 그 업은 무지(無智)해서 본능적으로 또 다른 행위를 하게 된다. 우리의 전생은 가깝게는 부모님이 계시고 멀리는 선조님이 계시는데, 이 무명에 의한 업(業)이, 부모님의 부부생활이라는 행위의 인연으로 어머님의 태내에 잉태하게 되며, 그 무지에 의해 저지른 업의 유전자는 모태에서 자란 후에 사람으로 태어나 전생의 업이 다시 나타나게 된다.

업(業)에 대한 이해를 돕기 위하여 고대 중국 주나라 문왕의 어머니 태임(太任)과 율곡의 어머니 신사임당의 태교에 얽힌 이야기에서 알 수 있다. 신사임당(申師任堂)은 그의 호(號)가 아니라 그가 거처했던 건물의 이름이라고 전해오고 있다. 사임(師任)에서 사(師)는 스승을 의미하며, 임(任)은 옛날 중국 주(周)나라 문왕(文王)의 어머니의 이름이 태임(太任)이었는데 거기서 임(任)자를 따왔다고 한다. 즉, 신사임당은 문왕의 어머니 태임(太任)을 마음에 스승으로 모시며 그를 본받아 살고 싶다는 의미에서 사임(師任)이라고 자기가 지은 것이라고 한다. 신사임당이 주나라의 문왕의 어머니를 스승으로 모시고 이름까지 고칠 때는 그럴만한 충분한 이유가 있었다.

공자(孔子)는 주(周)나라의 문왕을 찬양하였는데 중국의 고대 왕조(BC 1050~BC 256)인 주나라 문왕(文王)시절을 이상향으로 생각하고, 그 문물을 존중하였다고 한다. 특히 문왕의 어머니였던 태임(太任)의 태교(胎敎)를 본받고 싶어 하였다. 태임의 성품은 단정하고 성실하며 오직 덕(德)을 실행한 훌륭한 여인이었다고 한다. 그가 문왕을 임신해서는 눈으로 사악(邪惡)한 빛을 보지 않았다고 하며, 귀로는 음란한 소리를 듣지 않았으며, 입으로는 오만한 말을 하지 않았다고 한다. 그리고 문왕을 낳으니 총명하고, 사물의 이치에 통달하여 마침내 주나라의 최고 현군이 되었다고 한다. 신사임당은 문왕의 어머니 태임처럼 율곡을 비롯하여 7남매를 그렇게 키워냈다고 전해오고 있다. 여기서 특히 태임(太任)의 태교(胎敎) 방법과 그 방법을 본받았던 신사임당은 무지(無智)에 의한 행위(行) 결과인 악업(惡業)의 유전자(遺傳子)를 끊고 선업(善業)의 인자를 심었기 때문에, 그 결과 문왕이 선정하게 된 것이고, 율곡이 큰 학자로서 우리나라의 유학을 발전시키는 데 크게 공헌하게 된 것이다. 문왕의 어머니 태임(太任)과 율곡의 어머니 사임당(師任堂)의 두 여인은 바로 선(善)의 씨를 뿌려 선의 열매를 거두게 했던 선업(善業)을 쌓은 대표적인 사례라 할 수 있다.

② 행(行)이란 것은 내 전생의 무지(無智)의 업(業)이 선조나 부모의 부부 생활이라는 관계가 이미 행으로 이루어진 것을 의미한다. 부부관계의 행이 대부분 본능적으로 이루어진다는 것이 전생의 무지의 행을 끊지 못한 원인이다. 전생의 무지 즉, 업을 끊는 것은 위에서 언급했던 문왕 어머니의 태교법을 참고하기 바란다.

③ 식(識)이란 것은 전생의 무명(無明)에 의한 업이 원인이 되어 모태에 잉태되어, 태내에서 식(識)이란 것이 생기는데, 이것은 인간의 형태는 갖고 있지만 불완전한 상태에 있다는 것을 의미한다.

④ 명색(名色)이란 것은 어머니의 태내에 있는 불완전한 것이 점차 모양을 갖추어 가면 마음과 육체가 생겨나는 것을 말한다. '명(名)'이라는 것은 무형(無形)의 마음인 의(意)를 뜻하며, '색(色)'이라는 것은 유형(有形)인 몸을 의미한다. 따라서 이와 같이 모태에서 마음과 육체가 생겨날 때 그 아이의 어머니가 섭취해야 할 음식물이나 그의 부모가 취해야 할 마음가짐이나 행동거지를 어떻게 해야 하는지에 대한 깊은 사려가 있어야 한다.

⑤ 육입(六入)이란 육근(六根) 또는 육처(六處)라고도 하는데, 모태에 있는 태아가 몸과 마음이 더 발달해 가면, 눈, 귀, 코, 혀, 몸(촉감)의 다섯 가지 감각기관과 다섯 기관을 통해 느끼는 사물의 존재를 분별하는 의(마음)의 기능이 형성되어 간다. 아직은 어머니의 태내에 있기 때문에, 확실한 감각이 아니고, 몸과 마음의 작용이 서로 다른 여섯 가지 기능으로 나누어 들어가고 있는 단계여서 육입(六入)이라고도 한다. 육입은 내육입(內六入)과 외육입(外六入)으로 나누며, 내육입은 인간 의식으로 들어가는 여섯 가지. 안(眼), 이(耳), 비(鼻), 설(舌), 신(身), 의(意)를 말하고, 외육입은 색(色), 성(聲), 향(香), 미(味), 촉(觸), 법(法)을 외육입(外六入)이라고 한다.

⑥ 촉(觸)이란 것은 육입단계에서 태어난 어린이가 육입(六入)이 완성되어 확실하게 감각기관이 제 기능을 다하여 사물의 모양, 색깔, 소리, 냄새, 맛, 촉감 등을 알게 되는 단계를 말한다.

영원한 인간관계

⑦ 수(受)라는 것은 촉의 기관이 발달하면 사물의 분별력이 생기게 되고 그렇게 되면, 이것은 좋다, 저것은 싫다는 감정이 생겨나는 단계를 수(受)라고 한다. 이 단계에서 생겨나는 것이 좋고 나쁘고, 예쁘고 밉고 하는 감정이 생기면서 모든 것을 이분법적으로 보려는 고정관념을 당연시하려는 경향에 사로잡히기도 한다.

⑧ 애(愛)라는 것은 좋다 또는 나쁘다는 감정이 발달해 가면 애(愛)가 생겨나게 된다. 애(愛)란 여러 가지의 사랑이 있겠지만 여기서는 이성에 대한 애정을 의미한다.

⑨ 취(取)라는 것은 자기가 사랑하는 상대를 소유하려고 하는 욕심이 생겨나는 것을 말한다. 자기 사랑하는 사람을 자기의 사람으로 만들려고 하는 전 단계이다.

⑩ 유(有)라 함은 자기가 사랑하는 사람을 자신의 소유로 만들려고 하는 것으로 소유욕을 의미한다.

⑪ 생(生)이라는 것은 상대를 소유하려고 하는 욕심이 생기면서부터 괴로움이라는 것이 엄습해 오고, 그 괴로움은 마음을 부정적인 방향으로 이끌어 가는 단계를 생(生)이라고 한다. 인생이란 어차피 무소유만으로 살아갈 수는 없으며 유효소비 범위 내에서 소유가 문제 되는 것이 아니고 정도를 벗어나는 탐욕에 의한 소유가 문제가 된다. 따라서 탐욕에 집착하지 않는 인생은 괴로움에서 벗어나는 삶을 살 수 있지만 그렇지 못할 경우 고통의 바다에서 허덕이며 살아가야 한다.

⑫ 노사(老死)라는 것은 사람이면 누구나 괴로움 속에서 벗어나지 못하고 늙어져 죽게 된다는 마지막 단계의 말이다.

이와 같이 부처님께서는 12연기법으로 인간의 과거와 현재와 미래의 삼세에 대한 변화법칙을 체계적으로 설하였다.

■ **십이인연**(十二因緣) **: 내연기**(內緣起)

　내연기는 마음의 성장에 관한 변화법칙을 설한 내용이다. 내연기의 변화법칙도 외연기와 같이, 무명, 행, 식, 명색, 육입, 촉, 수, 애, 취, 유, 생, 노사의 12단계의 동일한 변화법칙으로 변화된다.

① 무명(無明)이란 '무지'의 뜻으로, 인생의 가치관이나 올바른 인생관, 인류애와 같은 세계관을 잘 알지 못하거나 알고 있다고 할지라도 관심을 두지 않는 것을 의미한다. 무명이란 공익보다는 사익에, 내면적 가치보다는 외형적 가치에 더 비중을 두고 사는 삶이다.

② 행(行)이란 가치관이나 세계관이 없는 무지한 사람이 그 무지함으로 인해 전생에서 진리에 어긋난 행위를 한 것을 의미한다. 과거의 무지에 의한 행위는 우연하게 한 것 같지만, 사실상 그 무지의 행은 인간의 역사가 시작되면서부터 과거 경험을 했거나 과거에 했던 일들이 쌓인 것을 뜻하며, 전생에 아무런 생각 없이 악업을 저질렀던 그 무지한 행위가 현실생활에도 윤회를 거듭하여 다시 나타나는 것을 의미한다.

③ 식(識)이라는 것은 인간이 일체의 사물을 식별하는 근본적인 힘으로, 사물의 식별 능력을 의미한다. 식(識)은 대부분 전생의 업에 의해 정해지는 것이라고 한다. 그러나 인식의 주체가 자기이기 때문에 자신의 의지와 노력의 여하에 따라 식별하는 능력을 바꾸는 것이 불가능한 일이라고는 보지 않는다. 다만 전생의 업력(業力)은 장구한 세월에 걸쳐 물려받은 숙습(宿習)이어서 그러한 인식을 고치기 아주 어렵다는 것이지 고칠 수 없다는 것이 아니다.

④ 명색(名色)은 인간의 생존(生存)을 의미하는 말이기도 하다. 만약 식(識)이 없다면 자신의 존재를 알지 못하기 때문에, 명색은 식(識)이 인연(因緣) 하여 생긴 것이며, 역시, 식(識)도 전생의 업(業)에 의한 인연

영원한 인간관계

(因緣)으로 생긴 것이라고 한다.

⑤ 육입(六入)이라는 것은 눈, 귀, 코, 혀, 몸의 오관의 감각기관과 오관을 통하여 느끼고 사물을 분별하는 의(意)인 마음을 합한 여섯 개 기관의 기능을 말한다.

⑥ 촉(觸)이라는 것은 인간이 식(識)의 작용에 의해 자기존재를 어느 정도는 알지만 정확하게 알지 못하다가, 직접 소리를 듣고, 냄새를 맡아 보고, 사물을 보고, 음식 맛을 보고, 만지어 보는 5관의 기능이 차츰 발달해 가면 사물을 분별하는 마음도 발달해서 확실한 분별력이 생겨나는 단계를 촉이라고 한다. 즉, 인간의 마음이 사물을 확실하게 분별하는 상태를 촉(觸)이라고 한다.

⑦ 수(受)라는 것은 인간의 마음에서 사물의 분별력이 생겨나면, 어떤 현상이나 사물을 보고 좋다, 나쁘다, 예쁘다, 밉다, 즐겁다, 슬프다. 라고 하는 감정이 생겨나는데, 이것을 수(受)라고 말한다.

⑧ 애(愛)라고 하는 것은 좋고, 나쁘고, 예쁘고, 미운것 등을 식별하는 감정이 생겨나면, 자연스럽게 그 사람이나 또는 그 사물을 사랑하고 좋아하게 된다. 그러나 어떤 사물을 너무 좋아하다 보면 그 사물에 집착하게 된다. 우리가 서로 사랑하고 아낀다는 순수한 의미의 애(愛)가 아닌 집착에 빠진다는 뜻으로 그것에 얽매이는 마음을 말한다.

⑨ 취(取)라는 것은 자기가 애정을 느낀 사람을 붙으러 놓고 자기 마음대로 하려고 하고, 반대로 싫은 사람은 거기서 떠나려고 한다는 의미로, 자기가 좋아하는 사람이나 사물을 소유하려고 하는 것을 의미한다.

⑩ 유(有)라는 것은 취(取)를 하면 사람마다 서로 각기 다른 느낌, 다른

감정, 다른 생각, 다른 견해가 생겨나게 된다고 한다. 그것을 유(有)라고 하는데, 유(有)는 차별이라는 뜻을 의미하고 있다. 취(取)에 연(緣)한 것이 유(有)인데, 바로, 유(有)는 차별하는 마음이 일어나게 된다.

⑪ 생(生)이란, 차별한 마음으로 서로 대립과 갈등이 생기고 분쟁이 일어나, 험악하고 비참한 인생살이가 전개 되는 것을 생(生)이라고 한다.

⑫ 노사(老死)는 이와 같은 괴롭고 고통스러우며 험악하고 비참한 인생을 살다 보면, 어느덧 세월은 흘러 인생은 늙어지고 늙다 보면 죽음에 이른다.

우리는 전생의 업(業)에 대하여 더 많은 관심을 가져야 한다고 생각한다. 12연기설에서, 업(業)은 전생의 무명(無明)에서 시작되는 행위라고 말하고 있다. 전생의 업(業)이란 쉽게 풀이하면 자기의 전생(前生)의 몸인 전신(前身)이 일으킨 좋고 나쁜 행위를 말하며, 그 전생의 행위인 업이 현세에 영향을 미치게 되는 것은 물론이고, 현세에서 내가 그 업의 고리를 끊지 못하면 내세에 까지도 계속된다. 그러면 현재에 살고 있는 우리들의 입장에서 과거와 현재를 어떻게 볼 것인가? 불교의 불법에는 '시공을 초월해서'라는 말을 많이 사용하고 있으며, 그에 대한 말을 많이 들었을 것으로 생각한다.

전생의 업을 쉽게 이해하기 위해서 시공을 초월하여 모든 것을 생각해 보면 현세(現世)에서 보는 전생(前生)과 내세(來世)에서 바라보는 현세(現世)는 둘 다 과거이며 전생(前生)이라고 한다. 전생인 과거와 현세인 현재와 내세인 미래는 서로 밀접하게 연결(連結)되어 있으므로 동일하게 생각할 수 있다. 따라서 전생의 행위와 현실에 행위도 동일한

영원한 인간관계

관점에서 생각할 수 있다. 이와 같은 맥락에서 현세(現世)의 나의 행위
는 내세(來世)에 업을 만들게 된다는 가상적인 형식이 성립된다.

시인 구상(具常)의 『구상시집』 '오늘이란' 시에서도 전생, 현세, 내세
의 삼세(三世)를 동일선상에 두고 있는 것을 알 수 있다.

> 오늘도 신비의 샘인 하루를 맞는다.
>
> 이 하루는 저 강물의 한 방울이
>
> 어느 산골짝 옹달샘에 이어져 있고
>
> 아득한 푸른 바다와 이어져 있듯이 과거와 현재와 미래가 하나다.
>
> 이렇듯 나의 오늘은 영원 속에 이어져 바로 시방 나는 그 영원을 살고 있다.
>
> 그래서 나는 죽고 나서부터가 아니라 오늘서부터 영원을 살아야 하고
>
> 영원에 합당한 삶을 살아야 한다.
>
> 마음이 가난한 삶을 살아야 한다.
>
> 마음을 비운 삶을 살아야 한다.
>
> 과거와 현재와 미래는 하나이다.

이 시는 매우 심오한 내용으로 철학적인 삶을 살아가라는 당부의
말이기도 하다.

그는 '과거와 현재와 미래가 하나다.'라고 하는 말과, '그래서 바로 지
금 나는 그 영원을 살고 있다.'는 말과, '오늘서부터 영원에 합당한 삶
을 살아야 한다.'는 말은 우리들에게 큰 감명을 주는 내용이라고 할
수 있다. 그렇다면 현세에서 일어나는 행위가 후세에 업(業)으로 이어
진다는 것이 분명하기 때문에, 현세에 살아가고 있는 나의 행위가 내

세(來世)에 업(業)으로 이어진다는 것은 오늘의 행실이 당대에 끝나지 않고 자자손손까지 영향을 미치게 된다는 사실에 주목해야 한다. 업(業)은 윤회(輪廻)한다고 하며, 윤회하는 업을 끊는 것이 해탈(解脫)이라고 한다. 해탈(解脫)이란 속세의 속박이나 고통과 번뇌에서 벗어나 걱정과 근심 없이 편안한 경지에 이르는 것을 의미한다.

12인연법을 깨달은 지혜로운 삶은 윤회한다고 하는 전생의 업을 끊고 일상생활 속에서 속박이나 번뇌에서 벗어나 편안한 삶을 사는 것을 말한다. 그것이 바로 지혜로운 삶이다. 일상생활 속에서 전생의 업의 고리를 끊고 속박과 번뇌로부터 벗어나기 위해서는 다음 세 가지 사항을 반드시 실행해야 한다.

첫째, 자기의 인생을 이끌어 가기 위해서는 자신의 뜻대로 자기의 인생을 살아 갈 수 있는 수의수생(隨意受生)한 삶을 살아가야 한다. 자기 의지대로 자기 삶을 이끌어 갈 수 있을 때 자신의 강한 의지로 전생의 업을 끊을 수 있을 것으로 본다.

둘째, 속박과 번뇌에서 벗어나기 위해서는 모든 대중들에게 공덕(功德)과 이익을 베풀어 주는 일을 항상 생각하며 기원하는 이타원(利他願)의 삶을 살아야 한다. 모든 사람들의 이익만을 위하여 착한 일을 많이 하는 사람에게는 속박이나 번뇌가 있을 수 없으며 그것을 바로 해탈이라고 한다.

셋째, 모든 사람들에게 자비의 마음으로 즐거움과 복을 주고, 고통과 괴로움을 없게 해달라고 기원하는 자비원(慈悲願)의 삶을 살아야 한다. 현자(賢者)는 자애(慈愛)로운 마음으로 항상 남에게 즐거움을 주며, 민중을 이롭게 하려는 열정의 끈을 놓지 않고 있으며, 연민(憐憫)의 정으로 남의 슬픔에 공감하여 이를 같이 나누고 위로하며, 남의

영원한 인간관계

행복을 나의 기쁨으로 생각하며, 너와 나를 구별하지 않는 평등한 마음을 갖는 자비희사(慈悲喜捨)를 행하는 사람을 말한다. 자비희사(慈悲喜捨)를 사무량심(四無量心)이라고 하는데 사무량심은 많아서 다 헤아릴 수 없는 마음으로 즐거움을 베풀고자 하는 자무량심(慈無量心), 어려움을 덜어 주려는 비무량심(悲無量心), 중생이 행복을 얻는 것을 기뻐하는 희무량심(喜無量心), 다른 사람에 대한 원한의 마음을 버리고 평등하게 대하는 사무량심(捨無量心)을 말한다. 이와 같은 무량한 자비희사(慈悲喜捨)의 마음으로 살아가면 바로 그것이 전생의 업의 고리를 끊고 속박과 번뇌로부터 벗어나 지혜로운 현자의 삶을 사는 길이다.

위에서 언급한 내용들이 종교적인 가르침이자 진리임은 분명하다. 종교는 누구를 위한 것인가, 특정 종교인이나 특정인을 위한 것이 아니고 인간과 인류를 위한 것이며 특히 민중과 대중을 위한 진리의 가르침이라고 하는 데 대해 재론의 여지가 없다.

그렇다면 그 사회와 국가를 이끌어 가는 지도자들은 당연히 진리에 따라 자기 의지대로 살아가야 하겠다는 수의수생(隨意受生)한 삶을 살아가야 할 것이고, 모든 대중들에게 공덕(功德)과 이익을 베풀어 주는 이타원(利他願)의 삶을 살아가야 하며, 항상 자비의 마음으로 대중에게 즐거움과 복을 주고, 고통과 괴로움을 없게 해주기를 기원하는 자비원(慈悲願)의 삶을 사는 것이 진정한 의미의 지도자상이라고 생각한다. 또한 이러한 삶이 인연법에 의해 일어나는 전생의 업을 끊는 길이며, 속박이나 번뇌에서 벗어나 근심이 없는 편안함에 이르는 해탈(解脫)의 길이기도 하다. 사실상 해탈이라 함은 탐욕·증오심·어리석음·일체의 번뇌를 영영 끊어버리는 것이 열반이요 해탈이다.

고해(苦海)의 인생살이를 벗어나기 위해서는 고통과 갈등과 번뇌를

일으키는 근원을 알아야 한다. 번뇌의 근원을 알기 위해서는 12인연
법에 대한 이해가 있어야 업(業)의 생멸(生滅)을 알 수 있으며, 그렇게
되었을 때 업의 고리를 끊고 해탈의 경지(境地)에 도달하게 되며, 국민
은 지도자들의 이러한 삶의 모습을 보고 따라 배우며 본받아 살아가
려고 하는 것은 당연한 일이 아닐 수 없다.

영원한 인간관계

3. 청심(淸心)과 팔정도(八正道)

홀륭한 업적을 이룩한 위인(偉人)들이나 위대한 성현(聖賢)들의 삶속에서 이들의 공통점은 무엇이라고 생각하는가? 이들이 살아 온 길은 다음 세 가지 공통된 길을 걸어 왔다고 할 수 있다.

첫째, 성현들은 인류의 구원(救援)을 위해 구도(求道)의 길에 전념하고 거기에서 일탈(逸脫)된 생활을 하지 않았던 사람들이다. 구도의 길에서 내려서거나 물러남이 없는 길을 걸어온 인생 목표가 분명했다는 점이다.

둘째, 성현들은 철두철미하게 자기와 싸워 이기는 길만을 걸어온 삶이었다는 점이다. 싸움의 상대가 남이 아니고 자신이며 자신을 이겼다는 말은 자신의 의지인 정신과 실행의 실체인 자기 육체와의 싸움을 의미하며, 바로 정신력으로 육체를 완전히 지배하고 마음대로 자기 몸을 써먹었다는 말이다. 그들은 공익만을 위하여 자기의 의지에 따라 소신대로 바른길만을 걸어왔던 사람들이다.

셋째, 성현들은 자신과 자신의 것을 무한히 버리는 길을 살아왔으며, 그것이 구도의 길이기에 즐거움으로 여기면서 살아왔다는 점이다.

이와 같이 이들의 공통된 삶은 이들 스스로 결심한 구도의 길을 목표로 삼고 그 길에서 일탈하지 않았으며, 자기와 싸워 이겼고, 나와 나의 것을 무한히 버렸던 사람들이다.

위대한 성현들은 자기보다는 남의 어려움이나 위험에 빠진 사람을 돕거나 구해주는 구원(救援)의 마음가짐으로 정도(正道)만을 걸어왔던 분들이다. 그 구원의 마음은 이타심(利他心)이요 자비심(慈悲心)이요 불심(佛心)이기에 맑고 깨끗한 청정(淸淨)한 마음이다. 이들이 살아온 정도(正道)의 길은 청정한 마음이 근본을 이루고 있었으며, 그 청정한 마음과 정도인 행위가 일치되는 삶을 살았다는 것을 의미한다. 우리도 이러한 삶이 최고의 가치이자 최상의 행복이라고 느끼고 이에 공감한다면 이러한 방향으로 생활 태도를 바꾸지 못한다는 이유가 뭐가 있겠는가.

위대한 성현들은 사실상 우주를 지배하는 근본원리가 되는 이성에 합당한 삶을 살아왔다고 보아야 한다. 이들은 이성적 능력에 의해 도덕적인 행위를 실행한 실천이성의 수행자(修行者)들이기도 하다.

칸트는 이성과 관련하여 이론이성과 실천이성으로 구분하면서 다음과 같이 말하였다. 그에 의하면 본능이나 감성적 욕망에 기초한 행동에 반해서 의무 또는 당위(當爲)의식에 의해 결정되는 행위는 '이성적'이다. 우리들에게는 자율적으로 자기의 의지를 결정하는 이성적인 능력이 있어 그것에 의해 도덕적 행위가 가능해진다. 이것이 이론이성과 구별되는 실천이성이다. 그래서 칸트는 도덕적 법칙을 정립하고 의지 행위를 규정하는 이성을 실천이성(實踐理性)이라고 하고 이것을 칸트 철학의 기본 개념으로 삼았다고 한다. 그의 실천이성은 절대적으로 타당한 도덕의 보편적 법칙에 따르는 능력이라고 규정하고 있다. 그의 실천이성도 성현들의 이타행(利他行)과 같아서 자비심(慈悲心)과 일맥상통 되는 올바른 삶의 길인 정도(正道)의 가르침인 것이 분명하다. 실천이성(實踐理性)은 행동하는 양심을 의미하는 것으로 도덕적이며 이타적인 행동양식을 취하게 된다. 이러한 인간의 삶을 위해서는 이성적이고 도덕적이며 이타적인 바른 마음과 그 마음을 실천하는 행동이 일치되

영원한 인간관계

어야 한다. 그러한 삶의 지침이 되는 가르침으로 불교 교리의 중심이자 기본이 되는 사성제(四聖諦)에 대한 교리를 인용하려고 한다.

사성제는 마치 사람이 살아가는 동안 몸이 아프면 병원을 찾게 되며, 의사가 검진 후 병명을 밝히고 발병의 원인을 알고서 병을 치료하게 되지만, 그 이후로 다시 발병하는 것을 예방하는 지혜를 깨닫게 하는 것과 같은 이치의 가르침이다. 사성제는 고제(苦諦), 집제(集諦), 멸제(滅諦), 도제(道諦)로 나누어 놓은 진리의 가르침이다.

첫째, 고성제(苦聖諦)란 인생을 살다 보면 누구나 정신적 고통, 육체적 고통, 경제적 고통 그리고 각종 탐욕으로부터 생겨나는 많은 고통으로부터 벗어나지 못하면서 살아가고 있다. 바로 이러한 현세의 삶이 곧 고통과 같다는 진리를 뜻한다. 이러한 인생의 고통에서 벗어나기 위해서는 오히려 고통으로부터 피하여 달아나지 않고, 그 고통의 실체가 무엇인가를 직시하고 꿰뚫어 보는 것이 고제(苦諦)이다. 즉 고제(苦諦)는 인생의 고통을 일으키는 원인을 철저하게 밝혀내는 진리의 가르침이다. 이 고성제는 사람이 살아가는 동안 겪게 되는 여덟 가지의 고통인 인생의 팔고(八苦)를 말해주고 있다.

둘째, 집성제(集聖諦)란 고통의 원인이 되는 것은 사랑에 집착하는 끝없는 애집(愛執)에 있다는 이치를 말하고 있다.

인생고의 원인을 성찰하고 탐구하여 어떻게 고통이 생겨나는가를 확실하게 깨닫게 하는 가르침이다. 집제(集諦)는 인간의 마음에서 생겨나는 심리적 작용이기 때문에 스스로 자기 마음에서 그 원인을 찾아서 스스로 막아내는 것을 깨닫게 하는 가르침이다. 집제는 앞 절에서 언급했던 12인연법의 촉(觸)—수(受)—애(愛)—취(取)—유(有)—생(生)—노사(老死)와 밀접한 관계를 갖고 있다.

셋째, 멸성제(滅聖諦)란 마음에 있는 모든 욕망이나 괴로움이 소멸되어 안온한 경지에 이르게 되는 이상적 가르침이다. 인간이면 누구나 경험하는 정신적, 육체적, 경제적으로 오는 고통과 그 밖의 다른 요인에서 일어나는 모든 괴로움을 끊어 버리고, 온 세상을 고요하면서도 밝은 땅(적광토, 寂光土)의 모습으로 바뀐다는 가르침이다. 모든 괴로움을 끊는다는 것은 쉬운 일이 아니다. 모든 고통의 소멸은 지나친 탐욕과 성냄과 어리석을 일으키지 않게 하는 수행지침을 통해서 마음, 몸, 행동이 밀접한 유대관계를 갖도록 해야 한다. 마음, 몸, 행동에 대한 구체적이고 체계적인 깊은 수행지침은 '팔정도(八正道)'에 대한 가르침을 권하고 있다.

넷째, 도성제(道聖諦)란 모든 괴로움과 고통을 해결하고 번뇌의 불꽃을 지혜로 꺼서 일체의 번뇌(煩惱)나 고뇌(苦惱)가 소멸된 상태에 이르게 할 수 있는 길을 의미한다. 사성제(四聖諦)를 불교의 기본적인 교리라고 하는 연유(緣由)가 고성제인 인생팔고(苦)를 소멸시키는 방안으로 팔정도(八正道)인 여덟 가지의 바른길을 제시했다는 점에서 찾을 수 있다.

인간은 어느 누구든 인간다운 대접을 받으며 살고 싶은 마음을 다 가지고 있다. 존경받는 삶을 살 것인가, 아니면 천대받는 삶을 살 것인가를 선택하는 문제는 바로 자기 자신이 그 열쇠를 가지고 있다. 인생문제를 해결하는 열쇠는 다음 팔정도의 수행(修行)의 여하에 달렸으니, 팔정도를 갈고 닦아서 복과 덕을 많이 쌓는 인생을 살아가야 한다.

팔정도(八正道)는 번뇌와 고통을 끊어지게 하는 깨달음에 이르게 하는 것으로 인격을 갖추고자 하는 사람이 반드시 지켜야 할 행동지침

영원한 인간관계

이다. 팔정도는 사성제 중의 하나인 도성제(道聖諦)로 인생살이를 8개의 고통으로 나누어 놓고 그 해결 방안으로 8정도를 제시하였다. 부처님께서는 인생 팔고(八苦)를 생, 노, 병, 사, 애별이고(愛別離苦), 원증회고(怨憎會苦), 구불득고(求不得苦), 오음성고(五陰盛苦)로 나누어 삶의 고통문제를 제기했다. 그리고 제기했던 인생의 고통을 해결할 수 있는 유일한 답으로 제시한 것이 바로 팔정도(八正道)이다. 인간의 모든 고통은 인과법칙에 따라 생겨나는 것이어서 고통을 소멸하고 방지하기 위해서는 타당한 절차를 통해서 팔정도를 실행하는 것이 가장 바람직한 수행법이라고 생각한다.

고·집·멸·도(苦·集·滅·道)의 사성제(四聖諦)에서 집제(集諦)는 인생의 여덟 가지 고통(苦痛)의 원인 또는 인연이 되며, 도(道)는 멸(滅)의 원인 또는 인연이 된다. 고, 집, 멸, 도는 고통의 원인이 집착 또는 갈애이며 고통을 소멸시키는 원인 또는 수단이 도(道)라는 연기관계를 밝힌 것이다.

팔정도(八正道)는 사성제 가운데 마지막의 도제에서 가르치는, 깨달음(멸제)을 성취하는 원인이 되는 여덟 개의 부분으로 이루어진 성스러운 길, 수단 또는 실천 덕목이다.

『위키 백과사전』에서는 팔정도에 대하여 다음과 같이 밝히고 있다. 팔정도에서 길(道)은 여덟 개의 길이 전체로서 하나를 이루고 있으며 또한 각각의 길은 나머지 일곱을 포함한다는 것을 의미한다. 즉, 여덟 개의 길 가운데 어느 하나가 실천되면 다른 일곱 개의 길이 그 하나에 포함되어 동시에 행하여지는, 서로 포섭하는 상섭관계(相攝關係)에 있다고 하였다. 이러한 취지에 따라, 팔정도의 영어 번역어도 "Noble Eightfold Path(고귀한 八重의 길)라고 표현하고 있다.

팔정도에 대한 내용은 다음과 같다.

팔정도(八正道)

① 정견(正見)

정견이라 함은 모든 사물을 보거나 일을 처리할 때 자기중심적 시각에서 벗어나 진리와 불법(佛法)에 따르고 부처님의 시각에 따르는 것을 의미한다. 자연법칙이라는 진리와 부처님의 진리에 귀의하려고 하는 바른 견해를 말한다. 물건을 사고팔 때는 중량을 재는 저울이 꼭 필요하며, 우리는 그 저울을 전적으로 믿고 따르고 있다. 그와 같이 인간의 시각도 반드시 신뢰할 수 있는 가치기준이 되는 진리에 근거해야 믿음이 생기는 법이다. 우리가 사물을 보는 시각을 정견(正見)과 사견(私見)으로 나누어 생각해보면, 사견으로 하는 말과 정견을 갖고 하는 말에는 엄청난 차이가 생기게 된다. 우선 사견을 갖고 하는 말은 가치관이라는 기준에 근거하지 않고 순간순간에 일어나는 감정으로 하기 때문에 신뢰하기 어려울 뿐만 아니라 가치관의 혼돈이 올 수도 있어 몰가치적이라 할 수 있다. 그러나 정견은 진리나 불법에 근거하여 말하고 행동하기 때문에 신뢰가 확보되어 안정된 사회질서가 유지되는 것은 당연한 일임이 분명하다.

② 정사(正思)

정사란 특정한 사물을 보거나 어떤 일이 생겼을 때 자기중심적 사고가 아니고 치우침이 없는 사고방식을 갖고 올바르게 사물이나 상황을 생각하는 태도이다.

생각이 바르지 못하면 마음이 생각에 끌려가게 되고 행동도 올바르지 못 하게 되는 법이다. 바른 생각을 갖으려면, 자기만이 이익을 보려고 하는 탐욕(貪欲)한 마음과 자기 생각과 맞지 않을 때 성내는 마음인 진에(瞋恚)와 그리고 모든 것을 자기 마음대로 하려는 사심(邪心)의 세 가지 악을 버려야 바른 생각을 갖게 된다. 올바른 생각인 정사(正思)를 갖고 모든 사물을 올바르게 생각하는 생활태도는 사사(私思)로운 생각을 사전에 막아 사악한 마음을 갖지 못하게 된다.

③ 정어(正語)

정어라는 말은 올바른 말이란 의미로, 어떤 일이나 모든 사물을 두고 말할 때 어디에도 치우침이 없이 사리에 맞게 표현하는 것을 말한다. 그러나 말에는 말 같지 않은 말이 너무나 많아서 그러한 말로 인해 상대방의 마음에 상처를 주는 일을 소홀하게 여기고 지나쳐 버리는 일이 허다하다. 죄악을 범하는 말에는 나오는 대로 지껄이며 교묘하게 꾸며 대는 기어(綺語), 남을 속이려고 거짓말하는 망어(妄語), 이간질하거나 이중적인 말을 하는 양설(兩舌), 악담이나 험담을 하는 악구(惡口)라는 말들이 있다.

불경에서는 못된 말들을 무거운 죄라고 하여 기어중죄, 악구중죄, 양설중죄, 망어중죄로 표현하고 있다. 말의 소중함과 관련한 유명한 시 한 수를 소개한다.

중국의 오대십국 시대에 정치가로 군벌정권의 혼란 시대에 후당·후진·요(遼:契丹)·후한·후주의 5왕조 11군주를 차례로 섬겨 항상 재상의 지위를 누렸던 풍도(馮道, 882년~954년)가 남긴 시 한 수를 말하려고 한다.

그를 알고 있는 주위 사람들은 풍도에게 항상 묻기를, 당신은 어떻게 해서 그렇게 오랜 관료생활을 해왔느냐고 물어왔다고 한다. 그는 오랜 관료생활의 비결은 말을 신중하게 해야 한다고 겸손하게 말하면서, 그는 다음과 같은 설시(舌詩) 한 수를 지어 대답으로 가름하였다고 전해오고 있다. 그 시의 내용은 다음과 같다.

입은 화를 불러오는 문이요, 혀는 사람을 죽이는 칼이니,

입을 꼭 다물고 혀를 깊이 감추어 두면,

가는 곳 마다 몸이 편안하고 모든 것이 넉넉했습니다.

口是禍門　舌是斬身刀　閉口深藏舌　安身處處窂

풍도의 설시(舌詩)는 항상 되새겨 볼만한 생활의 지혜로 삼고 살아야 한다. 또 노자(老子)도 그의 7보시(布施) 가운데 언시(言施)에서 사랑의 말, 칭찬의 말, 위로의 말, 격려의 말, 양보의 말, 부드러운 말을 사용하여 남에게 보시(布施)를 해야 한다고 밝히고 있다.

④ 정행(正行)

정행은 자제(自制)를 생활화하며 절제와 겸손함을 잃지 않은 흐트러짐 없는 행동을 해야 하며 부처님의 가르침과 계율에 따라서 살아가야 한다는 것을 의미한다. 특히 몸이 일으키는 세 가지 악행인 의미 없이 동식물의 생명을 끊는 살생이나 도둑질하는 투도 그리고 색정(色情)의 과오를 저지른 사음(邪淫)이라는 악행을 끊어야 한다. 우악스러운 언행은 물론이고 삼악(三惡)을 끊지 않고는 맑고, 깨끗하고, 아름다운 생활을 할 수 없다고 한다. 만약 종교적인 계율을 다 지키지 못한다면 일반적인 상식선에 어긋나는 일체의 행위는 금해야 한다. 그러

영원한 인간관계

나 덕행을 쌓은 지도자가 되려면 당연히 삼악(三惡)을 끊어야 하고 상식에서 벗어나는 일체의 행위도 해서는 안 된다.

⑤ 정명(正命)

정명이란 올바른 수단과 방법으로 일상생활을 꾸려가야 한다는 것을 의미한다. 타인에게 해를 끼치면서 의식주를 꾸려가는 것이나 공익(公益)에 도움이 되지 않는 일을 해서 먹고사는 것은 정명이 아니다. 타인에게 피해를 주거나 사회에 해악을 주는 일자리나 직업은 정명이 아니다. 모든 사람을 위하여 유익한 직업이나 일자리를 갖고 정당한 수단이나 방법으로 생활해야 한다. 직업에는 귀천이 없다고 하여 사회질서를 혼란하게 하거나 사회윤리를 저해하는 일이나 업종은 공익에 아무런 도움이 되지 않는 일이기 때문에 정명이 아님을 깨우치고, 그러한 일이나 업종에 종사하는 사람은 직업관에 대한 새로운 각성을 촉구한다. 사회질서나 사회윤리를 혼탁(混濁)하게 하는 일이나 그런 업종에 종사하는 것은 직업 귀천의 문제가 아니고 사회악을 조장하는 일이라는 것을 자각해야 한다.

⑥ 정정진(正精進)

모든 사람들은 대부분 자기가 하는 일이 있거나 직장 일을 하는데 온갖 정성을 다하여 헛눈 팔지 않고 그 일만을 위해서 옆길로 빠지지도 않으며 앞만 보고 살아가는 태도를 의미한다. 올바른 정진(精進)을 위해서는 욕심, 성냄, 도리에 어긋나는 간사한 마음의 3악(貪慾, 嗔恚, 邪心)과, 망어, 양설, 악구, 기어인 입의 4악, 그리고 살생(殺生), 투도(偸盜), 사음(邪淫)인 몸의 3악을 저지르지 않으면서 올바른 목적을 위하여 게으름 피우지 않고, 헛된 생각 안 하면서 살아가는 것을 말한다. 바른 정진을 하는 사람은 10악(마음의 3악, 입의 4악, 몸의 3악)을 저지르지 않고 10가지의 악행을 멀리한다는 것이며, 바로 그것은 선행의 실천자로 덕을 쌓아가는 삶을 사는 사람이다.

⑦ 정념(正念)

정념은 항상 올바른 마음을 가지고 바른 방향을 향해 나가는 것을 의미한다. 정념이란 자기 자신은 물론이고 타인이나 모든 사물에 대해서도 바른 마음을 가지지 않으면, 부처의 마음이 아닐 뿐만 아니라 만물의 이치와도 같지 않다는 것이다. 자신을 사랑하는 일은 물론이고 이웃과 타인을 사랑하는 마음이나 다른 사물을 사랑하는 마음이 같아야 한다. 정념은 천지 만물에 대하여 한결같은 자애로움과 평등하고 올바른 마음을 의미하는 것으로 그러한 마음가짐으로 사는 것이 진리에 의존하는 삶으로 불심(佛心)과 일치되는 마음이기도 하다.

⑧ 정정(正定)

마음이 항상 부처님 가르침과 진리와 정의만을 받들고 있어서 주변 상황에 동요되거나 흔들림 없이 마음이 안정되어 있는 상태를 말한다. 마음을 항상 바르게 두어 모든 일을 함에 있어서 어떠한 주위환경의 변화에도 흔들림이 없이 바른 법만을 실행하는 것을 의미한다.

정견(正見)은 치우침이 없는 바른 시각으로 사물을 보기 때문에 생각을 바르게 하고, 바른말을 하게 되며, 바른 행동을 하게 되고, 의식주는 정당한 방법으로 얻게 되며, 끊임없이 노력하게 하고, 어떠한 변화에도 동요하지 않고 살아가게 하는데 밀접한 관계를 맺고 있다. 이

영원한 인간관계

와 반대로 만약 정사(正思)에 반하는 생각으로 매사에 탐욕, 성냄, 사심(邪心)을 갖게 되면 올바르지 못한 그 생각으로 인해 사물을 보는 시각이 비틀어질 뿐만 아니라 말과 행동에도, 의식주를 구하는 방법에도, 살아가는 방향에도, 주변 환경에도 부정적인 악영향을 미치게 함으로써 악업(惡業)을 만들어 가게 된다. 전자의 경우는 선업(善業)을 쌓아 가는 반면에 후자의 경우는 악업을 만들어 현세는 물론이고 내세까지도 불안과 고통 속에서 헤어나기 힘든 생활을 하게 되는 것은 상식적으로도 예견할 수 있는 일이다.

팔정도는 일상생활을 올바르게 영위하는 길이라고 요약하여 정의를 내리고 있다. 팔정도의 가르침은 일상생활의 길라잡이가 되는 진리임이 분명하다.

팔정도의 가르침과 밀접한 상관성을 갖고 있는 노자의 7보시(布施)를 소개하여 특히 지도자들의 각성을 촉구하며 지성인(知性人)이나 지식인들이 실행해야 할 덕목으로 삼았으면 한다. 특히 노자의 7보시(布施)는 팔정도에서 말한 정견, 정사, 정어, 정행, 정념과의 그 내용에 있어서 일치된다고 보아도 무방하다.

노자(老子)는 다음 일곱 가지 보시(布施)를 행하여 습관화하면 항상 행복한 일이 생길 것이라고 하였다.

노자의 7보시(布施)

① 화보시(和眼施)란 얼굴에 화색을 띠고 부드럽고 정다운 얼굴로 남을 대하여야 한다.

② 언시(言施)란 사람을 대할 때는 사랑의 말, 칭찬의 말, 위로의 말, 격
　려의 말, 양보의 말, 부드러운 말을 해야 한다.
③ 심시(心施)란 사람을 대할 때는 항상 마음의 문을 열고 따뜻한 마음
　으로 대한다.
④ 안시(眼施)란 호의를 담는 눈으로 사람을 대한다.
⑤ 신시(身施)란 몸으로 때우는 것으로 몸으로 베풀어 주거나 돕는다.
⑥ 좌시(座施)는 때와 장소에 맞게 자리를 내어주어 양보하며 상대를 편
　안하게 해준다.
⑦ 찰시(察施)란 굳이 묻지 않고도 상대의 마음을 헤아려 알아서 도와
　준다.

　노자는 이러한 7가지를 행하여 "습관이 붙으면 너에게 행운이 따르
리라"고 하였다.

　보시는 불변의 진리여서 문화인이라면 누구나 다 실천해야 할 중요
한 덕목으로 삼아야 한다. 인간은 태어나면서부터 가지고 나온 것이
욕망의 수레이다. 이 욕망의 수레는 이미 자신의 전생에서 무명(無明)
의 행동이 일으켰던 업보(業報)를 말한다. 무명이란 인과응보의 법칙
을 헤아리지 못할 뿐만 아니라 무아(無我)의 진리를 깨닫지 못하고 자
아가 있다고 집착하는 무지의 상태를 말한다. 우리가 흔히 듣는 말로
'무식한 놈이 욕심만 가득 차있다고' 하는 말을 들어보았을 것이다. 욕
심이 지나친 허욕(虛慾)이 생기는 까닭은 바로 자아(나)가 있다고 철석
같이 믿고 자기중심적인 생각이나 좁은 소견에 사로잡혀 있는 아집(我
執)인 자기 고집에서 일어난다. 아집에서 털고 일어나려면 인생무상(人
生無常)에 대한 깊은 사색에 빠져들어야 한다. 인간은 본래 자연에서
태어나 살다가 인연이 다 되어 끝나면 본래 왔던 곳으로 가는데, 그

영원한 인간관계

길은 지·수·화·풍(地·水·火·風)의 질료로 변화해가는 과정이라고 할 수 있다. 나의 육신이 흙, 물, 불, 바람으로 변하게 되는 것은 분명한 사실인데, 원래부터 주인이 없는 흙, 물, 불, 바람을 내 것이라고 누구에게 말할 수 있단 말인가. 흙, 물, 불, 바람(地, 水, 火, 風)으로 변화하게 될 나를 어찌 진아(眞我)라고 할 수 있겠는가! 이것은 인간을 구성하는 다섯 가지 요소인 물질적인 것을 의미하는 색(色), 감각의 수(受), 인식작용의 상(想), 의지작용의 행(行), 마음작용의 식(識)의 이 다섯 가지의 오온(五蘊)이 본래 텅 비어 있기 때문이다.

중국의 동진(東晉) 때 시안(西安) 출신으로 불교철학자였던 승조선사(僧肇禪師)가 진왕(秦王)의 난을 만나 참형(斬刑) 직전에 다음과 같은 부처의 공덕을 칭송하는 글을 지어 진리만을 의지하며 살아왔음을 보여 주었다고 한다.

四大元無主　五陰本來空　將頭臨白刀　猶似斬春風

이 글의 의미는 지수화풍(地水火風)의 사대(四大)로 된 몸이 원래(元來) 주인(主人)이 없고, 색수상행식(色受想行識)의 오음(五陰)으로 된 신심(身心)이 본래(本來) 공(空)한지라, 머리를 늘이어 백도(白刀)에 다다르니 마치 봄바람을 칼로 베는 것 같네. 승조선사는 참수형에 처하기 직전 인생의 마지막 순간까지도 인생무상의 진리를 따르며 진리를 칭송하는 글을 남기고 세상을 떠났지만 아직까지도 우리가 그를 잊지 못한 것은 진리에 의존하는 삶을 살았다는데서 그 이유를 찾아야 되지 않겠는가.

사대원무주(四大元無主)란 흙, 물, 불, 바람(地, 水, 火, 風)은 원래 주인이 없는 것으로 진짜 내가 있다는 착각에서 깨어나라는 의미로 진아무상(眞我無相)과 같은 뜻으로 해석할 수 있으며, 오온본래공(五蘊本

來空)은 인간을 구성하는 다섯 가지 범주의 요소로써 물질, 감각, 인식작용, 의지작용, 마음작용(色, 受, 想, 行, 識)인 오온(五蘊)이 본래부터 텅 비어있다는 뜻으로 모든 것이 마음의 작용에 의해 만들어진다는 일체유심조(一切唯心造)인 마음까지도 공(空)하다는 뜻이다. 장두임백도(將頭臨白刀) 유사참춘풍(猶似斬春風)이란 말은 머리가 시퍼런 칼 앞에 놓여 있지만 자기를 죽이는 것은 마치 봄바람을 칼로 자르는 것과 같아서 아무런 의미가 없다는 뜻으로 권력욕에 빠져 있는 진왕(秦王)을 깨우치게 하려는 우회적인 표현이자 인생무상(人生無常)에 대한 진리의 가르침이다.

기원전 213년 진나라 시황은 욕망과 기세로 진나라의 역사와 의술, 농경 등에 관한 책 이외의 모든 책들을 태워버리는 분서(焚書) 사건과 다음해인 기원전 212년에는 방사 후생과 노생에게 불로장생의 약을 가지고 오라 명하였으나, 그들은 시황제를 비판하며 도망쳐 버리자 누군가가 시황제에게 조정안에 수상한 학자가 일하고 있다는 확실치 않은 정보를 들려주었다. 그는 수상하다고 여긴 학자 460명을 조사하였지만, 모두가 하지 않았다고 하자 이들 모두를 구덩이에 넣고 생매장시켰으니 이것이 바로 갱유(坑儒) 사건으로 이를 합하여 분서갱유(焚書坑儒)라고 한다. 중국대륙을 호령하던 그는 불로장생은커녕 겨우 만 49세의 나이로 인생을 마치고 폭군이라는 악명만 남아 있을 뿐 중국 국민에게 남긴 정신적 유산이 그 무엇이란 말인가.

우리가 진정한 의미의 인생무상을 이해하고 깨우치게 된다면 무상(無常)한 인생길에 탐욕(貪慾)의 씨앗이 아닌 자비희사(慈悲喜捨)의 씨앗을 많이 뿌리는 것이 생(生)과 사(死)를 활용할 줄 아는 용무생사(用無生死)의 삶이라고 할 수 있다.

이제 우리는 삶의 방법에 대한 마음에 분명한 결정을 내리고 살아가야 한다. 허욕을 버리는 수행으로 연기법의 지혜를 깨닫고, 인욕(忍辱)의 실행을 통하여 맑고 밝은 마음으로 팔정도(八正道)를 행하는 삶을 살아가 것이 가장 합리적이고 이상적인 값진 인생이 될 것이다.

인간의 고통이 생기는 원인은 지나친 허욕에서 시작되며, 허욕은 부단한 수행으로 끊어야 하며, 꾸준한 정진과 수행은 인욕행(忍辱行)이 따라야 한다. 마음의 3악(탐. 진. 치), 입의 4악(기어. 망어. 양설. 악구), 몸의 3악(살생. 투도. 사음)인 10악을 극복하는 지름길은 팔정도를 인욕으로 실행하는 것이 최선의 방법이다.

대승적 인간관계의 주요 내용은 자연과 인간과의 관계법칙, 인간과 인간 간의 관계법칙, 마음과 육체와 관계성을 중심으로 양자의 관계를 육안(肉眼)과 심안(心眼)으로 살펴 불이(不二)의 조화가치를 확인하였다.

참고문헌

강대석, 서양근세철학, 서울: 서광사, 1987.

―――, 새로운 역사철학, 서울: 한길사, 1991.

김계수, 구미정치사상사, 서울: 일조각, 1986.

박종현, 희랍사상의 이해, 서울: 천지, 1988.

배영수편, 서양사강의, 서울: 한울아카데미, 1992.

백상건, 정치사상사, 서울: 일조각, 1997.

서경보, 구도의 발자취 6권, 서울: 창진사, 1974.

―――, 생활의 슬기 1권, 서울: 창진사, 1974.

―――, 수행승의 묵상 8권, 서울: 서울 창진사, 1974.

―――, 선에 이르는 길 4권, 서울: 서울 창진사, 1974.

이극찬, 정치학, 서울: 법문사, 1986.

이수윤, 정치사상사, 서울: 법문사, 1999.

인터넷, 국어사전 및 백과사전.

―――, 브리태니커 백과사전.

―――, 이조실록.

정인흥, 서구정치사상사, 서울: 박영사, 1976.

―――, 정치사상가평전, 서울: 박영사, 1976.

정항희, 서양역사철학사상론, 서울: 법경출판사, 1990.

최재희, 서양철학사상, 서울: 박영사, 1976.

황오연, 내 삶속에 법화경, 서울: 도서출판 동행인, 2010.

―――, 중용의 원리와 평화의 정치사상, 광주광역시: 호남대학교 출판부, 2004

영원한
인간관계

초판 1쇄 인쇄 2012년 8월 16일

지은이 황오연
발행인 김재홍
책임편집 권다원, 이은주, 이현주
마케팅 이연실

발행처 도서출판 지식공감
등록번호 제396-2012-000018호
주소 경기도 고양시 일산동구 견달산로225번길 112
전화 031-901-9300
팩스 031-902-0089
홈페이지 www.bookdaum.com
전자우편 book@bookdaum.com

가격 13,000원
ISBN 978-89-97955-13-8   03320